覃吉春 编著

速查速用手册

办公室工作规范

清华大学出版社

北　京

内 容 简 介

本书采用主题设问方式，全面介绍了办公室工作人员在办文、办会、办事各个场景下的相关内容，包括理念认知、团队建设、公文格式、公文处理、文稿写作、信息工作、会议组织、沟通协调、公务接待、信访值班、机要保密、督查督办、服务保障、工作方法等14个方面，一共设置了300多个问题，便于读者在繁忙的工作之余快速查找知识要点，具有较强的实操性。

本书可作为各类学校本科生、研究生选修教材，以及文秘专业、专题培训的辅助教材，也可以作为办公室和其他机关工作人员的学习参考书。

图书在版编目（CIP）数据

办公室工作规范速查速用手册 / 覃吉春编著 . -- 北京：清华大学出版社，2025. 11
(2025.11重印) . (新时代·职场新技能) . -- ISBN 978-7-302-70042-5

Ⅰ. C931.4-62

中国国家版本馆 CIP 数据核字第 2025UG7525 号

责任编辑：刘　洋
装帧设计：方加青
责任校对：宋玉莲
责任印制：宋　林

出版发行：清华大学出版社
　　　　　网　　　址：https://www.tup.com.cn，https://www.wqxuetang.com
　　　　　地　　　址：北京清华大学学研大厦 A 座　　　邮　　编：100084
　　　　　社 总 机：010-83470000　　　　　　　　　邮　　购：010-62786544
　　　　　投稿与读者服务：010-62776969，c-service@tup.tsinghua.edu.cn
　　　　　质 量 反 馈：010-62772015，zhiliang@tup.tsinghua.edu.cn
印 装 者：大厂回族自治县彩虹印刷有限公司
经　　销：全国新华书店
开　　本：148mm×210mm　　印　　张：10.125　　字　　数：253 千字
版　　次：2025 年 11 月第 1 版　　印　　次：2025 年 11 月第 3 次印刷
定　　价：69.00 元

产品编号：111369-01

前言

让规范成为办公室工作的一种文化 [①]

　　推进办公室工作规范化建设，是提升"三服务"水平的必然要求。让规范成为办公室工作的一种文化，用文化凝聚力量，用文化促进管理，以规范引领办公室工作高质量发展。

　　规范办文讲高度。公文是各级党政机关实施领导、履行职能、处理公务的有效手段和重要工具，其背后是组织的公信力，体现着治理能力与水平。办文是办公室日常业务工作之一，主要办两个方面的"文"，一个是材料起草，另一个是公文处理，规范是公文最基本、最重要的要求，表现在：一是发布规范，主要有红头公文、授权发文、固定文本、白头公文、官网发布等五类载体。二是排版规范，选用标准纸张和规范字体、字号、颜色等。三是装订规范，正式公文要求双面印刷，页码套正，左侧装订，一般是骑马订或平订，不掉页。领导的讲话稿，根据个人习惯和要求进行相应调整。四是要素规范，版头、主体、版记规范布局。五是处理规范，公文拟制、办理、管理等一系列工作要相互关联、

---

① 　本书获西南石油大学研究生教材建设项目资助。

衔接有序。

规范办会讲精度。办会是一项系统工程，只有关注细节、追求极致，才能确保会议效果，于细微之处见功力、于细节之处显水平。一是规范会前筹备，奏好"前奏曲"，主要包括分清会议类型、确定会议议题、安排会议时间、预订会议场地、策划会议方案、组建会务机构、制发会议通知、明确会议人员、邀请会议嘉宾、编印会议材料、布置会议场地、做好接站安排、开展会前演练、做足会前检查等环节。二是规范会中服务，奏好"进行曲"，主要包括组织报到签到、分发会议材料、把控会议程序、安排会议宣传、做好会议记录、编制会议简报，做好食宿、医疗、通信、车辆、用电等保障，以及茶水服务、接见合影、会议安保等环节。三是规范会后落实，奏好"结束曲"，主要包括做好离会安排、清理会议材料、报销会议费用、评估总结会议、编印会议纪要、传达会议精神、跟进会后工作、落实会议要求等环节。

规范办事讲温度。上级指示的、领导交办的，下级请求的、同事委托的，包括我们自己的私事，都要探索办事的基本规律，讲究办事的方法，把事情办得明明白白、严谨细致。一是工作能力专业化。运用专业理论和专业知识、专业思维和专业方法，履行自身职责，高质量提升"三服务"工作的本领。二是工作运行项目化。办公室牵头的工作很多，有先有后，把要做的事列入议事日程，确定负责人、具体任务、时间进度等。三是工作落实清单化。以问题为导向，逐项拉单列表，建立目标清单、任务清单、检查清单、问题清单，责任到人，层层抓好各项工作的落实。四是工作环节流程化。把常规的、重复的、固定的业务规划成流程图，岗位职责细分到人，精简工作中的烦琐环节，加快工作、业务流转速度，提高工作效率。五是工作要求标准化。让标准成为习惯，让习惯符合标准，让结果达到标准，实现事事有标准、人人讲标准、处处达标准的工作目标。六是工作成效数据化，有效运用数据发现问题、分析问题、解决问题、跟踪问题。办公室工作要善于获取数据、分析数据、运用数据。七是工作模板文本化。将规章制度、工作规范形成文本，编制可学习、可执行、可推广的范例。

规范履职讲力度。办公室工作无小事，常常是大事要事交织、急事难事叠加，要在大抓落实中走在前列、当好表率。一是有效发挥参谋助手的职能作用，以高度的政治责任感和使命感，主动参与，积极进言献策，把领导的决策化为具体意见，重点做好政策研究、文稿撰写等工作。二是有效发挥督查督办的职能作用，搞好督促检查，抓好决策落实，确保政令畅通。特别是对上级作出的决策、部署的工作、定下的事情，要雷厉风行、紧抓快办，案无积卷、事不过夜，要扭住不放、一抓到底。三是有效发挥综合协调的职能作用，做好上情下达、下情上报，主动请示汇报，不擅作主张。加强与基层单位的密切联系，不搞居高临下，不摆架子。强化办公室内部的协作配合，树立起"整体一盘棋""全办一台戏"思想，相互补台，互通有无，营造出干事创业的强大合力。四是有效发挥服务保障的职能作用，增强超前服务和事后服务意识，为领导释流减荷、分忧解围。服务不仅要勤、要诚，还要把握原则性与灵活性。

习近平总书记强调，"定规矩，就要落实一些已经有明确规范的事情，就要约束一些不合规范的事情，就要规范一些没有规范的事情"[①]。让规范成为办公室工作的一种文化，照规范来、按规矩办，这是做好办公室工作的基本要求，也是重要保证。

---

① 黄玥.十八大以来，习近平这样抓作风建设[EB/OL]. http://www.xinhuanet.com/politics/2017-10/10/c_1121777463.htm，2017-10-10.

目录

第三章

公文格式　34

第四章

公文处理　60

第五章
文稿写作　80

第六章
信息工作　124

第七章
会议组织　132

第八章
沟通协调　166

第九章
公务接待　178

第十章
信访值班　195

第十一章
机要保密　217

第十二章
督查督办　229

第十三章
服务保障　240

第十四章
工作方法　247

第一章 理念认知

1. 办公室的核心职能主要有哪些 ✎

办公室职能，就是办公室在本单位、本系统工作中所发挥的作用。习近平总书记曾指出，"办公室，是一个单位、一个系统、一个机构的关键部门。办公室工作如何，对党委乃至一个地方全面的工作影响很大"[①]。办公室既是参谋部、联络部、执行部，又是总开关、总枢纽、总调度，是党委、行政工作的左右手，必须围绕中心、服务大局，有效发挥统筹协调、参谋助手、督促检查、服务保障等职能作用。

（1）统筹协调，做好枢纽，有速度。沟通联系上级部门、本单位领导，协调内外单位，全面推进各项工作高效运行。重点做好关系协调、政策协调、事务协调等工作。

（2）参谋助手，出好主意，有深度。常态化做好文稿起草、信息报送等工作，为领导科学决策提供参考。及时提出决策建议，把领导的决策转化为工作方案，把工作方案转化为具体项目和任务。

（3）督促检查，抓好落实，有力度。对上级做出的决策、部署的工作、定下的事情，要雷厉风行、紧抓快办。重点做好日常督查、专项督查、综合督查等工作。

（4）服务保障，当好管家，有温度。增强超前服务和事后服务意识，及时周到、一丝不苟、随机应变。重点做好场地管理、自我管理、向上管理等工作。

[①] 习近平. 摆脱贫困 [M]. 福州：福建人民出版社，2014：47.

2. 办公室的工作特点主要有哪些 ✏️

办公室的工作头绪多、事情杂，具有自身的特点。

（1）政治性与群众性的统一。对党绝对忠诚是办公室的生命线，是做好办公室工作的根本点。办公室是各级领导机关汇集信息的中心，许多事项涉及群众切身利益，还必须深入基层，广泛听取群众意见。

（2）综合性与专业性的统一。一方面，办公室工作范围广，需要对各种情况进行有效处理，需要办公室工作人员知识广博，当好"杂家"；另一方面，办公室工作要求高，需要办公室工作人员精通办文办会办事业务，当好"专家"。

（3）事务性与思想性的统一。办公室事务类别多，涉及日常程序性事务、临时偶发性事务、领导交办的事务、部门不管的事务等。办公室是一个重要的参谋部门，需要不断提高理论水平、政策水平、谋略水平等，善于出大主意、好主意。

（4）被动型与主动性的统一。办公室工作要围绕领导需要转，围绕中心工作转，围绕发展大局转，要善于领会领导意图，执行领导指示，从属性、被动性比较强，不能自行其是。要在被动中讲主动性、讲能动性，做到早谋划、早部署，做到领导未谋有所谋，领导未闻有所知，领导未示有所行。

（5）常规型与突击性的统一。常规工作要有规划、督查、考核，做到有序推进。突发应急工作要有预案、有演练、有培训，做到从容应对。

（6）原则性和灵活性的统一。办公室处在协调者位置，其工作的方式、方法不能过分呆板，既要恪守原则，又要灵活操作、讲究策略。

3. 办公室的作用发挥主要有哪些 ✎

办公室发挥着承上启下的桥梁、出谋划策的智囊、对外联络的窗口、协调落实的助手等重要作用。

（1）枢纽作用。办公室是沟通上下、协调左右、联系各方的枢纽站，处于整个单位管理系统的中枢地位。

（2）中心作用。办公室是单位的指挥协调中心，代表领导处理单位全局性问题。办公室又是单位的信息网络中心，是各种信息的交汇地和集散地。

（3）窗口作用。办公室是单位对内、对外的窗口，对内代表领导机关作风，对外代表单位整体形象。

4. 如何坚持办公室工作问题导向 ✎

问题是人们的预期和现实的差距，有什么问题就解决什么问题，什么问题突出就集中整治什么问题，把认识和解决问题作为打开工作局面的突破口。坚持问题导向，查不足、强弱项、补短板，充分发挥办公室参谋辅政、督查落实、综合协调、服务保障等职能作用，切实转变工作作风，提升工作水平。

（1）善于发现问题，建立问题清单。以高度的清醒直面问题，及时准确地发现问题。听到的、看到的、收集的影响单位发展的各种问题，办公室都不能视而不见、听之任之、不了了之。

（2）科学分析问题，建立责任清单。以科学的思维看待问题，不能拍脑袋、瞎指挥、乱参谋，遵循客观规律，结合实际情况，求真务实，寻求解决实际问题的举措。

（3）敢于解决问题，建立整改清单。以强烈的使命感破解难题，确保问题整改条条落实、件件落地、事事见效。

5. 如何坚持办公室工作目标导向 ✎

同样一项工作，是争创一流，还是满足于过得去，目标不同，心气儿就不同，干劲儿就不同，结果自然就不同。目标就是我们要什么样的奋斗结果，或者说我们要达到什么程度。彼得·德鲁克认为，"每位管理者都需要有明确的目标，而且必须在目标中列出所管单位应该达到的绩效，说明他和他的单位应该有什么贡献，才能协助其他单位达成目标"[①]。办公室要紧紧围绕本单位中心工作，理顺工作思路，以目标引领行动，紧盯必须完成的硬任务抓落实。

（1）制定目标。将本单位目标细化分解为每个人的具体目标，将长期目标细化为中期目标、短期目标。

（2）现状分析。可以从人力、物力、财力、动力和精力等方面分析优势与不足。

（3）实现路径。即我们要通过什么途径、采取什么行动。每一件事情都要有明确的责任人、完成时限、预期成效。

（4）付诸行动。办公室也是一个单位各项工作狠抓落实的"作战部"，应当大兴务实之风、清廉之风、俭朴之风，确保上级的决策部署和工作要求落到实处。借助"PDCA"环，实现计划（plan）、执行（do）、检查（check）和处理（action）4 个环节循环相扣。

6. 如何坚持办公室工作结果导向 ✎

结果导向是上级对下级采取的一种管理模式。坚持结果导向，就是以工作成效为标准，以实实在在的业绩接受检验、评判工作。

（1）增强未雨绸缪的预见性。要大兴学习之风，透过现象看本

---

① 彼得·德鲁克. 管理的实践 [M]. 北京：机械工业出版社，2019：127.

质，把握规律、洞察先机，把困难估计得更充分一些，把风险考虑得更深入一些，提出针对性办法化解困难、规避风险、因势利导。要大兴调研之风，深入基层一线，了解瓶颈问题、"卡脖子"问题、群众关心关注的焦点问题、本领域长期未解决的"老大难"问题，系统分析，由表及里，由此及彼，提高发现问题、解决问题的前瞻性和实效性。

（2）强化干则必成的责任心。始终保持如履薄冰的紧迫感、如临深渊的危机感，全身心投入到工作中，一切为工作着想、一切给任务铺路、一切向目标发力，坚决做到只为干成想办法、不为失败找理由，用实实在在的业绩检验执行力。注重工作实效，克服形式主义、官僚主义。列明重点任务清单，开展持续跟踪督查。

结果导向和目标导向的使用场景不同，目标导向是组织本身制定目标，结果导向是上级对下级的发展目标要求。

7. 什么是办公室工作的服务意识 ✎

习近平总书记曾指出，"服务是办公室的一项重要工作。首先要增强超前服务和事后服务意识"[①]。办公室工作的"服务意识"是指办公室工作人员积极主动、热情周到、优质高效地为工作对象提供服务的一种意识。

（1）把握服务对象。以服务对象的需求为导向，为领导提供好决策支持，为同事提供好工作协助，为外部单位或群众提供好办事服务。

（2）提升服务质量。要自觉做到标准上求高，措施上求严，工作上务实，主动发现需求、提前解决问题，确保每一项工作都做到精益求精。

---

① 习近平. 摆脱贫困 [M]. 福州：福建人民出版社，2014：52.

（3）规范服务程序。办公室作为枢纽部门，需要与各方保持密切联系，不断梳理和优化工作流程，确保信息畅通、工作衔接顺畅。

8. 什么是办公室工作的协作意识

英国作家塞缪尔·巴特勒曾说："不管一个人的力量大小，他要是跟大家合作，总比一个人单干能发挥更大的作用。"协作意识不仅是个人职业成长的催化剂，更是一个团队高效运作、实现共同目标的基石。

办公室工作"协作意识"是指办公室人员为实现共同目标而进行交流沟通、分享信息、互相支持、共同解决问题的意识。

（1）协作的桥梁是沟通。及时、准确地传递信息，善于倾听他人的意见和建议，确保团队成员准确把握工作目标和进展。比如，办公室在牵头起草文稿时，需要与涉及文稿内容的相关部门沟通，收集素材、意见、通稿、反馈，确保文件质量。

（2）协作的关键是合作。个人只是团队的一部分，工作成果依赖于大家的共同努力、相互支持，避免单打独斗或推卸责任。比如，办公室在牵头组织大型活动时，需要与保卫、后勤、宣传、信息技术等部门紧密配合，以确保活动顺利进行。

（3）协作的目标是成长。既要关注工作执行过程，也要注重工作结果，每个人发挥自己的最大潜力，实现个人价值，推动工作目标的实现。比如，办公室在牵头完成一项任务后，可以召开总结会，每个人分享成功做法以及自己的体会，为后续工作积累经验、奠定基础。

9. 什么是办公室工作的总结意识 ✎

　　1965 年 7 月，毛泽东同志在北京接见从海外归来的李宗仁夫妇，会谈时曾问李宗仁的机要秘书程思远："你知道我靠什么吃饭吗？"程思远一时不知如何回答。毛泽东意味深长地说："我是靠总结经验吃饭的。以前我们人民解放军打仗，在每个战役后，总来一次总结经验，发扬优点，克服缺点，然后轻装上阵，乘胜前进，从胜利走向胜利，终于建立了中华人民共和国。"[①] 历史是最好的教科书，也是最好的清醒剂。善于总结经验，是中国共产党的优良传统。

　　办公室工作"总结意识"是指对办公室工作主动进行回顾、分析和提炼，形成经验教训、规律性认识或改进建议的意识。

　　（1）回顾与反思工作过程。办公室工作繁杂琐碎，容易让人陷入忙碌而失去总结思考的时间。通过总结可以梳理出工作中的亮点和不足，明确哪些做法是有效的，哪些环节需要进一步改进。

　　（2）提炼与归纳经验教训。从具体工作中找出规律性的认识，就是经验教训。例如，某项工作顺利完成的原因是什么？某项工作出现问题的根源在哪里？通过总结，可以将零散的认识系统化，形成可持续、可推广的工作方法。

　　（3）评估与反馈工作成果。通过总结，衡量工作目标的达成度，是否符合预期，为下一步工作提供依据。

　　（4）探索与落实改进措施。总结的最终目的是改进工作，避免同样的问题重复发生，并在后续工作中加以落实，推动工作质量不断提升。

---

① 尹俊."靠总结经验吃饭" [EB/OL]. http://www.81.cn/jfjbmap/content/2022-09-28/content_324977.htm，2022-09-28.

10. 什么是办公室工作的学习意识 ✎

习近平总书记指出，"学习需要沉下心来，贵在持之以恒，重在学懂弄通，不能心浮气躁、浅尝辄止、不求甚解"①。办公室工作"学习意识"是指办公室工作人员在工作中持续学习、学以致用，不断提升自身能力和素质的意识。

（1）构建学习机制。需要向书本学习，掌握基本的理论知识和业务技能；向实践学习，在实际工作中提升自己的能力；向领导和同事学习，借鉴他们的优秀经验和做法；同时，坚持工作学习化、学习工作化，在干中学、在学中干，保持学习的主动性和持续性，紧跟时代发展步伐，不断提升自身能力。

（2）拓展学习内容。办公室工作涉及面广，政策理论、法律法规、业务知识、沟通技巧等内容，都是办公室工作必备的知识，要系统地学、有针对性地学。

11. 什么是办公室工作的闭环思维 ✎

办公室工作点多面广，闭环思维就是确保凡事有交代、事事有落实、件件有反馈。

（1）闭环思维是事前规划的思维，坚持工作部署项目化，确保各项工作"赢在起跑线"。凡谋之道，周密为宝。办公室既要落实领导交办的事情，也要增强超前服务意识，紧紧围绕中心工作，提前进行科学规划。可以把复杂的工作任务细化分解为一个个具体的"项目"，组建项目团队，设立工作专班，制定实施方案，明确时间表、路线图。

---

① 习近平.习近平在中央党校建校 80 周年庆祝大会暨 2013 年春季学期开学典礼上的讲话 [EB/OL]. http://cpc.people.com.cn/n/2013/0303/c64094-20656845.html，2013-03-03.

（2）闭环思维是狠抓落实的思维，坚持工作推进清单化，确保各项工作"胜在执行中"。为政之要，贵在落实。办公室贯通上下、链接内外，是一个单位的"中枢机构"，不允许有丝毫象征性执行、选择性执行、低水平执行。办公室要始终把执行力作为担当尽责的生命线，对需要落实的工作项目，梳理形成任务清单、责任清单，明确工作任务、工作措施、完成时限和具体责任人，定期对照清单抓"验收"，做到工作推进有落实。

（3）闭环思维是主动反馈的思维，坚持工作环节流程化，确保各项工作"管在精细处"。物有本末，事有终始。办公室工作承上启下、协调左右，需要有规范的流程。一项工作的有效落实，是"规划、执行、反馈、结果、改进"的闭环流程，"绝不允许办完事不反馈的情况发生"①。没有反馈的落实不是真正的落实，主动反馈既是工作责任人基本"礼貌"，也是办公室工作基本要求。办公室工作要形成反馈自觉，养成向交办人反馈的习惯，便于交办人随时掌握情况。

（4）闭环思维是复盘改进的思维，坚持工作制度文本化，确保各项工作"质效再提升"。百尺竿头，更进一步。办公室任何一项工作都涉及本单位方方面面，要求我们牢固树立"优秀才是合格"的工作理念，不当"差不多"先生，不做"过得去"干部。一项工作完成后，要在第一时间对各阶段工作出现的难点、堵点及亮点进行复盘总结，避免重复性错误、低水平重复。通过改进完善现有工作机制，形成新的工作文本规范，为更好地提升工作质效打下坚实基础。

古希腊先哲亚里士多德说过："我们每个人都是由自己一再重复的行为所铸造的。因而优秀不是一种行为，而是一种习惯。"坚

---

① 谢煜桐.办公室实务[M].北京：红旗出版社，2019：4.

持"闭环思维"，就是从任务的发起到结束，不折不扣执行、适时主动反馈、保质保量完成、不断改进提高。

12. 什么是办公室工作的精准思维 ✍

习近平总书记强调，"要强化精准思维，做到谋划时统揽大局、操作中细致精当，以绣花功夫把工作做扎实、做到位"[①]。做好办公室工作要牢牢把握"准"的要求，无论办文办会办事，都要一丝不苟、严谨细致、精益求精，于细微之处见精神，在细节之间显水平。精准思维主要包括精当、准确、细致三个方面的要求。

（1）精准思维就是让坚持一流成为开展办公室工作的一种习惯。办文办会办事必须坚持"顶格标准"，努力做到"三高三表率"。一是高站位对标对表，在忠诚可靠上做表率。要把讲忠诚作为办公室工作的生命线和根本点。围绕中心、服务大局，自觉地把本职工作放在单位全局工作实际中去思考、去定位、去推进、去落实，确保"三服务"工作始终在轨道、不偏向，全力推动党中央决策部署和上级相关工作安排不折不扣落地见效。二是高质量参谋辅政，在业务精湛上做表率。对照"提笔能写、开口能讲、问策能对、遇事能办"要求，干什么学什么、缺什么补什么，精益求精、追求一流，锤炼一支作风硬、守纪律的办公室"铁军"，打造让党放心、让人民满意的模范机关。三是高效率综合协调，在担当作为上做表率。更新管理理念，大力推进办公室工作标准化建设，让办文办会办事在标准的约束和保护下实现最佳秩序、最大效益。

---

① 习近平在中央党校（国家行政学院）中青年干部培训班开班式上发表重要讲话强调筑牢理想信念根基树立践行正确世界观在新时代新征程上留下无悔的奋斗足迹 王沪宁出席 [EB/OL]..http://www.xinhuanet.com/2022-03/01/c_1128427317.htm，2022-03-01.

（2）精准思维就是让"准确理解、精准落实"贯彻到工作的各个环节。准确理解是前提，精准落实是目的，二者紧密联系、有机统一。一是提高政治站位，把牢"准"的方向。把准政治方向，是做到"准确理解、精准落实""不偏向、不走样"的根本保障。办公室作为政治机关，必须把讲政治放在首位。对党绝对忠诚是办公室工作的生命线，办公室要坚持不懈用党的创新理论凝心铸魂，坚定不移听党话、跟党走。二是严格对标对表，确保"准"的实效。认真保障本单位及时传达学习中央重要会议文件精神、上级领导最新重要讲话和指示批示精神、工作部署，结合实际研究贯彻落实意见，不折不扣抓落实、见实效。三是锻造专业素养，提升"准"的能力。新形势新任务，对办公室系统的能力水平提出了新的更高要求。坚持"干什么学什么""缺什么补什么"，始终站在全局高度、领导视角研究推动工作，不断提高理论素养、拓宽知识领域、更新知识结构，切实增强准确理解、精准落实的能力本领。四是完善工作机制，强化"准"的保障。在工作中，要及时总结提炼好经验好做法，积极推进办公室业务标准化建设，推广运用并在实践中不断改进完善，形成保障"准"的制度体系。

（3）精准思维就是让抓好细节成为检验办公室工作的主要标准。增强对细节的洞察力，要有草摇叶响知鹿过、松风一起知虎来、一叶易色而知天下秋的见微知著能力。强化对细节的掌控力，一杯茶水的温度、一个座牌的摆放都不能掉以轻心。注重对细节的执行力，要牢记"天下大事必作于细""慎易以避难，敬细以远大"的道理，即便是一些细节问题，也必须及时解决处理，办公室不容许试探性松懈、选择性执行、象征性落实。

13. 什么是办公室工作的底线思维 ✎

习近平总书记强调，"要坚持底线思维，保持如临深渊、如履薄冰的态度，尽可能把各种可能的情况想全想透，把各项措施制定得周详完善，确保安全、顺畅、可靠、稳固"[①]。底线思维能力，就是客观地设定最低目标，立足最低点，争取最大期望值的能力。

办公室工作"底线思维"是指在承担着统筹协调、参谋助手、督促检查、服务保障等重要职责的时候，守好政治底线、规矩底线、责任底线，凡事从坏处准备，努力争取最好的结果的一种思维方式。

（1）对党忠诚，守好政治底线。办公室工作服务党委行政中心工作，牢固树立政治机关的意识，旗帜鲜明讲政治是第一要求，坚定践行"两个维护"，坚决走好"第一方阵"。党中央提倡的坚决响应，党中央决定的坚决照办，党中央禁止的坚决杜绝，始终与党中央保持高度一致。

（2）廉洁自律，守好规矩底线。纪律规矩作为最基本的行为规范，为办公室人员拉起了高压线、警戒线。强化自我修炼、筑牢思想防线、净化人际关系，有助于从源头上降低风险成因。

（3）恪尽职守，守好责任底线。把各种情况考虑得再复杂一些，把困难估计得再充分一些，立足最坏的打算、做最充分的准备，时时刻刻严阵以待，以时时放心不下的责任感、积极担当作为的精气神履好职、尽好责。

---

① 习近平. 办公厅工作要做到"五个坚持" [J]. 秘书工作，2014（6）：4-8.

14. 什么是办公室工作的系统思维 ✎

习近平总书记强调，"唯物辩证法认为，事物是普遍联系的，事物及事物各要素之间相互影响、相互制约，整个世界是相互联系的整体，也是相互作用的系统"①。系统思维就是把认识对象作为系统，从系统整体与局部、要素和要素、系统和环境的相互联系、相互作用中综合考察认识对象的一种思维方法，强调全面性、整体性、协调性、关联性。

办公室工作"系统思维"是指将办公室工作的各个方面视为一个相互联系、相互作用的有机整体，从全局角度来思考和处理问题的思维方式。

（1）着眼全局。将办公室的各项工作视为一个整体，而不是单一的任务。例如，起草一份文稿时，要考虑当前国家方针政策是什么，领导考虑什么，群众关注什么，当前社情是什么，在更大的空间和背景中去谋划和思考，站在全局的战略高度、历史的时间维度去思考问题、判断问题。

（2）跟进过程。注重工作推进中各个环节之间的内在联系。例如，公文处理中的起草、签发、执行、归档，每个环节是否都落实到位。

（3）关注细节。强调工作实施中动态变化和突发情况处理。例如，组织一次活动时，要考虑会议流程、会议通知、会务资料、会场安排等每个细节是否都安排妥当。

---

① 习近平在省部级主要领导干部学习贯彻党的十八届五中全会精神专题研讨班上的讲话 [EB/OL].http://www.xinhuanet.com//politics/2016-05/10/c_128972667_2.htm，2016-05-10.

15. 什么是办公室工作的有解思维 ✎

办公室工作"有解思维"是指"不为困难找借口、多为成功想办法"的思维方式，展现了一种积极的工作导向，体现了一种强烈的使命担当，彰显了一种过硬的能力素质。

（1）主动领题。紧紧围绕办公室职能职责，认真总结办公室工作规律和特点，持续优化工作流程，坚持以"办文零差错、办会零失误、办事零贻误"为标准，主动承担大任务，充分发挥耳目喉舌作用和组织协调作用。

（2）主动答题。紧扣单位中心工作，立足岗位职责，以时不我待、只争朝夕的紧迫感和责任感，对定下的事情，说了就干、马上就干。全方位、多角度督办各责任单位落实工作，及时向领导和有关部门反馈结果，做到事事有回音，件件有着落，推动各项任务顺利开展。

（3）主动破题。聚焦单位发展最突出的"瓶颈"、群众最渴望的"红利"，既主动对照自身问题找对策，又聚焦中心工作提建议，主动作为、实干担当，推动解决群众身边急难愁盼问题。

16. 什么是办公室工作的外包思维 ✎

任何人都有自身的不足，彼得·德鲁克认为，"用其同事之所长、用其上级之所长和用其本身之所长"①。自己做不了，交给别人能做。自己能做，别人做得更好，让自己专注更重要的事情。

办公室工作"外包思维"是指将办公室的一些非核心业务或任务交由他人进行管理或执行，以提高工作效率和降低成本的思维方式。

---

① 彼得·德鲁克.卓有成效的管理者 [M].北京：机械工业出版社，2019：84.

（1）明确核心事项。确定哪些是自己的核心业务，哪些职能适合外包，把握工作的"边界感"，边界以内就是工作的主要矛盾，要亲自干好，体现核心价值。边界以外的就是次要矛盾，可以适当外包。

（2）遴选外包对象。评估并选择可靠的外包对象，明确质量标准、责任划分等，避免过度依赖外包可能导致的失去对某些职能的有效控制。

17. 什么是办公室工作的共赢思维 ✎

共赢思维方式是一种以协作、合作和相互关怀为基础的思维方式，它追求的目标是在每个人的利益和需要都得到满足的情况下，实现利益最大化，这与史蒂芬·柯维强调的"双赢思维"如出一辙，就是要"在所有的人际交往中寻求双边利益"[①]。

办公室工作"共赢思维"是指在处理办公室内部及与其他部门或外部合作伙伴的关系时，追求共同利益，通过相互理解、支持和合作，实现双方或多方共赢的一种思维方式。

（1）做好自己的事情。办公室每个人在各自岗位上都有自己的角色和任务，做好自己分内之事，用实际行动诠释责任与担当。

（2）解决别人的问题。别人做不到的、不擅长的，或者是不愿意做的，办公室要积极协调解决。这是实现协作的基础，也是自我价值的体现。

（3）实现大家的愿望。不同个人、不同组织相互支持和帮助，共享资源，形成一个相互依赖、互利共赢的社会网络，实现共同的愿望。

---

① 史蒂芬·柯维.高效能人士的七个习惯（精华版）[M].北京：中国青年出版社，2002：128.

18. 什么是办公室工作的场域思维 ✎

德国心理学家库尔特·考夫卡曾提出过一个场域理论。他认为人的每一个行动均被行动所发生的场域所影响，而场域并非单指物理环境而言，也包括他人的行为以及与此相连的许多因素。外在的环境分为两类，一类是地理环境，另一类是行为环境。

办公室工作"场域思维"是指在处理办公室工作时，要考虑到工作所处的环境、情境以及与之相关的各种因素，以实现更高效、更协调的工作效果的一种思维方式。

（1）地理环境场。办公室工作人员所在的地理环境，往往也是一个单位的"窗口"，空间布局、设备使用、工作习惯等，是一个单位的无声推介。

（2）行为环境场。办公室工作人员在一定程度代表单位和领导形象，要以领导的思维方式、行为准则、个人风格开展活动，有时在领导授权下开展相关工作。办公室工作的外在环境就是一种特殊的场域，即便不在领导身边，领导的"气场"依然有着重要的影响。

19. 什么是办公室工作的前瞻思维 ✎

在 1945 年党的七大上，毛泽东指出，"什么叫领导？领导和预见有什么关系？预见就是预先看到前途趋向。如果没有预见，叫不叫领导？我说不叫领导"[①]。这就是前瞻思维的本质和价值。前瞻思维，不仅是一种对未来趋势的预测和判断，还是一种积极主

---

① 郝敬东，熊玉祥，牛玉俊. 向毛泽东学习战略预见 [J]. 解放军报，2019-12-26（07）.

动的思维方式，"充分认识到自己有责任创造条件"①，面对复杂多变的环境时，能够敏锐地捕捉信息、分析形势、把握规律，从而做出科学决策和有效应对。

办公室工作"前瞻思维"是指在处理工作时具备预见性，能够提前预判和规划工作，以确保工作的顺利进行和高效完成。

（1）提前谋划。做任何事情，先把"怎么做、怎么开展"想清楚、理清楚，提前做好工作方案。例如，办会要有会议方案，遇到重要的会议，对每个细节、每个环节，每个人负责什么事，都有详细的设计，有一个组织工作方案，各项工作都要按这个方案有条不紊地展开。

（2）应急处理。办公室工作中常常会面临各种突发状况，有时候上午来通知，下午就得交总结，或者下午来通知，第二天就要组织开会。办公室要积极应对，有效协调处理。

办公室工作人员不能仅仅局限于当下的应对，还得具备前瞻思维，看到别人所未看到的，想到别人所未想到的，站在上升、前进和发展的立场上，努力先想一步、先谋一筹，早订计划、早做打算，这样才能抢占先机、赢得主动，确保各项工作顺利进行。

20. 什么是办公室工作的创新思维 ✎

习近平总书记指出，"创新是民族进步的灵魂，是一个国家兴旺发达的不竭源泉，也是中华民族最深沉的民族禀赋"②。办公室的工作内容重复性强，容易形成惯性思维、定势思维。

---

① 史蒂芬·柯维.高效能人士的七个习惯（精华版）[M].北京：中国青年出版社，2002：58.
② 在同各界优秀青年代表座谈时的讲话（2013年5月4日），《人民日报》2013年5月5日。

办公室工作"创新思维"是指把握新形势对办公室工作的新要求，用新的视角观察问题，用新的思路解决问题的一种思维方式。

（1）机构设置，条块转向一体。办公室传统的内设机构一般按照业务板块分为秘书科、综合科、信访办、督察办等。为了全面锻炼年轻干部，实现办文办会办事一体化，可以设置若干秘书科，在负责相关板块工作的基础上，分别承担某个领域的全面协调工作。

（2）主要职能，被动转向主动。办公室工作有一定的从属性和被动性，更需要主动思考、主动谋划、主动担当、主动作为。

（3）重点工作，粗放转向精细。按照"精、准、细、严"的要求，把"细节决定成败""精益求精"等思维贯穿到办公室工作全过程。

（4）运行机制，经验转向标准。遵守国家标准和要求，善于总结提炼，形成办公室业务流程标准。

（5）队伍建设，单一转向复合。通过理论学习、业务交流、专项培训等多种方式，推进业务工作与学术研究深度融合，全面提升办文办会办事的政策水平和实践能力。

第二章 团队建设

21. 如何优化办公室内部机构设置

办公室的内部机构组织形式、人员配备要以实际需要来确定。办公室机构设置要坚持以下几个原则。

（1）依规设置。基层单位的内设机构尽管没有进入该单位组织机构序列，但是要和人事部门沟通报备，得到相关领导认同，最终发文正式确定。

（2）精简高效。坚持行政管理理论中的最低职位原则，定编、定岗、定责，建立办事快捷、高效的机构体系。

（3）层级管理。根据工作性质、工作任务和工作目标，合理划分层次，实现少层级、大服务、高效率。

（4）人岗匹配。职是职务，责是责任，要以任务为依据，因事设职，切忌设置虚职，要做到人人能做事、事事能做好。

办公室的职责范围，就是办公室需要承担哪些具体业务工作。不同领域、不同层级的办公室，职责差异较大。以某高校党政办公室为例，分析内部机构设置和业务范围。

（1）秘书一科。负责学校党委重要会议的记录等相关工作；做好党委信息报送工作；负责起草学校党委主要领导的相关文稿；负责学校信息公开办公室日常工作。

（2）秘书二科。负责学校行政重要会议的记录等相关工作；负责起草学校年度工作要点；负责起草学校行政主要领导的相关文稿。

（3）秘书三科。负责联系、协调、服务各级校友组织；负责收集、管理校友信息数据；建设、维护校友、基金网站及公众号等新媒体平台；负责基金会相关工作；负责校级层面综合协议的管理；负责校地合作相关工作；负责依法治校办公室日常工作；负责学生申诉工作；负责所联系的校领导的日常工作协调。

（4）秘书四科。负责学校综合事务、重要会议组织、重大活动协调、信访办日常事务、学校层面综合性安全稳定工作、应急处突信息报送、督查督办、办公室印章管理与用印、总值班室管理；负责所联系的校领导的日常工作协调。

（5）秘书五科。负责保密委办公室日常工作；负责公文收、发工作；负责编制学校年鉴、大事记；负责学校网站通知公告审核发布；负责校内各单位请示、报告审核流转；负责校内各单位印章刻制与更换；负责学校法人证书的管理和授权使用；负责开具学校介绍信；负责所联系的校领导的日常工作协调。

22. 如何加强办公室领导班子建设 ✎

加强办公室领导班子建设是提升团队凝聚力、执行力和创新能力的关键。从政治素质、团结协作、工作业绩、工作作风等方面入手，不断提升领导班子的整体素质和能力水平，推动办公室工作高质量发展。

（1）政治素质好。一是旗帜鲜明讲政治。坚持以习近平新时代中国特色社会主义思想为指导，牢记"政治性是办公室第一属性、讲政治是办公室第一要求"，深刻领悟"两个确立"的决定性意义，增强"四个意识"，坚定"四个自信"，坚决做到"两个维护"，在思想上政治上行动上同以习近平同志为核心的党中央保持高度一致。二是提升能力敢担当。适应新形势新任务，着力加强统筹协调，着力当好参谋助手，着力确保政令传输安全畅通，着力筑牢保密防线，着力做好服务保障。以更高标准、更严要求、更实措施，建设让学校放心、让师生满意的模范机关。

（2）团结协作好。一是树立大局意识，做到"三不讲"。不妄议党的方针政策和学校决策部署；不非议领导、同事和工作，工作上的不同意见要强化内部沟通、达成共识，对外只能是一个声音；不传播小道消息。二是树立协作意识，做到"三补位"。认真贯彻执行民主集中制原则，坚持集体领导与个人分工负责相结合，他不在时我补位接续顶上，他不足时我补位雪中送炭，他干得好时我补位锦上添花。三是树立服务意识，强化"三服务"。服务领导、服务基层、服务群众，服务发展、服务决策、服务落实。

（3）工作业绩好。一是崇尚实际，注重实效。上下协调，不擅发指令、不谎报军情。二是内外联络，不虚情假意、不口是心非。三是马上就办、办后反馈，第一时间抓落实。锚定目标、精益求精，第一时间要结果。四是守正创新，行稳致远。坚守正道、追求真理，立足实际，与时俱进，不断优化工作方法和机制，不断迸发新的活力。

（4）作风形象好。一是廉洁从政，干净干事。锲而不舍落实中央八项规定精神，自觉接受各方监督。二是以人为本，赋能发展。搭建多维平台，关心干部职工，搭建成长平台。

23. 如何打造办公室一流模范机关 ✎

习近平总书记对新形势中央和国家机关党的建设的使命任务提出了明确要求，"在深入学习贯彻新时代中国特色社会主义思想上作表率，在始终同党中央保持高度一致上作表率，在坚决贯彻落实党中央各项决策部署上作表率，建设让党中央放心、让人民群众满意的模范机关"①。办公室是一个单位机关部门的"第一方阵",要率先垂范,建设一流模范机关。

(1)政治机关。坚持"第一议题"制度,对标对表讲高度。习近平总书记指出,"要把绝对忠诚作为做好中办工作的首要政治原则,作为中办队伍的首要政治本色,作为中办干部的首要政治品质,任何时候都不能含糊"②。办公室要把讲政治体现到办文办会办事各项工作中。

(2)枢纽机关。坚持"第一时间"原则,紧抓快办讲效度,上级的文件、领导的要求、基层的诉求,第一时间领会、第一时间落实、第一时间反馈,"马上就办、办结就报"。

(3)服务机关。坚持"首问责任"制度,服务保障讲温度。用心做好来信来访、会务接待、机要保密、文件流传、用印服务、值班值守等工作,确保各项服务工作精准、细致、规范、高效。

(4)参谋机关。坚持出好主意,谋之有道讲深度。高质量编辑内刊、报送信息、建言献策,为领导科学决策提供依据。高标准起草各类领导计划、工作报告、工作计划、工作总结、相关文件等材料。

(5)督办机关。坚持狠抓落实,精准督办讲力度。形成拟办、立项、交办、催办(查办)、办结、反馈(发布)、归档等环节完整的工作链条。注重督办方法,本着及时跟进、急事急办的原则,灵活采用电话沟通、当面交流、实地督促等方式,持续跟踪责任单位办理进展。加强回访问效,对已经办结的领导批示件适时开展"回头看"和"再督查"。

(6)学习机关。坚持学习制度,提升素养讲广度。树立本领

---

① 习近平在中央和国家机关党的建设工作会议上的讲话 [EB/OL]. https://www.gov.cn/xinwen/2019-11/01/content_5447389.htm,2019-11-01.

② 习近平.办公厅工作要做到"五个坚持" [J].秘书工作,2014(6):4-8.

恐慌意识，结合自身条件和工作岗位，坚持干什么学什么、缺什么学什么，把学习成果转化为提升工作能力、解决实际问题的生动成效，既要当好"专才"，也要成为"全才"。

24. 如何制定办公室内部议事规则 ✎

俗话说："没有规矩，不成方圆。"为了更好地加强办公室规范化建设，规范办文办会办事秩序，健全完善各项内部管理制度，为各项工作创新发展提供制度保障。以某高校党政办公室议事规则为例。

第一章 总 则

第一条 为切实贯彻民主集中制原则，促进党政办公室科学决策，提高议事效率，确保决策的公开、公平和公正，特制定本规则。

第二条 本规则主要依据《中华人民共和国教育法》《中华人民共和国高等教育法》《中国共产党普通高等学校基层组织工作条例》及学校的相关管理规定制定。

第三条 党政办公室是学校党委和行政的综合办事机构，要围绕中心工作、服务大局，有效发挥统筹协调、参谋助手、督促检查、服务保障等职能作用。

第四条 党政办公室领导班子实行集体领导、分工负责，班子成员密切配合、各负其责。对于职责交叉的工作，采取会商研究方式，明确工作牵头责任人员和协助配合人员。

第五条 党政办公室议事决策的机构主要包括：主任办公会、工作例会、专项工作会和全体职工大会。

第二章　议事决策范围

第六条　主任办公会议事决策范围主要包括：

1. 传达和贯彻学校及上级主管部门重要文件精神，落实学校的重要决定、学校及上级主管部门布置的重要工作；

2. 决定党政办公室的管理制度、工作规范等规范性文件的建立、修订、废止；

3. 决定党政办公室年度工作计划和重点工作安排、调整并组织实施；

4. 研究决定党政办公室工作改革、发展中的重大问题；

5. 研究讨论党政办公室在发挥统筹协调、参谋助手、督促检查、服务保障等职能过程中的重大问题；

6. 研究党政办公室党风廉政建设问题和党员领导干部民主生活会相关事宜；

7. 研究党政办公室人员招聘、岗位调整、职能职责、职工考核、福利、科级干部晋升等相关事项；

8. 研究决定党政办公室年度经费预算、经费调整和经费决算工作；

9. 决定党政办公室单笔（单项）人民币 1 万元及以上经费支出等相关事项；

10. 通报学校及党政办公室重要工作进展情况；

11. 其他需要主任办公会研究和决定的重大事项。

第七条　专项工作会议议事决策范围主要包括：

1. 贯彻落实学校党委、行政决定以及领导部署的相关工作事项；

2. 贯彻落实主任办公会决定的相关工作事项；

3. 研究制定相关专项工作计划、方案，统筹协调相关工作关系；

4. 其他需要研究和决定的工作。

第八条 工作例会议事决策范围主要包括：

1. 传达和贯彻学校及上级主管部门的重要文件、会议精神和工作指示，通报学校重要决策和事项，公布各类重要信息；

2. 落实学校及上级主管部门布置的重要工作和决定；

3. 传达学校领导重要指示；

4. 研究工作方案，布置工作任务；

5. 汇报每周工作计划、安排和执行情况，研究布置本周工作任务；

6. 研究、会商需统一协调的其他事宜。

第九条 全体职工大会议事决策范围主要包括：

1. 传达和贯彻学校及上级主管部门的重要文件、会议精神，落实学校及上级主管部门布置的重要工作和决定；

2. 布置和总结党政办公室的年度工作；

3. 其他与党政办公室相关的重要问题。

第三章　议事决策程序

第十条 主任办公会由主任召集并主持，主任因故不能出席会议时，由主任指定一位副主任召集并主持。参会成员为主任、副主任。会议秘书由综合科科长担任，根据议题情况安排相关科室负责人列席。主任办公会原则上每月召开 2 次，具体时间根据工作需要确定。

主任办公会应按预定程序议事，程序主要包括：

1. 经主任拟定，或由副主任提出议题及支撑材料，交会议秘书汇总议题清单；

2. 会议秘书在召开主任办公会的前一周周五下午，汇总议题清单书报告主任；

3. 主任确定办公会议题后，由会议秘书负责准备办公会议召开事宜（包括会议材料准备，与会人通知，时间、地点选择，会议纪要整理、发布等）；

4. 议题提出人在限时内对材料或方案作简要说明，会议对议题进行充分讨论；

5. 主持人适时对会议讨论情况做出归纳。可以作出决定的，按民主集中制原则作出决定，必要时可进行表决。

6. 会议秘书根据会议精神形成会议纪要，经主任审批后分送主任办公会成员以及相关人员。

第十一条 工作例会由主任主持召开，主任因故不能出席会议时，由主任指定的副主任召集并主持。参会成员为主任、副主任、科长。会议秘书由综合科科长担任。可根据实际情况安排相关科室人员列席。工作例会每周召开一次，具体时间根据工作需要确定。

第十二条 专项工作会议由主任或者副主任召集，根据工作需要安排相关人员参加。会议秘书由召集人指定。会议秘书根据会议精神形成会议纪要，经召集人及主任审批后分送主任办公会成员及相关人员。会议频次和具体时间根据工作需要，召集人报主任审议后决定。

第十三条 全体职工大会由主任召集并主持，主任因故不能出席会议时，由主任指定的副主任召集并主持。参会人员为党政办公室全体人员。会议频次和具体时间根据工作需要，召集人报主任审议后决定。

第四章　决定的执行和督办

第十四条 会议记录内容须确保真实、详尽，每个议题都要有明确的结论。

第十五条 会议决定按照以下要求执行：

1. 会议形成的决定按分工负责的原则组织实施，个人不得擅自改变或拒绝执行；

2. 对于会议决定事项，各有关科室及人员必须严格执行、认真落实，并将有关情况及时向分管副主任汇报，有关事项的重要进展应向主任报告；

3. 会议决定事项在执行过程中如遇到问题，由分管副主任负责指导协调，确保决定事项的贯彻执行；

4. 因客观情况变化或其他特殊原因导致会议决定事项无法实施的，应及时向主任报告。会议决定的事项如需变更、调整，须按相应规定提请复议。

第十六条 会议决定按照以下要求督办：

1. 分管副主任应督促相关科室贯彻执行会议决定；

2. 综合科负责会议决定事项的具体督办工作，规范督办程序与机制。

第五章 会 议 纪 律

第十七条 研究干部聘任、人事安排和奖惩等问题时，涉及与会人员或与会人员配偶、直系亲属时，该与会人员应回避。

第十八条 与会人员应准时到会，确实不能到会的应事先请假。必要时，须将意见或建议告知主持人。

由于党政办公室工作特殊性，参加会议前，必须妥善安排日常工作。

第十九条 与会人员应集中精力开会，提高会议效率，除经主持人同意临时处理紧急、特别重要的事务外，会议期间不办理与会议无关的事务。

第二十条 决策性会议做出决定后，与会者不得在任何场合发表与会议决议不一致的意见。

第二十一条　会议过程中涉及学校秘密或组织机密时，应按学校保密工作管理办法和党的组织纪律的规定办理，切实保守秘密。

第二十二条　按照学校政务公开相关要求，在规定范围内向有关人员公开相关信息。

第六章　附　　则

第二十三条　本规则由党政办公室主任办公会负责解释。

第二十四条　本规则自公布之日起施行。

25.如何提升办公室人员精神品格　✎

办公室工作既体面又辛苦，是"一份既需要才华也需要忠诚的职业，一份既需要激情也需要智慧的职业，一份既需要'他律'更需要'自律'的职业"[①]，需要永葆求真精神、自省精神、吃苦精神、工匠精神、协作精神、奉献精神等。

（1）求真精神。办公室工作点多面广、事务繁杂，工作中不能先入为主、仅凭经验把脉，更不能削足适履、生搬硬套，而应坚持具体问题具体分析，因地制宜制定对策措施。

（2）自省精神。自觉对照岗位职责、工作标准和先进标杆，反省自己有没有知识空白，有没有工作盲区，有没有能力弱项，及时学习充电、修正不足、补齐短板。做到每日有复盘，每周有总结，持续提升工作水平。

（3）吃苦精神。时刻保持连续作战、永不懈怠的精神状态和艰苦奋斗、一往无前的奋斗姿态，克服疲劳厌战情绪和盲目乐观心理。

（4）工匠精神。专注细节，追求卓越，把"文过我手无差错、事经我办请放心"贯彻到办公室工作各方面全过程，做到每一个任

---

① 谢亦森 . 大手笔是怎样炼成的：修炼篇 [M]. 武汉：长江文艺出版社，2016：2.

务有人抓，每一个环节有人干，每一个问题有人管。

（5）协作精神。始终以大局为重，注重团队配合，力求思想上合一、工作上合力、行动上合拍，最大程度把各方面力量凝聚和调动起来，确保各项机制高效运转、各项工作高效推进、各项目标高效达成。

（6）奉献精神。甘当幕后无名英雄和"高山上的小草"，正确处理名与利、苦与乐、得与失的关系，以无私奉献精神为单位事业发展做出积极努力。

26. 如何锻造办公室工作文化理念 ✎

优秀的组织文化理念是一个单位发展的灵魂与支柱。它通过共同的价值观、理念与行为准则，将团队成员紧密地联系在一起，形成强大的向心力与凝聚力。锻造办公室工作的文化理念，就是建立一种积极向上的工作氛围，培养干部职工的核心精神，不断提升整体工作效率和质量。

（1）美观整洁的环境文化。通过图文并茂的形式，建设形式多样、生动活泼的特色文化空间，营造干净整洁、统一规范、文明有序的办公环境。

关键词：美观、整洁、育人。

（2）依法按章的规则文化。严格遵循工作流程，自觉按规矩、按程序、按制度办事。凡事不符合程序和规则的，要加强请示和汇报，不能凭个人感觉主观判断、主观臆断、擅自决断。主动接受领导、组织和群众的监督。

关键词：依法、按章、流程。

（3）协同创新的干事文化。每一项任务都要明确牵头单位、牵头人，打破处室、科室壁垒，抽调相关人员组建项目团队。既要恪守正道，坚持按照事物发展变化的基本规律办事，又要勇于开拓创新，探索新时代办公室工作的新思路、新举措。

关键词：务实、协同、创新。

（4）绝对忠诚的政治文化。始终坚持党的全面领导，紧紧围绕大局、时时聚焦大局、处处服务大局。切实提升政治判断力、政治领悟力、政治执行力，始终在思想上政治上行动上同以习近平同志为核心的党中央保持高度一致。

关键词：忠诚、干净、担当。

（5）学习交流的书香文化。坚持以阅为媒、以文载道，持续开展"学经典"活动，引导干部职工勤学善思、学以致用，不断提升政治理论水平和综合文化素养。

关键词：学习、学术、交流。

（6）修身律己的廉洁文化。严格执行《中国共产党廉洁自律准则》，制定领导身边工作人员言行与工作规范，保持清正廉洁的政治本色，不断增强干部职工廉洁从业、廉洁修身、廉洁齐家的思想自觉和行动自觉。

关键词：立德、修身、律己。

27. 如何规范办公室人员工作行为 ✎

工作行为不仅影响个人发展，还对单位的效率和文化建设有着重要影响。

（1）纪律规范。严格遵守工作时间，切实转变工作作风，不断提高工作效率；严格执行保密规定，严格遵守法纪法规，养成过紧日子的习惯。

（2）仪表规范。男士、女士不留怪异发型，不染怪异发色；男士不光头，女士可化职业淡妆，不得浓妆艳抹等。

（3）着装规定。日常上班着装简洁大方、干净整齐，不穿牛仔服、运动服。男士不穿无领 T 恤、短裤，女士不穿过于袒露的服饰。重要场合必须着正装（根据场合、季节、气温、性别选择，如白色短袖、长袖衬衣，深色西服、商务夹克，深色长裤、西裤、套裙等）。

（4）仪态规范。做到站如松、坐如钟、行如风。精神饱满自然，善于运用手势，让言谈举止更加丰富生动。表情神态真诚自然、庄重沉稳等。

（5）用语规范。文明用语，语气温和，态度诚恳，音量适中，不抨击他人，不影响他人。

（6）网络使用规范。工作时间不得使用互联网做与工作无关的事情。不得利用互联网泄露国家机密，涉密工作信息不上网。不得采取任何手段截取、监听网络数据，不得窥探他人隐私。不得利用互联网制作、复制、查阅、下载、传播危害国家安全、违反法律法规、影响社会和谐稳定的有害信息，禁止收发含有敏感字的文件。不得利用互联网发表不文明言论、传播虚假消息、传播垃圾邮件。

各单位可根据工作要求和实际情况，制定详细的规范细则。

28. 如何丰富办公室人员综合知识 ✎

根据办公室工作性质，办公室人员应选择与日常工作内容关系密切的知识作为核心知识层，相关联的知识作为外围知识层，构建较为完备的知识体系。

（1）基础知识。涉及社会科学知识和自然科学知识的文、史、地、哲、数、理、化等方面。其中，对办公室人员最为基础的是文字、词汇、语法、逻辑、修辞等汉语知识。

（2）专业知识。涉及办公室日常工作的公文写作、会议组织、商务礼仪等业务知识和本单位所属行业的专业领域知识。

（3）相关知识。经济学、法学、心理学等方面的知识。

29. 如何提升办公室人员综合能力 ✎

能力是直接影响活动效率，关系到活动能否顺利完成的个性心理特征。办公室工作千头万绪、纷繁复杂，需要办公室人员具备多方面的能力。

（1）基本能力。一是表达能力。办公室人员在任何工作场合都离不开"写"和"说"两个基本功。二是办事能力。涉及理解和领会领导意图的能力、迅速将领导意图落实的能力、准确分析和判断的能力、应变能力等。三是沟通能力。有效传达领导指示和相关单位、人员报告的事项，同上级、同事以及来访者保持和谐关系。四是操作能力。熟练操作各种办公设备，如电脑、投影、复印机、传真机等。熟练运用常用办公软件和技术，如 Word、Excel、PPT、AI 等。

（2）专业能力。一是执行能力。敢抓落实、善抓落实，保质保量完成任务，把领导的想法变成现实。二是预测能力。充分发挥自己的主观能动性，主动谋划，力求早半拍、快半拍，多未雨绸缪。三是协调能力。对内对外、对上对下，要理得顺，要合得来。四是承受能力。铸就强大的内心世界，在各种考验、困难、矛盾面前，努力培养坚忍不拔的毅力和持之以恒的精神。

办公室人员的综合能力需要紧跟时代发展要求，通过抓学习、培训、实践等方式不断提升。

（1）抓学习。一是要逼着自己学。学习的本质是个人行为，必须从骨子里意识到学习的重要性。做好每年、每月、每周的学习计划。二是跟着别人学。工作岗位的前任、现在的直接领导、身边的同事、业界学界前辈等，都是学习的对象和榜样。三是复盘总结学。注意研究问题，在司空见惯中发现问题。注重总结经验，在熟知中求得真知。

（2）抓培训。一是"请进来"，邀请人员来本单位开展有组织的教育培训。二是"走出去"，选派代表参加上级单位、专业机构的教育培训。三是重交流，通过同行、同类不同办公室人员的相互沟通交流，学习借鉴，共同提升。

（3）抓实践。实践是人类认识和改造世界的基础，坚持"干中学""学中干"，学以致用、用以促学、学用相长，高标准、高水平、高效率完成办文办会办事各项任务。

30. 如何锤炼办公室人员综合素养 ✎

（1）政治强。具有较强的政治敏锐性和政治理论水平，在思想上政治上行动上同党中央保持高度一致。

（2）业务精。熟悉办公室业务，还要研究参透业务，从生手变成行家里手、业界学界专家。

（3）作风实。工作作风良好，时刻牢记"公"为上，做事的出发点要公为首要，时刻以集体利益为重，时时处处体现公共特性。维护好领导班子的团结，不因个人工作失误而造成领导之间的误解，不制造不和谐因素。协调好各部门之间的关系，及时化解部门之间配合（合作）过程中的矛盾和问题，消除不和谐因素。

（4）形象好。忠于职守，对工作认真负责、一丝不苟，自觉履行各项职责。严守机密，对参与研究知晓的有关事项不擅自对外传播。廉洁奉公，崇俭戒奢，艰苦朴素，洁身自好。

（5）身体硬。根据自身情况坚持合适的运动方式，保持良好的身体状况和心理状态。

第三章 公文格式

31. 如何把握办文国家标准 ✎

机关办文工作的规范要求和标准，主要有《党政机关公文处理工作条例》《党政机关公文格式》《标点符号用法》等。

（1）为统一中国共产党机关和国家行政机关公文处理工作，2012 年 4 月 16 日，中办、国办联合发布了《党政机关公文处理工作条例》（以下简称《条例》），同时废止了 1996 年中办发布的《中国共产党机关公文处理条例》和 2000 年国务院发布的《国家行政机关公文处理办法》（以下简称《办法》）。《条例》的发布施行，有利于推进党政机关公文处理工作科学化、制度化、规范化。

（2）2012 年 6 月 29 日，国家质量监督检验检疫总局、国家标准化管理委员会发布了《党政机关公文格式》国家标准（GB/T 9704—2012）。此标准是对国标《国家行政机关公文格式》（GB/T 9704—1999）的修订，对公文用纸、印刷装订、格式要素、式样等做出了具体规定。特别是将党政机关公文用纸统一为国际标准 A4 型，首次统一了党政机关公文格式要素的编排规则，使党政机关公文的表现形式更加规范。

（3）2011 年 12 月 30 日发布的中华人民共和国国家标准《标点符号用法》（GB/T 15834—2011），代替 1995 年 12 月国家技术监督局批准的国家标准《标点符号用法》（GB/T 15834—1995），归口于中华人民共和国教育部语言文字信息管理司，规定了现代汉语标点符号的用法。

32. 如何规范公文用纸指标 ✎

《党政机关公文格式》规定，公文用纸一般使用纸张定量为 $60 \sim 80 \text{ g/m}^2$ 的胶版印刷纸或复印纸。纸张白度 $80\% \sim 90\%$，横向耐折度 $\geqslant 15$ 次，不透明度 $\geqslant 85\%$，pH 值为 $7.5 \sim 9.5$。

党政机关公文的特殊性质决定了其用纸的特殊要求，体现公文政治上的权威性，工作适用的普遍性、美观性和经济性。

33. 如何规范公文用纸幅面 ✎

《党政机关公文格式》规定，公文用纸采用 GB/T 148 中规定的 A4 型纸，其成品幅面尺寸为 210 mm×297 mm。

国际标准化组织（ISO）早在 1975 年就制定了办公用纸的规格标准为 A4 型。长期以来，我国在公文用纸方面一直沿用 16 开型，还有 B5 型纸与 16 开型纸混用的。将公文用纸由 16 开型改为国际标准 A4 型，是我国公文用纸的一场革命性转变。

34. 如何规范公文用纸版面 ✎

《党政机关公文格式》规定，公文用纸天头（上白边）为 37 mm±1 mm，公文用纸订口（左白边）为 28 mm±1 mm，版心尺寸为 156 mm×225 mm。如无特殊说明，公文格式各要素一般用 3 号仿宋体字，特定情况可以作适当调整。一般每面排 22 行，每行排 28 个字，并撑满版心，特定情况可以作适当调整。

（1）颜色。在一般情况下，除了发文机关标识、眉首的反线和发文机关印章为红色外，公文的其余部分均为黑色。

（2）字符间距。字符间距设置一般为缩放为"100%"、间距为"标准"、位置为"标准"，不勾选"为字体调整字间距"和"如果定义了文档网络"。在实际排版的时候，一个完整的词语原则上不拆分掉至下一行，一句话结尾最后一个字原则上不掉至下一行、下一页，可以通过删减或者调整字间距进行处理。

35. 如何规范公文印制装订 ✎

《党政机关公文格式》规定，版面干净无底灰，字迹清楚无断划，尺寸标准，版心不斜，误差不超过 1 mm。双面印刷；页码套正，两面误差不超过 2 mm。黑色油墨应当达到色谱所标 BL100%，红色油墨应当达到色谱所标 Y80%、M80%。印品着墨实、均匀；字面不花、不白、无断划。公文应当左侧装订，不掉页，两页页码之间误差不超过 4 mm，裁切后的成品尺寸允许误差 ±2 mm，四角成 90°，无毛茬或缺损。

（1）避免浪费。为了节约用纸，符合环保要求，公文都是双面印制。

（2）页码套正。正反面的页码中心点居中对齐。

（3）装订要求。可以采用平订或骑马订两种方式。

（4）领导的讲话稿与正式公文印制有区别，建议做如下规范：一是字体和字号根据领导习惯确定；二是务必标注页码；三是单面印制，方便翻阅；四是不装订，左上角用回形针夹住。

36. 如何规范公文发布载体 ✎

（1）红头的公文。机关单位文件、函件版头正式文本。

（2）授权的发文。比如，经授权，由新华社发布的或在党报党刊发布的、向社会公开的公文，具有法定效力和行政权威性。党报党刊发布的摘要属于新闻稿，不具备法律效力。

（3）固定的文本。主要是指不同领域的专用文本，比如司法文书、税务文书、专利文书等，以及机关单位编印的"工作简报""政务信息""办公室通报""信访专报""督查专报""介绍信"等。

（4）白头的公文。工作计划、工作总结、领导讲话稿，有时采用一般文章的文面形式单独印发。另外还有慰问信、感谢信、贺信、邀请函、请柬、聘书、启事等形式。

（5）官网的发布。机关单位的网站、微博、微信公众号发布的通知、通报等。

37. 如何规范标注公文份号 ✏

《党政机关公文格式》规定，如需标注份号，一般用 6 位 3 号阿拉伯数字，顶格编排在版心左上角第一行。

（1）份号概念与作用。公文份号是公文印制份数的顺序号，即将同一文稿印刷若干份时每份公文的顺序编号，它可以唯一标识印发的公文，从而使发文机关能够准确掌握公文印制份数以及每一份公文的去向，掌握公文是否遗漏或丢失。

（2）份号的必要性。并不是所有公文都需要份号，涉密公文必须标注份号，非涉密公文可由发文机关根据情况选择是否标注份号。

（3）份号的编排格式。份号顶格编排在版心左上角第一行，如"No.000017"。虚位用"0"补齐，比如第一份就是"000001"。份号的字体样式没有统一规定，发文机关可以通过印号机手工在成文上加盖，也可以直接利用印制设备印刷。

38. 如何规范标注公文密级 ✎

《党政机关公文格式》规定，如需标注密级和保密期限，一般用 3 号黑体字，顶格编排在版心左上角第二行；保密期限中的数字用阿拉伯数字标注。

（1）密级。根据秘密等级不同，分为绝密、机密、秘密。"绝密"是最重要的国家秘密，泄露会使国家的安全和利益遭受特别严重的损害；"机密"是重要的国家秘密，泄露会使国家的安全和利益遭受严重的损害；"秘密"是一般的国家秘密，泄露会使国家的安全和利益遭受损害。

（2）保密期限。对公文密级的时效加以规定的说明。国家秘密的保密期限，除另有规定外，绝密级不超过 30 年，机密级不超过 20 年，秘密级不超过 10 年。标注保密期限，在秘密等级和保密期限间用"★"隔开，比如：绝密★30 年，机密★20 年，秘密★10 年。

39. 如何把握公文紧急程度 ✎

《党政机关公文格式》规定，如需标注紧急程度，一般用 3 号黑体字，顶格编排在版心左上角；如需同时标注份号、密级和保密期限、紧急程度，按照份号、密级和保密期限、紧急程度的顺序自上而下分行排列。

标明紧急程度，是为了引起特别注意，以保证公文的时效，确保紧急事项及时处理。《党政机关公文处理工作条例》在处理时限这块没有明文规定，由各单位根据实际情况制定，并形成规范。根据紧急程度，紧急公文应当分别标注"特急""加急"，电报应当分别标注"特提""特急""加急""平急"。比如：紧急公文紧急程度办结时限为"特急"1天内,"加急"3天内。紧急电报紧急程度办结时限为"特提"马上办,"特急"1天内,"加急"3天内,"平急"7天内。

40. 如何规范公文大小版头 ✐

《党政机关公文格式》规定,公文首页红色分隔线以上的部分称为版头。

公文细节千千万,版头当是排头兵。版头是发文机关的标记,目前使用的公文版头主要有以下三种。

(1)由发文机关全称或规范化简称加"文件"两字组成,以大字套红居中,印在文件首页上端,俗称"大版头"。

(2)只有发文机关全称或规范化简称,俗称"小版头"。

(3)印有发文机关全称的公函纸作为版头(信函格式)。

几个机关联合行文的,可用主办机关一家版头,也可以用所有联合行文机关的版头。

41. 如何规范公文发文字号 ✐

《党政机关公文处理工作条例》规定,发文字号由发文机关代字、年份、发文顺序号组成。联合行文时,使用主办机关的发文字号。《党政机关公文格式》规定,发文字号编排在发文机关标志下空二行位置,居中排布。年份、发文顺序号用阿拉伯数字标注;年份应标全称,用六角括号"〔〕"括入;发文顺序号不加"第"字,不编虚位(即1不编为01),在阿拉伯数字后加"号"字。上行文的发文字号居左空一字编排,与最后一个签发人姓名处在同一行。

发文字号是公文的有机组成部分,是公文的"身份标识",在文件登记、文件查询引用、文件归档管理等环节都有重要作用。

（1）发文机关代字。一般由"地域＋属性"或者"地域＋属性＋职能"组成。

示例：

中共四川省委的代字为"川委"。

四川省教育厅办公室文件的代字为"川教厅办"。

（2）发文字号中的嵌字，一般用"发"（也可以省略），批复和平行文用"函"。党政机关多为"发"，职能部门的代字多为"字"；全局性或综合性的发文多用"发"；职能性的发文多用"字"；"发"表示受文者是下级机关，发文者是在作全局性的重要工作部署；"字"的发文对象可以是上级机关，也可以是平级和下级机关，用于具体事务。

示例：

国务院关于同意扩大内地居民婚姻登记"跨省通办"试点的

批复（国函〔2023〕34号）

国务院办公厅转发国家发展改革委关于恢复和扩大消费措施的

通知（国办函〔2023〕70号）

四川省人民政府办公厅关于印发《四川省行政事业性×××

管理办法》的通知（川办发〔2023〕2×号）

42. 如何规范任免通知发文 ✎

任免通知属于通知的一种，主要包括标题、发文字号、称谓、正文、落款等要素。其中发文字号有以下几种方式。

（1）党委任免干部，发文字号一般没有嵌字。

示例：

中共四川省委员会关于×××同志任职的通知

（川委〔2023〕××号）

（2）政府任命干部，发文字号中的属性用"府"或者"政"，嵌字用"函""人"或者"发"。

示例：

四川省人民政府关于任免×××等职务的通知

（川府函〔2024〕××号）

青海省人民政府关于×××等同志职务任免的通知

（青政人〔2024〕××号）

江苏省人民政府关于×××等职务任免的通知

（苏政发〔2024〕××号）

43. 如何规范公文签发人员 ✎

《党政机关公文格式》规定，签发人由"签发人"三字加全角冒号和签发人姓名组成，居右空一字，编排在发文机关标志下空二行位置。"签发人"三字用3号仿宋体字，签发人姓名用3号楷体字。如有多个签发人，签发人姓名按照发文机关的排列顺序从左到右、自上而下依次均匀编排，一般每行排两个姓名，回行时与上一行第一个签发人姓名对齐。

所有公文都需要签发，但不是所有公文都需要标注签发人。

（1）哪些公文需要标注"签发人"？上行文应当标注签发人姓名，不是签发人签字。

（2）谁是"签发人"？上行文由机关主要负责人签发，所谓"主要负责人"就是指机关的正职或主持工作的副职。

（3）怎样标注"签发人"？"签发人"标识区域内的领导人姓名不要求领导人亲笔签名，也不用加盖签名章，印制即可。"签发人"姓名为两个字的中间空1字。两个签发人姓名中间空1字，不用顿号或逗号。三个或三个以上签发人，每一行标注两个签发人姓名，最后一个签发人与发文字号在同一行。

44. 如何规范标题发文机关 ✐

为了公文阅读和管理方便，公文标题要素应当完整，不能省略发文机关。

（1）单一机关发文时，用发文机关全称或者规范简称。公文标题中的发文机关名称要与发文机关标志一致。一般用发文机关全称。如果发文机关名称较长，则使用规范化简称。

（2）两个机关联合发文时，各发文机关名称之间应空一字，不使用顿号。

（3）三个或三个以上机关联合发文时，一般采用第一个发文机关名称加"等"的方式。

45. 如何规范公文标题题注 ✐

公文标题的题注，是对公文标题的注释说明。

（1）题注的位置。位于公文标题之下，一行或多行居中书写，主要出现在决议和讲话稿的标题中。

（2）决议标题的题目，注明会议时间与名称，外用圆括号括入。

示例：

中共中央关于党的百年奋斗重大成就和历史经验的决议

（2021 年 11 月 11 日中国共产党第十九届中央委员会

第六次全体会议通过）

（3）讲话稿标题的题目，时间单独一行，外用圆括号括入。法定作者在下一行。注意标题、时间、法定作者的顺序。

示例：

在庆祝×××大会上的讲话

（××××年××月××日）

×××

46. 如何规范排列公文标题 ✎

《党政机关公文格式》规定，标题一般用 2 号小标宋体字，编排于红色分隔线下空二行位置，分一行或多行居中排布；回行时，要做到词意完整，排列对称，长短适宜，间距恰当，标题排列应当使用梯形或菱形。

标题字数会影响标题的排列。主要有以下三种情况。

（1）单行式标题，即分一行排列。

（2）双行式标题，即分两行排列，使用正梯形或者倒梯形，不使用长方形。

（3）多行式标题，即分两行以上排列，一般分三行排列，使用菱形、正梯形或者倒梯形，不使用沙漏形。

《党政机关公文格式》规定，"公文首页必须显示正文"。如果标题所占行数过多，把下面的正文挤出首页时，应将标题适当上移，确保公文首页显示正文。

此外，从文档标题的命名可以看出一个人的工作专业化水平和职业素养。

文件命名的目的主要有三个：一是与其他文件区分开来；二是方便日后快速找到它；三是让自己和别人能够迅速了解文件的大致内容。因此，文件命名越详细越好，方便查找、记忆和阅读。文档命名应该包括"3W"要素：when（时间）、who（谁）、what（内容）。

"3W"命名法基本涵盖了文件命名的全部内容，但如果你对自己有更高要求，可以添加分类前缀，比如致辞、总结、计划以及 PPT 文档等。细节决定成败，规范的文件命名也许是你的职场"助推器"。

47. 如何规范撰写转文标题

公文行文时，有时需要把现有文件转给下级机关或有关单位，使其了解或执行，称为转文。转文分为印发、转发、批转三种。"印发"是指发文机关把本机关用非法定公文文种制定的文件（或领导讲话）转给下级机关。"转发"是指发文机关把上级机关或不相隶属机关的文件转给下级机关。"批转"是指发文机关把某下级机关的文件转给其他下级机关。

（1）转文式标题的形式。一般为：发文机关＋关于＋印发（转发、批转）＋所转文件＋文种。

示例：

国务院关于印发《国务院工作规则》的通知

（2）转文式标题的简化。转文式标题作为复合式标题有时会出现过长的问题，需要进行简化。

方法一，转文标题省去被转文件标题的书名号、批转前重复的"关于"、意见前重复的"的"字。

示例：

国务院关于批转发展改革委《关于 2013 年深化经济体制改革重点工作的意见》的通知（×）

国务院批转发展改革委关于 2013 年深化经济体制改革重点工作意见的通知（√）

方法二，多层次转文，省去中间层次转文机关的转发文件，转发直接上级文件，同时去掉重复词语和书名号。

示例：

　　××市人民政府关于转发《××省人民政府关于转发
　　〈国务院关于××的通知〉的通知》的通知（×）
　　××市人民政府转发××省人民政府关于××的通知（✓）

48. 如何规范标题标点符号 ✎

《党政机关公文处理工作条例》虽然没有对标点符号的使用作出具体规定，但第三章第十一条规定："公文使用的……标点符号等，按照有关国家标准和规定执行。"《党政机关公文格式》第9条明确指出："标点符号的用法应当符合 GB/T 15834"，即中华人民共和国国家标准《标点符号用法》（GB/T 15834—2011）。

为了使公文标题更加简洁、准确，标题中一般不使用标点符号。"一般"不使用，并不意味着绝对不能使用。

（1）书名号。标题中有法规、规章（包括法令、条例、公约、办法、规定、章程）的使用书名号。《标点符号用法》（GB/T 15834—2011）4.15.3"书名号的基本用法"明确规定，书名号用于"标示书名、卷名、篇名、刊物名、报纸名、文件名等"。

（2）引号。标题中出现的简称或具有特定含义的词语应使用引号。

示例：国务院关于印发"十四五"×××规划的通知

示例：国务院关于同意设立"全国交通安全日"的批复

（3）连接号。标示连接、起止、流程、指向的短横线、一字线、波浪线。

一是短横线"–"。半个汉字的长度。在复合名词中起连接作用。

示例：吐鲁番–哈密盆地，温馨家园–北门

二是一字线"—"，一个汉字的长度。标示相关项目（如时间、地域等）的起止。

示例：北京市人民政府办公厅关于印发北京市 2013—2017 年机动车排放污染工作方案的通知

三是波浪线"～"，一个汉字的长度。标示数值范围（由阿拉伯数字或汉字数字构成）的起止。

示例：3 ～ 5 年

（4）间隔号。在文章的标题中，意思并列的词语可用间隔号隔开。

示例：关于开展"我的梦·中国梦"第八届征文活动的通知；读完了《理想·情操·精神生活》这本书，我很受感动。

（5）括号。公文标题中出现注释或说明性内容时，需要使用括号。

示例：国务院应对新型冠状病毒感染肺炎疫情联防联控机制关于印发新冠肺炎出院患者复诊复检工作方案（试行）的通知

49. 如何规范公文主送机关 ✐

《党政机关公文处理工作条例》规定，主送机关是公文的主要受理机关，应当使用机关全称、规范化简称或者同类型机关统称。《党政机关公文格式》规定，主送机关编排于标题下空一行位置，居左顶格，回行时仍顶格，最后一个机关名称后标全角冒号。如主送机关名称过多导致公文首页不能显示正文时，应当将主送机关名称移至版记。

（1）需要标注主送机关的公文。通知、报告、请示、批复、议案、函等。

（2）无须标注主送机关的公文。用于大范围宣布重要事项、重大决策的决议、决定、命令（令）、公报、公告、通告等。

（3）主送机关排序和标点符号。有多个主送机关的，排序一般按照重要程度，先外后内、党政军群的顺序排列。比如"各省、自治区、直辖市人民政府，国务院各部委、各直属机构"。同级同类主送机关名称之间用顿号，同级不同类主送机关名称之间用逗号，最后一个主送机关名称之后标注全角冒号。

（4）主送机关中的单位名称。上行文，一般用机关单位全称，也可简化隶属，如上行文中对各级地方政府的简称，××省人民政府，××市人民政府，××县人民政府，下级机关向上行文时可简称为"省人民政府""市人民政府""县人民政府"。下行文一般用规范化简称或者同类型机关统称。

50. 如何规范结构层次序数

《党政机关公文格式》规定，文中结构层次序数依次可以用"一、""（一）""1.""（1）"标注；一般第一层用黑体字，第二层用楷体字，第三层和第四层用仿宋体字。还要注意如下细节。

（1）可跳过第二层次。

（2）不可逆序。

（3）每一层次序数后面的标点符号"、""·"要区分清楚。

（4）第一层"一、"一般单独成段，句尾无标点。

（5）第二层"（一）"如果单独成段，无标点。

（6）"1.""（1）"不单独成段，直接接内容。

（7）层次序数一般不超过四级，如果还需要细分，可以使用"一是""二是"或者"首先""其次"等表述。

（8）各级标题一般不加粗。

（9）同一篇材料中的结构层次序数要统一。

51. 如何规范公文相关称谓

（1）公文中"同志"的表述。讣告中一般用"职务＋姓名＋同志"，公文标题中党内干部一般用"姓名＋同志"，党外干部一般用"姓名＋职务"。在公文正文中，若第一次出现"职务＋姓名"，随后再次出现时只需要"姓名"即可。干部任免文件，如果是党委任免干部，被任免人姓名之后要加"同志"二字；如果是行政任免，一般不加"同志"。

示例：

新华社杭州 11 月 12 日电　人民日报社原副总编辑、中国记协原党组书记×××同志，因病于 2024 年×× 月×× 日在杭州逝世，享年×× 岁

×××大学办公室关于印发×××同志在×××会议上讲话的通知

（2）关于原任职务表述。如果单位名称未变，表述原任职务时，"原"字通常加在单位和职务之间。因撤销、合并、更名等原因已经不存在或更名的单位，"原"字应加在原单位名称（简称）之前。

示例：

中宣部原部长×××。

因机构改革"中华人民共和国文化部"与"中华人民共和国国家旅游局"合并为"文化和旅游部"，应表述为原文化部部长×××。

52. 如何规范编排两字人名

（1）中间不空格的情况。公文标题、新闻报道、公文等正文中出现两字人名的时候，中间不空格。

示例：

××× 大学关于印发 ×× 同志在 ××× 大会上讲话的通知

（2）中间留空格的情况。标注签发人、领导小组名单等公文中出现两字人名的时候，中间需空一格。

示例[①]：

国务院办公厅关于成立
第五次全国经济普查领导小组的通知

国办发〔2023〕7号

各省、自治区、直辖市人民政府，国务院各部委、各直属机构：

为加强对第五次全国经济普查工作的领导，根据《全国经济普查条例》和《国务院关于开展第五次全国经济普查的通知》（国发〔2022〕22号），国务院决定成立第五次全国经济普查领导小组（以下简称领导小组），现将有关事项通知如下：

一、主要职责

负责第五次全国经济普查的组织和实施，协调解决普查中的重大问题。

二、组成人员

组　长：丁薛祥　国务院副总理

副组长：丁学东　国务院副秘书长

　　　　康　义　国家统计局局长

　　　　赵辰昕　国家发展改革委副主任

　　　　孙业礼　中央宣传部副部长、国务院新闻办主任

成　员：王洪祥　中央政法委副秘书长

　　　　郭　沛　中央编办副主任

　　　　张春生　民政部副部长

　　　　朱忠明　财政部副部长

　　　　饶立新　税务总局局长

　　　　蒲　淳　市场监管总局副局长

　　　　蔺　涛　国家统计局副局长

三、工作机构及其职责

领导小组办公室设在国家统计局，承担领导小组的日常工作，研究提出需领导小组决策的建议方案，督促落实领导小组议定事项，加强与有关地区和部门的沟通协调，承办领导小组交办的其他事项。办公室主任由国家统计局副局长蔺涛兼任。

领导小组成员因工作变动需要调整的，由所在单位向领导小组办公室提出，报领导小组组长审批。领导小组不作为国务院议事协调机构，任务完成后自动撤销。

国务院办公厅

2023年3月31日

（此件公开发布）

---

① 国务院办公厅关于成立第五次全国经济普查领导小组的通知 [EB/OL]. https://www.gov.cn/zhengce/zhengceku/2023-04-07/content_5750375.htm，2023-04-07.

53. 如何规范标注引用公文

引用公文是指在公文行文中引用其他有关的公文。在实际使用中，一般都是指下级机关引用上级机关的公文。可以分为两种情况。

（1）概括引用。一是要素规范，包括标题和发文字号两个要素，做到完整、准确，不能随意增加或删减。发文字号用括号，不能用其他符号。如《党政机关公文处理工作条例》（中办发〔2012〕14号）。二是顺序要对。先标题，后发文字号，不能前后颠倒。

（2）原文引用。一是要准确。必须保证所引用的内容准确无误，连标点符号都要一致。二是要完整。注意保持所引用内容的完整性，使之能够表述一个完整的意思，切忌断章取义，随意肢解原文。三是要得体。引用一定要结合上下文内容进行，无论是从思路上还是语气方面都要对接好，过渡好，切忌牵强附会。四是要适度。不能大段大段引用，如果引用的公文比要写的公文的文字还要多，就喧宾夺主了。

54. 如何规范使用附件说明

《党政机关公文格式》规定，如有附件，在正文下空一行左空二字编排"附件"二字，后标全角冒号和附件名称。如有多个附件，使用阿拉伯数字标注附件顺序号（如"附件：1.×××××"）；附件名称后不加标点符号。附件名称较长需回行时，应当与上一行附件名称的首字对齐。

（1）附件说明的主要作用。公文附件是正文内容的组成部分，与正文具有同等效力。

（2）附件说明的编排要求。附件顺序号后面是圆点，不是顿号。

55. 如何规范发文机关署名 ✎

《党政机关公文处理工作条例》规定，发文机关署名，署发文机关全称或者规范化简称。《党政机关公文格式》规定，加盖印章的公文单一机关行文时，一般在成文日期之上、以成文日期为准居中编排发文机关署名。联合行文时，一般将各发文机关署名按照发文机关顺序整齐排列在相应位置。不加盖印章的公文单一机关行文时，在正文（或附件说明）下空一行右空二字编排发文机关署名。联合行文时，应当先编排主办机关署名，其余发文机关署名依次向下编排。

（1）发文机关署名应与发文机关标志、标题中发文机关名称一致。

（2）联合行文时，发文机关署名的顺序与发文机关标志的排列顺序一致。每排最多排三个。

（3）议案、命令（令）等文种，需要写明签发人职务，并加盖签发人红色签名章（签发人签名章是印章的一种特殊形式）。

56. 如何规范公文成文日期 ✎

《党政机关公文格式》规定，加盖印章的公文，成文日期一般右空四字编排。成文日期中的数字用阿拉伯数字将年、月、日标全，年份应标全称，月、日不编虚位（即 1 不编为 01）。不加盖印章的公文，单一机关行文时，在发文机关署名下一行编排成文日期，首字比发文机关署名首字右移二字，如成文日期长于发文机关署名，应当使成文日期右空二字编排，并相应增加发文机关署名右空字数。

（1）成文日期的界定。成文日期是公文的生效日期，会议通过的日期或者负责人签发的日期。决议的成文日期标注在标题下，用圆括号括起来。

（2）加盖印章的公文，联合发文时，成文日期标注在最后一个发文机关下一行，右空四字。

（3）不加盖印章的公文，不管发文机关署名和成文日期的长短，始终遵循成文日期首字比发文机关署名首字右移二字。如果成文日期长于发文机关署名，则以成文日期右空二字为准。如果成文日期短于发文机关署名，则以发文机关署名右空二字为准。

57. 如何界定公文生效日期

公文的生效日期是指公文内容开始发生效用的日期，主要有以下几种情况。

（1）公文成文时间为生效日期，这是常用的一种公文生效方法。

（2）会议通过的公文，以会议通过的日期为准。

（3）领导人签发的公文，以领导人的签发日期为准。

（4）联合行文，以最后签发机关领导人的签发日期为准。

（5）法规性公文以规定日期为准。

（6）电报及一般信函以实际发出日期为准。

58. 是否可在无正文页落款

《党政机关公文格式》规定，当公文排版后所剩空白处不能容下印章或签发人签名章、成文日期时，可以采取调整行距、字距的措施解决。

公文落款不得落在无正文页，也不得使"此页无正文""以下无正文"等标识，而要通过适当调整行间距的方法来解决。当正文之后的空白只有一两行时，可以加宽行距，至少将一行文字移到下一页。如果正文之后的空白仅差一两行便可容下印章位置时，可以缩小行距或缩小一两行字距，挤出能容下印章的空间。

59. 如何规范加盖纪要印章 ✎

（1）必须盖章的会议纪要，指的是"文件"式会议纪要。这种会议纪要的发文机关标识（文头）带有"文件"字样，其标识格式与正式公文一样。

（2）无须盖章的会议纪要，指的是"简报"式会议纪要。这种会议纪要文头为"×××××会议纪要"，正文前不显示主送机关，且正文的下方没有成文时间。

60. 哪些公文无需加盖印章 ✎

除了"简报"式会议纪要不需要加盖印章外，下列公文也不需要加盖印章。

（1）有特定发文机关标志的普发性公文和电报可以不加盖印章。普发性公文是指没有特定的主送机关或直接在新闻媒体上公开发表的公文，例如通告、公告、公报等。电报通过专用交换线路以电信号方式进行信息授受，不加盖印章。

（2）法定会议通过的决议、决定，不加盖印章。

（3）联合上报公文的协办机关，不加盖印章。

61. 如何规范公文附注信息 ✎

《党政机关公文处理条例》规定，附注是公文印发传达范围等需要说明的事项。《党政机关公文格式》规定，如有附注，居左空二字加圆括号编排在成文日期下一行。

标注附注主要有以下几种情况。

（1）标注公开属性。根据《中华人民共和国政府信息公开条例》及相关规定，行政机关在起草公文的同时应当审查并明确该公文的公开属性（主动公开、依申请公开或者不予公开），并在公文的附注处注明其公开属性，如"此件主动公开""此件公开发布""此件依申请公开"等，未注明的即为不予公开。

（2）标注联系方式。对于一些需要往来沟通事宜的公文，如请示、商洽函、工作通知等，一般在正文附注当中标注联系人和联系方式。联系人、联系方式的字体一般为黑体，人名为仿宋或方正仿宋简体等，电话号码用阿拉伯数字、字体为 Times New Roman。比如"（联系人：张三；联系方式：××××××）"。

（3）标注传达范围。印发传达范围一般针对平行文和下行文。比如"此件发至县团级"。受文机关根据来文附注要求进行办理，一般不得擅自扩大或者缩小印发传达范围，如需要调整，应当征得发文机关同意。上行文如请示、报告等，其传阅范围需求可通过主送机关、抄送机关格式要素进行体现，但不应由下级机关在附注中做出限定。

（4）标注保密要求。为避免公文阅读者因不了解相关保密管理规定，或需要对相关公文做出进一步保密要求，可通过在附注中做出保密提示，从而避免无意或操作不当导致失泄密情况发生。比如"此件不得翻印""内部文件，不得外传""此件属工作秘密，未经×××同意不得转发，严格控制知悉范围，严禁通过互联网、手机、微信等传播使用和对外发布"。

（5）标注材料来源。多用于简报资料。比如"根据××× 提供材料整理""摘自××××年×月×日《×××报》"等。

附注括号内结尾处不加句号等标点符号。

62. 如何规范公文附件格式 ✎

《党政机关公文处理工作条例》规定，附件是"公文正文的说明、补充或者参考资料"。《党政机关公文格式》规定，附件应当另面编排，并在版记之前，与公文正文一起装订。"附件"二字及附件顺序号用 3 号黑体字顶格编排在版心左上角第一行。附件标题居中编排在版心第三行。附件顺序号和附件标题应当与附件说明的表述一致。附件格式要求同正文。如附件与正文不能一起装订，应当在附件左上角第一行顶格编排公文的发文字号并在其后标注"附件"二字及附件顺序号。

（1）附件的内容。附件主要包括与公文正文内容相关的文字材料、数据、名单、图表、图形等。

（2）附件的作用。附件与正文具有同等效力，一方面能够补充、完善正文，另一方面能使正文保持简洁、连贯。

63. 哪些情况不能作为附件 ✎

（1）被批转、转发、印发的文件不能作为附件，也不需要在正文后加附件说明，在其成文日期后另页编排即可。

（2）发布、公布的对象不能作为附件。比如"《四川省人民政府关于发布第九批省级风景名胜区名单的通知》（川府函〔2018〕60 号）"中的"第九批省级风景名胜区名单"不能作为附件。

64. 如何规范公文抄送机关 ✎

《党政机关公文处理工作条例》规定，抄送机关是除主送机关外需要执行或者知晓公文内容的其他机关，应当使用机关全称、规范化简称或者同类型机关统称。《党政机关公文格式》规定，如有抄送机关，一般用 4 号仿宋体字，在印发机关和印发日期之上一行、左右各空一字编排。"抄送"二字后加全角冒号和抄送机关名称，回行时与冒号后的首字对齐，最后一个抄送机关名称后标句号。如需把主送机关移至版记，除将"抄送"二字改为"主送"外，编排方法同抄送机关。既有主送机关又有抄送机关时，应当将主送机关置于抄送机关之上一行，二者之间不加分隔线。

（1）需要抄送情况。一是特殊情况需要越级行文的，应当同时抄送被越过的机关。二是原则上主送一个上级机关，根据需要同时抄送相关上级机关和同级机关。三是受双重领导的机关向一个上级机关行文，必要时抄送另一个上级机关。四是下行文内容重要时，应抄送发文机关的直接上级机关。五是上级机关向受双重领导的下级机关行文，必要时抄送该下级机关的另一个上级机关。此外，公文内容涉及有关单位的职权范围需其予以配合时，可以向该单位抄送。

（2）不宜抄送情况。一是以上向上级机关行文，不抄送下级机关。二是向下级机关的一般性行文不抄送上级机关。三是接受抄送公文的机关不必再向其他机关转抄、转送。四是与公文办理无关的机关不予抄送。

（3）抄送机关排序。按照上下级关系和机关性质排序。对于不同级别的机关，按照上级、平级、下级的顺序排列。

过去那种对上级、平级、下级分列"报送""抄报""抄发"的做法已不再使用。对于同级别的机关，按照党政军群的顺序排列。

65. 如何规范公文印发信息

《党政机关公文格式》规定，印发机关和印发日期一般用 4 号仿宋体字，编排在末条分隔线之上，印发机关左空一字，印发日期右空一字，用阿拉伯数字将年、月、日标全，年份应标全称，月、日不编虚位（即 1 不编为 01），后加"印发"二字。版记中如有其他要素，应当将其与印发机关和印发日期用一条细分隔线隔开。

（1）印发机关不一定是公文的发文机关，而应当是公文的印制主管部门，一般是各单位的办公厅（室）。

（2）印发日期不能早于领导签发日期，能使发文机关掌握公文流转时间和效率。

66.如何规范公文翻印信息

如果是翻印文件，需要标注翻印机关和翻印日期，位置在印发机关和印发日期的下方。翻印机关居左空一字标注，用全称或规范化简称，翻印日期居右空一字标注，用阿拉伯数字完整写明年、月、日，后加"翻印"二字。翻印日期不得早于印发日期。

67.如何规范编排公文页码

《党政机关公文格式》规定，页码一般用 4 号半角宋体阿拉伯数字，编排在公文版心下边缘之下，数字左右各放一条一字线；一字线上距版心下边缘 7 mm。单页码居右空一字，双页码居左空一字。公文的版记页前有空白页的，空白页和版记页均不编排页码。公文的附件与正文一起装订时，页码应当连续编排。

（1）页码的作用。页码是公文的格式要素之一，有利于公文阅读和装订。

（2）附件的页码。附件与正文不一起装订时，附件的页码独立编排。

68. 如何规范公文横排表格 ✎

《党政机关公文格式》规定，A4 纸型的表格横排时，页码位置与公文其他页码保持一致，单页码表头在订口一边，双页码表头在切口一边。

（1）公文表格项目较多时，横排格式更利于相关信息呈现。

（2）表格整体向逆时针方向旋转 90°，单页码表头在订口一侧，双页码表头在切口一侧。

（3）表格页码按照正文页码处理，即连续编号。

69. 如何规范编制信函格式 ✎

《党政机关公文格式》对信函格式做出了相应规定。

（1）发文机关标志。红色小标宋体字，根据版面确定字号。发文机关一般适用全称，其后不加"文件"二字。

（2）红色双线。首页第一条是上粗下细，第二条是上细下粗。按照《党政机关公文格式》规定，文件版头与正文之间的红色分隔线是一条实线，但党委文件版头分隔线中间还加了五角星。2012年 5 月在中办国办举办的全国党政办公厅系统《公文条例》宣贯会上，中办领导宣贯时明确规定，党的文件版头下面的红色分隔线中间，依然要标注红色五角星。"中共中央文件""中共中央办公厅文件"以及地方各级党的文件版头的红色分隔线，都是遵此标示的。

（3）发文字号。位于第一条红色双线下，居右顶格编排。

（4）版记。位于公文最后一面版心内最下方，不加印发机关和印发日期、分隔线，只需要标注抄送机关。抄送机关可以参照通用文件版记标注方法。

（5）页码。首页不显示页码，从第 2 页开始标注。如果只有两页，第 2 页可不标注。

需要注意的是，"函"的文种与"信函格式"有本质区别。

（1）"函"的文种只能以"信函格式"发文，用于不相隶属的机关之间商洽工作、请求批准和答复审批事项。

（2）"信函格式"承载公文种类除"函"以外，凡是不相隶属的单位之间，平级的党政机关之间，政府及其部门与同级的军事机关、群众团体及其部门之间"批复""通知""通报"均可用"信函格式"。

70. 如何规范编制纪要格式 ✎

《党政机关公文格式》规定，纪要格式可以根据实际制定。

（1）纪要标志。使用"××纪要"格式，不加"文件"二字。一般使用红色小标宋体字，字号大小根据实际情况确定。

（2）纪要编号。相当于发文字号，居中编排在纪要标志下空 2 行的位置，办公会议纪要一般采用"第××号"，不编虚位。其他会议纪要参照公文发文字号。

（3）发文机关和成文日期。纪要编号下空一行编排，发文机关左空一字，成文日期右空一字。成文日期是会议召开的日期，即会议纪要议定事项生效日期（有明确规定生效日期的除外）。

（4）参会人员。标注出席人员名单，一般用 3 号黑体字，在正文或附件说明下空一行左空二字编排"出席"二字，后标全角冒号，冒号后用 3 号仿宋体字标注出席人单位、姓名，回行时与冒号后的首字对齐。标注请假和列席人员名单，除依次另起一行并将"出席"二字改为"请假"或"列席"外，编排方法同出席人员名单。

（5）版记部分。会议纪要不分"主送""抄送"，而用"分送"这一特定形式。

第四章 公文处理

71. 如何理解公文处理作用 ✎

《党政机关公文处理工作条例》第三条规定，党政机关公文是党政机关实施领导、履行职能、处理公务的具有特定效力和规范体式的文书，是传达贯彻党和国家的方针政策，公布法规和规章，指导、布置和商洽工作，请示和答复问题，报告、通报和交流情况等的重要工具。

公文作为特殊的文书和重要的工具，主要发挥以下作用。

（1）领导和指导作用。公文是上级机关对下级机关进行工作领导和指导的重要工具。公文构思、起草、审核、发布等过程，就是领导、管理、协调工作的实施过程。

（2）规范和约束作用。部分公文相关内容具有强制性质，对工作开展进行部署，对事项落实进行安排，对人员行为进行约束，相关单位和个人必须遵照执行。

（3）沟通和联系作用。单位之间主要通过制发公文联系和商洽工作，介绍和交流经验，实现信息互通，确保各项工作有序开展。

（4）宣传和教育作用。部分公文在通报相关事项、做出工作部署、提出贯彻要求时，还会分析形势，阐明党的路线方针政策和国家法律法规，宣传教育作用更加突出。

（5）依据和凭证作用。公文是制发和收文机关处理问题、开展工作、归档保存、查询资料的依据和凭证。

72. 如何理解公文处理原则 ✎

《党政机关公文处理工作条例》第五条规定,公文处理工作应当坚持实事求是、准确规范、精简高效、安全保密的原则。

（1）坚持实事求是,讲求公文实效。一切从实际出发,不搞形式主义,强化针对性和可行性。

（2）坚持准确规范,保证行文质量。用语要准确,格式要规范,切实把准确规范的要求贯穿于公文起草、审核、印制等各个环节。

（3）坚持精简高效,快速流转公文。发文要少而精,流转要快而准,确保公文得到及时处理。

（4）坚持安全保密,妥善管理公文。在规定范围发布和流转公文,保证公文不丢失、不被窃、不毁损。涉密公文要遵守保密法律、法规和相关规定。

73. 如何抓好公文处理工作 ✎

《党政机关公文处理工作条例》第六条、第七条规定,各级党政机关应当高度重视公文处理工作,加强组织领导,强化队伍建设,设立文秘部门或者由专人负责公文处理工作。各级党政机关办公厅（室）主管本机关的公文处理工作,并对下级机关的公文处理工作进行业务指导和督促检查。

（1）领导要重视。各级领导要履行好第一责任人责任,亲自主持、参与、指导公文处理工作,确保公文处理的制度化和规范化,切实提高公文办理质量和效率。

（2）机构要设立。设立专门机构、专岗专人负责公文的收文办理、发文办理和整理归档,规范对公文的闭环管理。

（3）制度要健全。完善公文复制、清退、移交等一系列管理制度，确保规章制度具有操作性和针对性。

（4）人员要配强。秘书在公文处理过程中发挥关键作用，要选拔政治素质高、业务能力强的人员担任机要秘书，切实加强日常管理。

（5）指导要到位。强化对各级领导干部和重点办文人员的业务指导和专业培训。

74. 如何规范使用公文汉字 🖉

目前，公文用字不规范的现象有四种表现：写错别字，使用不规范的简化字，使用已被淘汰的异体字，以及滥用繁体字。

规范汉字是指符合国家颁布的规范标准的汉字，包括经过整理简化的字和未整理简化的字两部分。经过整理简化的字是指经国务院或国家主管部门批准，以字表等形式正式颁布的现代规范汉字。未整理简化的字是指历史流传下来的，沿用至今，未经过整理简化或不需要整理简化的传承字，如人、山、川、日、水、火等字。1956 年，《人民日报》公布第一批汉字简化字，也就是俗称的"一简字"，累计到 1964 年，总共公布 2000 多个"一简字"，这些简化汉字让原本极其复杂的汉字变得简单易写，大大便利了扫盲工作的普及。在 20 世纪 70 年代，我国又进行了汉字的第二次简化，但这个政策最终以失败告终。"二简字"就是将原来已经简化后的汉字，通过简化笔画和归类合并变得更简单，最后再用拉丁字母来代替简体字。例如，"亲笔信""亲笔仗"，"餐""歺"，"鸡蛋""鸡旦"，"停车""仃车"。

75. 如何规范使用公文数字 ✎

《党政机关公文格式》规定，公文中数字用法应当符合中华人民共和国国家标准 GB/T 15835—2011《出版物上数字用法》。

凡是可以使用阿拉伯数字而且又很得体的地方，特别是当所表示的数目比较精确时，均应使用阿拉伯数字。遇特殊情形，可以灵活变通，但应力求保持相对统一。

下列情况要求使用阿拉伯数字。

（1）公历世纪、年代、年、月、日和时刻。例如：公元前 18 世纪，20 世纪 80 年代，2006 年 12 月 31 日，13 时 40 分 50 秒，2007 年。

（2）计数与计量和统计表中的数值。例如：20，−25，1/15，1.26，12％，2∶4。

（3）代号、代码和序号。文件编号、证件号码和其他序号。例如：中国电信〔2010〕7 号文件，37/38 次特别快车，期刊号 CNll—1000/D，邮发代号 37—1。

（4）引文标注中版次、卷次、页码。例如：江泽民的《科学的本质就是创新》一文，见《江泽民文选》第 3 卷，人民出版社 2006 年 8 月第 1 版，第 101 页。

（5）成文日期。例如：2024 年 8 月 21 日。

下列情况要求使用汉字。

（1）公文中定型的词、词组、惯用语、缩略语、具有修辞色彩的词语中作为词素的数字。例如：一律，一方面，十滴水，四氧化三铁，第四季度，八国联军，第三世界，八九不离十，相差十万八千里。

（2）概数和约数。一是邻近的两个数字，并列连用表示概数时两个数字之间不能用顿号隔开。例如：三四天，五六米，七八十岁，一二百套。二是带有"几"字的数字表示约数，必须使用汉字。例如：十几天，几十年，一百几十次，几十万分之一。

（3）整数一至十，如果不同出现在具有统计意义的一组数字中，也可以用汉字，但要注意照顾到上下文的统一。例如：一个人，四本书，八个百分点。

（4）含有月日，简称表示事件、节日和其他意义的词组。例如：七七事变，"五一"国际劳动节，"三农"问题，党的十六大。

（5）星期几一律用汉字。例如：星期一，星期五。

76. 如何规范公文标点符号 ✎

《党政机关公文格式》规定，公文中标点符号的用法应当符合中华人民共和国国家标准 GB/T 15834—2011《标点符号用法》。在公文写作实践中，一些标点符号经常被错用，影响公文的严肃性和权威性。

举例如下。

（1）发文字号。年份应标全称，用六角括号"〔〕"括入。常见的错误用法有"[2021]21 号""（2021）21 号""【2021】21 号"，以上均应改为"〔2021〕21 号"。

（2）概数之间、并列的书名号之间、并列的引号之间。一是相邻或相近两个数字连用表示概数时，两个数字之间不加顿号。二是标有书名号、引号的并列成分之间一般不加顿号。若有其他成分插在并列的引号或书名号之间，如引语或书名号之后还有括注，宜用顿号。并列的若干成分中，有一个未加引号，应当加顿号。

（3）引语中句末点号。句末点号（多为句号）是放在引号内还是引号外，主要看引语本身是否独立成句。如果独立成句，那么句末点号应放在引号内，否则应放在引号外。

（4）句内括号和句外括号。句内括号紧跟被注释词语之后，注释语末尾不用标点符号；句外括号放在被注释句子的句末点号之后，括号内的注释语如果是一句话，那么句末点号可以保留，否则就不用句末点号。

（5）同一形式的括号。同一形式的括号应尽量避免套用，必须套用括号时，应采用不同的括号形式配合使用。

（6）图、表说明文字末尾。图或表的短语式说明文字，中间可用逗号，但末尾不用句号。即使有时说明文字较长，前面的语段已出现句号，最后结尾处仍不用句号。

77. 如何规范民族地方公文 ✎

《党政机关公文处理工作条例》第十一条规定，民族自治地方的公文，可以并用汉字和当地通用的少数民族文字。

汉字是汉民族共同使用的文字，一些民族也已经完全使用汉字，同时汉字也是全国各少数民族通用的文字。在民族自治地方，公文并用汉字和当地通用的少数民族文字的时候，可以将少数民族文字排列在前。

78. 如何规范公文行文必要 ✎

《党政机关公文处理工作条例》第十三条规定，行文应当确有必要，讲求实效，注重针对性和可操作性。

以下情况原则上不再单独发文。

（1）凡法律法规和党内法规已做出明确规定的，不再发文。

（2）现行文件规定仍然适用的，不再重复发文。

（3）属同一部门、同一类工作、同一对象的，应合并发文，不分别或连续发文。

（4）没有实质内容、可发可不发的文件，一律不发。

（5）对上级党委、政府和部门的文件，没有新的贯彻要求的，不再发文。

（6）可采用电话等方式布置的，已开会部署并明确工作任务的，不再发文。

79. 如何规范公文行文主体 ✎

行文主体是依照法律法规成立、能够独立行使职权、具有独立法律行为能力的组织及其负责人，包括各级国家机关、企事业单位、人民团体以及其他各类机构及其负责人。

（1）严格按照职权行文。要认真研究和正确区分单位职权，非本单位职权范围内事项不由本单位行文。

（2）部门内设机构除办公厅（室）外不得对外正式行文。

（3）党委、政府的部门依据职权可以相互行文。

（4）属于党委、政府各自职权范围内的工作，不得联合行文。

党政文件（以党委、行政名义发布的文件）一般是发布事关全局性重要工作的政策的规范性文件。办公室文件（以办公室名义发布的文件）也承载了同级党政的发文效力。以下几种情形不再以党政或者办公室名义印发文件。

（1）事项比较具体，由部门发文或部门联合发文能够解决的。

（2）事项虽然重大，但是印发范围很小，可直接进行工作部署的。

（3）以前每年发文，但是目前问题不再突出，发文必要性不强的。

（4）议事协调机构工作规则、年度工作要点。

（5）各类专项工作年度计划和专项性、区域性规划。

80. 如何规范公文行文对象 ✎

行文对象可分为主送机关和抄送机关。

（1）向上级机关行文，原则上主送一个上级机关，根据需要同时抄送相关上级机关和同级机关，不抄送下级机关。不得以本机关负责人名义向上级单位报送公文。

（2）向下级机关行文，主送受理机关，根据需要抄送相关机关。重要行文应当同时抄送发文机关的直接上级机关。

（3）向领导个人报文，除领导直接交办事项以及领导在批示中明确要求"告我"或"报我"的事项外，不得以本机关名义向上级机关负责人报送公文。

81. 如何规范公文行文关系 ✎

《党政机关公文处理工作条例》第十四条规定，行文关系根据隶属关系和职权范围确定。

行文关系是发文机关和收文机关之间的文件往来关系。主要有以下四种类型。

（1）领导关系，又称隶属关系，是指上下级之间的直接垂直关系，"上级机关享有命令、指挥和监督等权力""下级机关负有服从、执行上级机关决定、命令的义务"[1]。如国务院和省政府之间。相互行文可以根据工作需要用"通知""请示""报告"等。

---

[1] 王德．一本书学会机关实务：办文 [M]．北京：人民日报出版社，2020：17.

（2）指导关系，是指处于同一专业系统的上级主管业务部门与下级主管业务部门之间的关系，"上级主管部门享有业务上的指导权与监督权，但没有对下级机关的直接命令、指挥权"[①]。如商务部与各省、自治区、直辖市商务厅等主管部门之间。相互行文可以根据工作需要用"通知""请示""报告""函"等。

（3）平行关系，是指在一个系列中的同等级别的机关或者部门、单位之间的关系。相互行文用平行文"函"。

（4）不相隶属关系，是指不是同一垂直系列，不发生直接职能往来的机关及其部门、单位之间的关系。相互行文用平行文"函"。

82. 如何规范公文行文方向 ✎

根据行文关系，向不同级别的机关行文，形成不同的行文方向。

（1）上行文。有领导关系的下级机关对上级机关行文，有指导关系的下级职能部门对上级职能主管部门行文。通常使用请示、报告、议案等。

（2）下行文。有领导关系的上级机关对下级机关行文，有指导关系的上级职能主管部门对下级职能部门行文。通常使用通知、决定、通报、批复等。

（3）平行文。没有领导关系、指导关系的机关、单位之间行文，即有平行关系和不相隶属关系的机关、单位之间的行文。一般使用函。

意见是一种比较特殊的文种，上行文、下行文、平行文均可，根据公文内容确定具体行文方向。

---

① 王德 . 一本书学会机关实务：办文 [M]. 北京：人民日报出版社，2020：17.

83. 如何规范公文越级行文 ✎

《党政机关公文处理工作条例》第十四规定，一般不得越级行文，特殊情况需要越级行文的，应当同时抄送被越过的机关。

越级行文只能在特殊情况下采用。

（1）发生特殊紧急事情，如严重自然灾害等，逐级上报会延误时机，造成更大损失的问题。

（2）向具有隶属关系的直接上级机关请示多次，长期未能得到解决的问题。

（3）上级机关交办，并指定越级上报的事项。

（4）检举、揭发上级机关的问题。

（5）询问、请示个别的、必要的具体问题等。

84. 如何规范公文起草要求 ✎

《党政机关公文处理工作条例》第十九条对公文起草提出了明确要求。公文起草是公文拟制和发文办理的第一个环节，也是最基础的一个环节，起草稿质量必须过硬。补充说明如下。

（1）政治立场鲜明。符合党的路线方针政策和国家法律法规，符合上级决策部署。

（2）主题思想明确。政策明确——让人干什么；要求明确——让人怎么干；信息明确——让人知道什么。

（3）内容简洁精炼。内容要把握问题关键，言之有物、简而不空。

（4）表述严谨得当。文字表达准确、通顺，人名、职务、地名、时间准确规范。

85. 如何规范公文会商环节 ✎

《党政机关公文处理工作条例》第十九条规定，公文涉及其他地区或者部门职权范围内的事项，起草单位必须征求相关地区或者部门意见，力求达成一致。

公文会商分两种情况。

（1）公文涉及事项比较简单，由起草部门征求相关部门的意见。可以书面征求意见，也可以召开座谈会征求意见。

（2）公文涉及事项比较复杂，沟通过程中各方意见产生分歧，需要提请分管领导召开专题会进行会商。

86. 如何规范公文审核环节 ✎

《党政机关公文处理工作条例》第二十条规定，公文文稿签发前，应当由发文机关办公厅（室）进行审核。

具体来讲，要严把公文审核"七关"。

（1）行文关。严格执行中央八项规定，大力精减公文，可发可不发的文坚决不发。

（2）政治关。确保文件稿在政治立场、政治方向、政治原则、政治道路上正确。

（3）政策关。审核相关政策依据、资料，保证发文依据充分，适用政策准确。

（4）法律关。明确是否需要法律顾问审核，需要审核的应对其审核意见进行确认。

（5）程序关。起草、审稿、会稿等程序是否完备。

（6）格式关。文种、格式是否规范。

（7）文字关。表述是否规范，语句是否通顺，结构是否合理等。

此外，在撰写公文时要避免使用"经研究决定"字样，要注明"××××年××月××日×××会议研究决定"。如果未开会，建议使用"经学校同意""经学校党委批准"等字样。

87. 如何规范公文签发方式 ✎

《党政机关公文处理工作条例》第二十二条规定，公文应当经本机关负责人审批签发。重要公文和上行文由机关主要负责人签发。党委、政府的办公厅（室）根据党委、政府授权制发的公文，由受权机关主要负责人签发或者按照有关规定签发。签发人签发公文，应当签署意见、姓名和完整日期；圈阅或者签名的，视为同意。联合发文由所有联署机关的负责人会签。

公文经过层层把关、审核，在内容和形式方面一般不会有什么问题，但签发人还是应该高度重视，通篇审定，不能看都不看，一签了之。文稿经签发成为定稿后，其他人不经签发人同意，均不得对其再做任何修改，否则将负行政或法律责任。

公文签发主要有四种方式。

（1）正签。签发人在自身职权范围内签发公文，不得越级签发公文。

（2）代签。根据授权代他人签发公文。

（3）核签。核签又称加签，是指上级领导人签发下级机关的重要公文。

（4）会签。两个或两个以上机关联合行文时，由各机关的领导人共同签发。

88. 如何规范公文签收环节

《党政机关公文处理工作条例》第二十四条规定，对收到的公文应当逐件清点，核对无误后签字或者盖章，并注明签收时间。

签收时要注意以下事项。

（1）看清来文的机关名称，核对封面是否有错投现象。

（2）清点文件件数是否和文簿上所标的数字相同。

（3）核对信封号码是否与投递人在签收记录本上所登记的号码一致。

（4）检查文件原包装是否有拆口及散包重封现象。

认真检核清点后，方可在投递回执或送文登记本上签字，并注明收到时间，以便上交本机关备查。

89. 如何规范公文退回机制

《党政机关公文处理工作条例》第二十四条规定，经初审不符合规定的公文，应当及时退回来文单位并说明理由。

在具体实践中，对下级机关来文进行初审是收文办理工作的重点内容，必须建立严格的初审标准，不符合要求的要坚决退回。

（1）公文内容与国家现行法律、法规及党和政府的方针政策不符的。

（2）多头主送、越级上报的。

（3）不属于本机关职权范围办理的。

（4）需与相关部门（单位）协调而未经协调的。

（5）反映问题模糊、请示内容含混、文种格式不规范、报文程序不符合要求的。

退文必须严肃谨慎，制定执行"审读判断—错情核准—提出建议—审批退文"的工作流程，对每一件拟退公文，都应清晰指出"错在哪里"，并明确提出"如何处理"，报领导审批同意后用《退文通知》正式告知报文单位，报文单位修改、完善后再按程序流转。

90. 如何规范公文催办环节 ✎

催办也称督办，即办公室或者相关人员按照办理时限和要求对需要承办的公文进行督促和检查的工作。

（1）催办形式。根据具体情况选择当面催办（口头催办）、书面催办（信函催办）、电信催办（电话、传真以及电子邮件催办）等形式。

（2）督促检查。工作人员根据承办任务的轻重缓急，对文件办理进行督促检查。紧急文件跟踪催办，重要文件重点催办，一般文件定期催办，及时向领导反馈办理情况。

91. 如何规范公文拟办意见 ✎

拟办意见是在公文处理过程中对应由哪位领导审批、哪一部门承办以及承办过程中可能涉及的事项提出的初步处理意见。拟办意见要写在"文件处理单"上，切不可在文件上随意乱写。

（1）阅知性公文。来文无须办理，办公室签收即可的存查件，签署"已阅"即可。来文无须办理，但需相关领导或承办部门了解，可签署"请××同志阅""请××（部门名称或者相关人员）阅"。

（2）阅示性公文。来文需领导阅后批示，根据领导意见再行安排，可签署"请××同志阅示"。

（3）批办性公文。来文需提出办理意见，供领导批示时参考，拟办意见一般由建议内容和呈领导审批两部分组成，可签署"拟请××（部门名称或者相关人员）办理，请××同志阅示"。

原则同意，意味着基本上同意，但还存在一些不满意的地方。通常用于对某一方案或计划的批复，表示大体上支持该方案或计划，但可能还有一些细节或方面需要进一步讨论或调整。

92. 如何规范公文传阅方式

《党政机关工作处理工作条例》第二十四条规定，根据领导批示和工作需要将公文及时送传阅对象阅知或者批示。办理公文传阅应当随时掌握公文去向，不得漏传、误传、延误。

公文传阅工作一般由负责公文处理的秘书承担。重要、紧急的公文，要让公文去"找人"，而不是让公文被动"等人"。

（1）分送传阅。遵循"文不横传"的原则，以秘书人员为轴心，先送第一应阅人，第一应阅人退回给秘书，再由秘书送至第二应阅人，依次传阅。送领导传批、传阅的公文，原则上按照领导的排序依次呈送。传批件要由后向前送批，传阅件要由前向后送阅。如果领导出差或其他原因不能阅批时，由办公室注明转呈其他领导阅批。

（2）集中传达。利用领导集中学习或者开会的机会，将紧急而又简短的公文集中传达，由会议主持人或者指定人员来承担。

（3）定点阅知。设立机要阅文室，请应阅人前来阅文。一般是各二级单位应阅人。办公室工作人员和传阅者要注意保管好文件，无关人员不得随意接触。

93. 如何规范公文流转细节 ✎

公文流转过程中，要特别注意一些细节。

（1）把握时间，不得贻误时机。传阅文件有时间限制，要根据文件办理时限及时传阅，严格控制传阅时间。进一步强化文电办理时限要求，一般文件当日流转，急件立即流转，做到案无积卷、文不过夜。每天下班前清查需（待）办事项并建立台账，建立"日清、周查、月结"制度，确保指令政令安全畅通。

（2）写好备注，避免重复流转。上级更新后的来文，要注明原因后再行流转。

（3）仔细校对，避免文件不全。每一份文件都要仔细检查，避免出现少页码、少附件等问题。

（4）精准流转，避免漏传误传。必须按领导阅示意见进行流转，该阅文的人员必须阅文，不该阅文的不能阅文。

（5）追踪跟进，避免石沉大海。公文流转后，要确保办理机关已收到。后续执行情况，督查督办要跟进。

94. 如何规范公文发文程序 ✎

《党政机关公文处理工作条例》第二十五条规定，发文办理主要程序有以下环节。

（1）复核。已经发文机关负责人签批的公文，印发前应当对公文的审批手续、内容、文种、格式等进行复核；需作实质性修改的，应当报原签批人复审。

（2）登记。对复核后的公文，应当确定发文字号、分送范围和印制份数并详细记载。

（3）印制。公文印制必须确保质量和时效。涉密公文应当在符合保密要求的场所印制。

（4）核发。公文印制完毕，应当对公文的文字、格式和印刷质量进行检查后分发。

95. 如何规范公文审核复核 ✎

公文审核与复核作为两道不同的程序，主要区别在以下几个方面。

（1）处理时间不一样。公文审核是在领导签发之前。公文复核是在领导签发之后。

（2）处理方式不一样。公文审核可以大改大删，经审核不宜发文的公文文稿，应当退回起草单位并说明理由；符合发文条件但内容需作进一步研究和修改的，由起草单位修改后重新报送。复核一般只能小修小补，需做实质性修改的，应当报原签批人复审。

96. 如何规范公文处理台账 ✎

（1）签收台账。对收文进行流水登记，包括收文时间、来文单位、文号、文件题名、附件、份数、密级、承办单位、签收人、处理结果等。

（2）流转台账。对每一份文件的流出时间、承办单位收文时间进行登记。

（3）传阅台账。每份传阅文件都要由文书部门在文件首页附上文件传阅单，传阅人员要在传阅单上签注姓名和日期。

（4）催办登记。记录催办时间、方式、联系人姓名及文件办理情况，以便掌握工作进展。

97. 如何规范公文处理人员 ✎

（1）拟稿人员。拟稿即起草公文，是形成公文的首要环节。拟稿人员一般为公文起草单位相关工作人员。

（2）核稿人员。核稿指撰拟的文稿送交领导签发之前，对其进行全面检查和修改。核稿人员一般为公文起草单位负责人。

（3）会稿人员。会稿是撰拟公文过程中，起草单位主动与有关单位协商的一种办文程序，当公文的内容涉及他单位时，需要进行会签。会稿人员一般为相关单位主要负责人。

98. 如何正确邮寄涉密公文 ✎

《中华人民共和国邮政法》第五十五条规定"快递企业不得经营由邮政企业专营的信件寄递业务，不得寄递国家机关公文"，第七十二条规定了邮政企业以外的单位或者个人寄递国家机关公文的法律责任。《党政机关公文处理工作条例》规定，涉密公文应当通过机要交通、邮政机要通信、城市机要文件交换站或者收发件机关机要收发人员进行传递，通过密码电报或者符合国家保密规定的计算机信息系统进行传输。

根据上述意见，我们应该选择邮政 EMS 邮寄涉密公文。

99. 如何规范公文归档管理 ✎

《党政机关公文处理工作条例》第二十七条规定，需要归档的公文及有关材料，应当根据有关档案法律法规以及机关档案管理规定，及时收集齐全、整理归档。两个以上机关联合办理的公文，原件由主办机关归档，相关机关保存复制件。机关负责人兼任其他机关职务的，在履行所兼职务过程中形成的公文，由其兼职机关归档。

结合国家档案局相关规定，机关的公文归档范围主要包括以下内容。

（1）上级机关发来的通知、决定、批复、计划、规定等，参加上级会议带回的需要单位贯彻执行的有关材料。

（2）本级机关主要职能活动中形成的正式文件、工作计划、工作总结、调查报告、统计报表、领导讲话、会议记录和纪要等。

（3）下级机关呈送的报告、请示、总结、统计报表等。

（4）与同级或者其他单位为联系工作或共同工作所形成的函件、合同、协议书等。

（5）反映本级机关历史沿革、重要活动的大事记、简报、照片、录音、录像等。

不需要归档的公文主要包括以下内容。

（1）重份文件，即同一公文有多份，包括一式多份的收文或者发文副本，为办理而制发的翻印件、复印件。

（2）无查考价值的临时事务性文件，如一般的会议通知、洽谈工作的介绍信等。

（3）未经领导审阅、签发的未生效公文，如一般公文的历次修改稿，内部互相抄送的文件，其他单位抄送来的供参考的文件材料或征求意见的未定稿等。

（4）一般性的询问、表态的群众来信，无特殊保存价值的信封。

（5）与本机关工作活动无关的抄送类公文、无价值的会议公文等。

100. 如何规范公文场所管理

《党政机关公文处理工作条例》第二十九条规定，设立党委（党组）的县级以上单位应当建立机要保密室和机要阅文室，并按照有关保密规定配备工作人员和必要的安全保密设施设备。

公文印制、处理场所，还应该遵循以下要求。

（1）具有防火、防盗、防光、防尘、防高温、防潮湿、防污染等安全防护措施，确保公文的安全保管。

（2）无关人员不得进入室内。

（3）室内禁止吸烟，不得堆放杂物或与公文无关的物品。

（4）保持室内的清洁卫生，工作人员离开时要及时关门上锁，下班前要进行安全检查、切断电源、关好门窗。

（5）严格按照相关管理制度确保涉密文件安全。

第五章　文稿写作

101. 如何把握公文语言准确 ✎

《党政机关公文处理工作条例》第十九条规定，公文起草应当做到"内容简洁，主题突出，观点鲜明，结构严谨，表述准确，文字精练"。其中"内容简洁、表述准确、文字精练"就是对公文语言提出的明确要求。

准确是公文语言的第一要义和本质要求。

（1）事实准确。公务中的概念、观点，以及解释说明的问题，必须准确无误，而且符合党的路线、方针、政策，符合客观事实。公文中的事例必须与实际情况相符，不能有任何夸大、缩小，更不能歪曲和编造。时间、地点等表述精准，比如在安排部署工作、通知召开会议或组织某项活动时，不使用下周星期一、明天、后天之类的词语，不使用附近、旁边之类的词语。

（2）用语准确。用字、遣词、造句都要细心斟酌，反复推敲。语句要完整，主语、谓语、宾语是主干成分，定语、状语、补语是辅助成分。遣词要贴切，比如"鼓舞""鼓励""鼓动"，从词义看并无明显差异，但角度和力度有所不同。名词不可误用作动词，动词不可误用作形容词，形容词不可误用作动词，名词不可误用作形容词。比如："他工作很模范（敬业）。"轻重、范围、对象、感情色彩等不同。"没想到失去了双手，竟能凭双脚完成一篇篇优秀的文章，实在是一件令人啧啧称赞（称奇）的事情。"

（3）慎用模糊语。在通常情况下，公文要选用准确的词语来达意。总结、报告中一般使用准确数据。比如"近年来"改为"近三年来"，"大幅提升"改为"提升 30%"等。

102. 如何把握公文语言庄重 ✐

语言不要花里胡哨，不要乱用比喻、夸张、反复等修辞手法。

（1）运用书面语言，少用或不用口语或俗语。

示例：

×× 公司于 2024 年 7 月买了大量 ×× 设备。（×）

×× 公司于 2024 年 7 月购买了大量 ×× 设备。（√）

（2）运用专业术语。在长期的写作实践中，形成了比较固定而又符合文体要求的专业术语，主要有以下七种。

称谓语：第一人称用"本、我"；第二人称用"你、贵"；第三人称用"该"。

开端语：兹、查、谨悉、为了、根据、鉴于、依照、按照、关于。

经办语：经、业经、兹经。

引文语：兹按、近接。

承启语：特做如下规定、特通报（通知）如下、特申请（报告）如下。

期请语：即请查照、希即遵照、拟请、希；当否、是否可行、是否同意、妥否；请核准、请批复、请批示。

结尾语：为盼、为要、特此通知、特此报告、特此函达、特此函复、望遵照执行、请认真贯彻执行。

103. 如何把握公文语言简要 ✐

公文语言必须简明扼要，这不仅是提高工作效率的需要，也是解除"文山"重压的途径之一。古人云,"章中不可有冗句,句中不可有冗字"。毛泽东同志强调,"讲话、演说、写文章和写决议案,都应该简明扼要"[①]。

(1)字词。选用概括性较强的成语、谚语、标准简称等。一是约定俗称。如:"十一届三中全会""三个代表""创三优""除六害"等。二是先全后简,如"为加强……决定成立学习习近平新时代中国特色社会思想主题教育领导小组(以下简称领导小组)"。

(2)句子。为表述的严谨、科学,也使用长句,但力求多用短句;虽也用到复句,但力求多用单句;少用疑问句、设问句和感叹句,多用陈述句、祈使句。

(3)篇幅。要从行文的目的、对象出发,根据工作需要,讲最必要的话。

104. 如何把握公文语言得体

语言得体,就必须和文种特性相适应,和行文关系相适应,和一定的语境相适应。

(1)上行文的语言,应尊重而不讨好。

(2)下行文的语言,应谦和又不失度。

(3)平行文的语言,应以诚以礼相待。

此外,语言运用要符合身份、符合场合。

(1)关于会议活动,一般不用"隆重召开""隆重举行"。除了党中央、国务院召开的重要会议外,一般性会议、活动不用"隆重召开""隆重举行"表述。

(2)关于领导讲话,一般不用"做出重要指示""发表重要

---

① 毛泽东.毛泽东选集(第四卷)[M].第2版.北京:人民出版社,2009:1443.

讲话"。除中央领导外，其余各级领导一般使用"做出指示／批示""强调""指出""要求"等表述。

（3）关于领导活动，一般不用"亲自""莅临""亲临""光临""考察""视察"，而使用"出席××会议""参加××活动""调研""走访""检查""慰问"等表述更合适。

105. 如何避免公文语言错误 ✎

（1）避免用语重复。比如项目组全体成员 24 小时夜以继日轮班紧盯现场、批准同意、波及到、公诸于众、不良陋习、不必要的浪费、好楷模、更加变本加厉、生活安居乐业、凯旋而归、亲眼目睹、带妆彩排、提出质疑、百姓民不聊生、感到自惭形秽、目前的当务之急、大家众所周知、报刊杂志、截至到、悬殊很大、一致公认等。

（2）避免语序颠倒。比如"×××工程是×××市委、市政府及广大市民备受关注的大型市政工程"应修改为"×××工程是备受×××市委、市政府及广大市民关注的大型市政工程"。

（3）避免词义混淆。比如"制定"和"制订"。制定，一般表示动作已经完成，如"制定了全面进入小康社会的总任务和政治路线"。制订，表示这个动作正在进行，如"参与制订防火、门卫等安全管理制度"。再如"和、与、或"。和，表示两者都是，是并列关系。与，表示两者对立，是平等关系。或，表示两者其一，是选择关系。比如，"集团举办的项目方案设计大赛，A 公司和 B 公司一起进入了准决赛，明天，A 公司与 B 公司将展开争夺决赛权，届时，A 公司或 B 公司将在决赛中向冠军宝座发起冲击。"

（4）避免搭配不当。主要体现在主谓宾搭配混乱。比如"借阅人必须履行档案借阅登记制度"，履行的应该是责任或者义务，而不是制度。应调整为"借阅人必须遵守档案借阅登记制度"。再如"为杜绝管理漏洞",杜绝对应的是某种现象,而不是单一的某个事物。应调整为"为杜绝管理出现漏洞"。

106. 如何规范公文的新文风

党的十八大以来,党中央提出纠正不良文风、倡导优良文风的问题,反对"长、空、假",倡导"短、实、新"的文风。

(1)短。提倡短文章、短讲话、短文件是改进文风的主要任务。短就是要力求简短精练、直截了当,要言不烦、意尽言止,观点鲜明、重点突出。能够三言两语说清楚的事绝不拖泥带水,能够用短小篇幅阐明的道理绝不绕弯子。

(2)实。讲符合实际的话不讲脱离实际的话,讲管用的话不讲虚话,讲有感而发的话,不讲无病呻吟的话,讲明白通俗的话,不讲故作高深的话。要实事求是,有一说一、有二说二,是则是、非则非,不夸大成绩,不掩饰问题。

(3)新。力求思想深刻、富有新意。既包括在探索规律、认识真理上有新发现、前人没有讲过的话,又包括把中央精神和上级要求与本地区本部门本单位实际结合起来,在解决问题上有新理念、新思路、新举措的话。既包括角度新、材料新、语言表达新的话,又包括富有个性、特色鲜明、生动活泼的话。

107. 如何规范决议格式要素

根据《党政机关公文处理工作条例》的规定,决议适用于会议讨论通过的重大决策事项。

决议在党的机关公文中排列在首位,是一种重要的下行文。主要有审议批准性决议、部署指挥性决议、专门问题性决议三种类型。

决议的格式要素主要有以下几个方面。

一是标题。会议名称＋事由＋文种，如《×××大会关于×××报告的决议》。

二是通过日期。决议的通过日期一般加括号写于标题之下居中位置。具体写法有两种情况：如果公文标题中已包括会议名称，括号内只需写明"××年××月××日通过"即可。如果公文标题中没有会议名称，括号内要写明"××年××月××日×××会议通过"。

三是正文。根据决议类型的不同，在具体写法上也不尽相同。

（1）"倒悬式"写法。这种决议正文部分由"导语"和"分段"组成，形成"倒悬式"，也叫"撮要分条式"。

（2）"豆腐块式"写法。这种决议由很多部分组成，各部分之间相互独立存在，采用这种写法的大都是空间辐射面宽、时间跨度大的决议，例如《关于建国以来党的×××的决议》，全文篇幅长达 35 000 字，正文由八个部分组成，各个部分相互独立存在。

（3）"分条列段式"写法。即把正文主体部分并列分成几个段落，每个段落既独立表达一个完整的意思，又相互依存、相辅相成。这种写法比较适用于有关专门性问题的决议。

四是结尾。决议结尾通常要有一段鼓舞号召性的话，这有利于决议的宣传和贯彻落实。

撰写决议的注意事项如下。

（1）吃透会议精神，了解会议背景、形势；理解会议的主旨，掌握会议肯定性的意见及其他不同意见和要求，把准会议决策事项。

（2）要注意成文的时效性。

（3）叙议结合，定位准确，评价恰当，激发人们执行决议的积极性和自觉性。

（4）决议是典型的会议文件，经法定会议按照法定程序进行表决，比如党代会、人代会、工代会、团代会、股东代表大会等，不加盖机关印章。

108. 如何规范决定格式要素

根据《党政机关公文处理工作条例》的规定，决定适用于对重要事项做出决策和部署、奖惩有关单位和人员、变更或者撤销下级机关不适当的决定事项。

决定的格式要素主要有以下几个方面：

一是标题。通常由发文机关、事由和文种组成，如《×××关于进一步加强人才工作的决定》。如果决定是由会议通过的，还应在标题的下方居中以括号注明批准、通过该决定的会议名称和通过的日期，如《×××关于×××的决定》（2024 年 3 月 17 日×××会议通过）。

二是正文。决定的正文可采用分条列项式、篇段全一式或分段式的结构方法。无论采用哪种结构形式，都要写明决定的根据和内容两个核心元素。

三是发文机关署名与成文日期。

撰写决定的注意事项如下。

（1）原因要简短明确。决定是制约性非常强的公文，要求下级机关无条件执行。对于做出决定的原因应写得简短明确，以示决定的强制性，不可长篇大论。

（2）事项要具体可行。决定的事项就应该写得具体明确，具有一定的可行性，以便下级机关遵照执行。

109. 如何规范公报格式要素 ✎

根据《党政机关公文处理工作条例》的规定，公报适用于公布重要决定或者重大事项。

公报一般情况下由标题和正文两部分构成，两个或多个国家发布联合公报时可在尾部签署国家元首名字。

一是标题。公报的标题常采用"会议名称＋文种""会议名称＋新闻公报""国名＋联合公报""统计内容＋文种"等形式，基本上都是两项式。会议公报需在标题下括号内注明"×年×月×日会议通过"，其他类型公报的标题下只需注明时间。

二是正文。公报的正文一般都由开头、主体、结尾三部分构成。

（1）开头。会议公报的开头需写明会议基本情况，如会议的时间、地点、出席人员、主持人等；新闻公报的开头应当概述最核心、最重要的新闻事实，并写明事件的过程以及与此有关的立场、态度、做法、评价等；联合公报的开头部分包括时间、地点、人物、事件等；统计公报的开头需交代数据产生的背景和来源。

（2）主体。会议公报的主体部分介绍会议议定的情况和主要精神；新闻公报和联合公报的主体部分写双方议定的事项，必要时分条列项；统计公报的主体部分列出相关数据。

（3）结尾。会议公报的结尾常常发出号召、提出希望和要求等；新闻公报和联合公报可补充意义、交代会议气氛或双方会谈肯定的态度，以及受回访的意向等，也可视情况省略结尾部分。统计公报的结尾，可补充意义，也可省略。

110. 如何规范公告格式要素 ✎

根据《党政机关公文处理工作条例》的规定，公告适用于向国内外宣布重要事项或者法定事项。

公告的格式要素主要有以下几个方面。

一是标题。公告标题通常有四种写法。

（1）由"发文机关名称＋发文事由＋文种"构成。例如《外交部关于我在美人员情况公告》。

（2）由"发文机关名称＋文种"构成，这是公告比较常用的标题形式。例如《中华人民共和国财政部公告》。

（3）由"发文事由＋文种"构成。例如《关于2024年全国早稻产量的公告》《农药产品质量监督抽查结果公告》。

（4）只有"公告"二字。

二是发文字号。公告不属于常规的版头文件，其发文字号一般不采用标准格式，而是采用"×年＋第×号"或者"第×号"的形式，写在标题下方。有些公告可以没有发文字号。

三是正文。公告的正文一般由缘由、事项和结语三部分组成。"缘由"部分应写明发布公告的原因、目的和根据，但视具体情况而定，有的公告省略缘由直接陈述事项。"事项"可以根据具体内容确定写法：如果内容单一，可以采用篇段合一的方式；如果内容较多，可以采用分段叙述的方式。"结语"一般采用"特此公告"或"现予公告"等字样，于事项后另起一行书写。

四是发文机关署名与成文日期。公告应标注发文机关或会议名称、成文日期。

111. 如何规范通告格式要素 ✐

根据《党政机关公文处理工作条例》的规定，通告适用于在一定范围内公布应当遵守或者周知的事项。

通告的格式要素主要有以下几个方面。

一是标题。通告标题主要有四种写法。

（1）由"发文机关名称＋发文事由＋文种"构成，如《工业和信息化部关于计算机信息系统集成行业管理有关事项的通告》。

（2）由"发文事由＋文种"构成，如《关于加强中国××××年上海世博会期间寄递物品安全监管工作的通告》。

（3）由"发文机关名称＋文种"构成，如《山东省财政厅通告》。

（4）由"文种"单独构成。这种写法常用于如停水、停电等临时性通告，一般不建议采用这种写法。

二是发文字号。一般分为三种情况。

（1）按照标准发文字号格式由发文机关代字、年份和序号组成，如"国邮发〔2024〕×号"。

（2）某一行业管理部门发布通告时常采用"××年第×号""第×号"的形式，置于标题下方正中。

（3）基层单位发布通告有时省略字号。

三是正文。通告的内容有长有短，内容较长的，一般采用分条列项式写法，由缘由、事项和结语三部分组成。

（1）通告缘由。用简洁的语言表述发布通告的原因、目的、依据和意义。如"为进一步加强社会保险费征缴管理，根据《中华人民共和国社会保险法》《社会保险费征缴暂行条例》（国务院令第259号）等法律、法规和有关文件规定……"，如果是法规性的通告，要说明法律依据，一般用"为了……""根据……"引出通告的目的、依据等，最后用"现将有关事项通告如下"引出事项。

（2）通告事项。通告的主体部分。若内容复杂，较多采用分条列项式写法，使其条理分明、层次清晰；若内容单一，也可以采用贯通式写法。

（3）通告结尾。一般需要告知通告施行的时间，多采用"本通告自发布之日实施"或"特此通告""以上通告望遵照执行"等固定用语。

四是落款。发文机关署名、成文日期等。

112. 如何规范意见格式要素 ✎

根据《党政机关公文处理工作条例》的规定，意见适用于对重要问题提出见解和处理办法。

意见的格式要素主要有以下几个方面。

一是标题。主要有两种情况。

（1）完全式。"发文机关＋事项＋文种"，如《×××市疾病预防控制中心关于县级疾控机构绩效考核的实施意见》。

（2）不完全式。"事项＋文种"，如《关于×××机构改进工作作风提高服务质量的意见》。

二是主送机关。上行意见一般有主送机关，下行意见如涉及面广可省略。

三是正文。一般由缘由、主体、结尾三部分组成。

（1）缘由。写明发文原因。一般是交代提出意见的背景、依据、目的、意义等，陈述"为何提意见"或"为什么发布实施意见"等，但不面面俱到，文字根据具体情况可长可短。常用"现提出如下意见""特制定本处理方法""现提出如下实施意见"等过渡语，转入主体部分。

（2）主体。阐述见解办法。主要是对有关问题阐明观点、表明态度，提出相关的见解、建议，或规范性的解决办法。

（3）结尾。因行文方向不同各异。下行意见一般谈执行要求。意见作为下行文，文中对于贯彻执行有明确要求，下级机关要遵照执行。无明确要求，下级机关可参照执行。上行意见一般使用"以上意见，请审阅""以上意见如无不妥，请批转各地单位执行"等。

四是落款。发文机关署名、成文日期等。

撰写意见的注意事项如下。

（1）意见是就贯彻执行上级精神提出带有宣传、引导、说明、阐释意义的指导性文件，语气要相对缓和，不应使用命令性的强制口气。

（2）意见中较多地使用说理的表达方式，但说理要求简明，不应用写论文或宣传材料的手法做全面论述。

（3）意见大多是就现实工作中出现的新情况、新问题，经过调查研究，提出解决问题的思路和办法。因此，意见的写作要注意选题，深入调查研究，掌握第一手资料。

113. 如何规范通知格式要素 ✎

根据《党政机关公文处理工作条例》的规定，通知适用于发布、传达要求下级机关执行和有关单位周知或者执行的事项，批转、转发公文。

通知的格式要素主要包括以下几个方面。

一是标题。主要有两种形式。

（1）齐全式标题，由"发文机关+（关于）事由+（的）文种"三部分组成。

（2）简约式标题，由"（关于）事由+（的）文种"两部分组成。

二是收文单位（主送机关）。通知的发文对象很明确，因此通知一般应标注收文单位。

三是正文。一般包括发文缘由、通知事项与执行要求。

（1）发文缘由，就是发出该通知的原因。

（2）通知事项，就是该通知所要告知有关单位的具体事项，一般分条分项写。

（3）执行要求，就是对于贯彻落实该通知的事项所提出的要求。

撰写通知需要注意以下两处规范。

（1）"通知如下"。《标点符号用法》（GB/T 15834—2011）中规定，冒号是"句内点号的一种，表示语段中提示下文或总结上文的停顿"，句号是"句末点号的一种，主要表示句子的陈述语气"。从表达意思来看，"现将有关事项通知如下"表意是明确完整的，以下内容是通知的有关事项了，所以这里应该用句号。从语法结构来看，如果"通知如下"后面使用冒号，那下面有关事项的所有内容和表述的语句，都应该划分为"通知如下"的宾语。而"通知如下"后面使用句号，后面的"有关事项"部分，则可按并列的各条文单独划分句子成分。综上，在公文开头导语（引言）说明行文目的缘由、背景依据或主旨后，"现将有关事项通知（或通告、通报、报告）如下""现汇报如下"或"现提出以下实施意见"后面使用句号比冒号更合适。

（2）"特此通知"。正文开头已有"现将有关事宜通知如下"的，不再使用"特此通知"。人事任免、机构调整等通知，正文结束后的下一段可以使用"特此通知"。"特此通知"作为一句完整的话，后面用句号。

撰写通知应注意以下事项。

（1）坚持一文一事。一个通知原则上只讲一件工作。

（2）坚持层次分明。一个通知的多个要素要逻辑清晰。

（3）畅通沟通渠道。预留联系方式，以便收文单位咨询通知相关事宜。

（4）平级慎用通知。平级单位行文尽量用函件，以示尊重。

114. 如何规范通报格式要素

根据《党政机关公文处理工作条例》的规定，通报适用于表彰先进、批评错误、传达重要精神和告知重要情况。

通报的格式要素主要包括以下几个方面。

一是标题。主要有两种写法。

（1）由发文机关、事由、文种构成，例如《×××大学关于表彰×××的通报》。

（2）由事由和文种构成，例如《关于表彰×××的通报》《安全生产事故警示通报》。

二是正文。不同类型通报的正文有所不同。

（1）表彰通报。正文主要内容包括三个方面。一是表彰情况（主要是先进事迹介绍及其简要评价）。二是表彰决定（要写清楚是何种机关决定给予被表彰对象何种表彰奖励）。三是希望号召。

（2）批评通报。正文主要内容包括四个方面。一是主要的错误事实（具体到犯错误的主体的具体资料，单位机构的错误要说明违反了什么、何种错误及后果等）。二是处理决定（处理决定有根有据，要尽可能详细）。三是错误性质及严重危害。四是普遍要求。

（3）情况通报。正文主要内容包括三个方面。一是通报缘由［若是个案则说明其性质及严重性；若是普遍存在的问题，则常用的写法为：在某种背景下进行了检查（清查、调查、验收、审计、总结等］，发现了什么问题，然后用"现将情况通报如下"引出下文）。二是通报传达的情况。三是下一步工作的意见和要求。

三是落款。发文机关署名、成文日期等。

撰写通报的注意事项如下。

（1）引言部分要精练准确，以能够概括全文、引起他人重视为主。

（2）事因部分要表述全面，但不能啰唆、夸张，要实事求是地把事项写清楚。

（3）处理决定一定要清晰准确，如给予什么奖励、给予什么处分等。

（4）要求部分的语言一定要能起到警示作用或号召作用。

115. 如何规范报告格式要素

根据《党政机关公文处理工作条例》的规定，报告适用于向上级机关汇报工作、反映情况，回复上级机关的询问。

报告的格式要素主要包括以下几个方面。

一是标题。主要有两种写法。

（1）"发文机关名称＋事由＋文种"的写法，如《团市委关于基层团组织建设情况的工作报告》。

（2）"事由＋文种"的写法，如《财政预算执行情况和财政预算（草案）的报告》。

二是主送机关。报告是上行文，一般只有一个主送机关。受双重领导的机关向其中一个上级机关汇报工作时，可根据需要抄送另一个上级机关。

三是正文。报告的正文包括缘由、主体和结语三部分。

（1）缘由。要说明为什么要写报告，是为了答复领导的询问，还是定期向领导汇报情况。报告开头部分也可以简单介绍报告的背景或依据，或者可以根据实际情况灵活处理。

（2）主体。这是报告正文的核心部分，主要写工作情况及遇到的问题，并提出进一步开展工作的意见。

（3）结语。报告的结语一般比较简单，多采用模式化的语言，例如"以上报告，请审阅""特此报告"等。

四是落款。发文机关署名、成文日期等。

撰写报告的注意事项如下。

（1）标题部分要精练准确，不要用大而不全、华而不实的词语。

（2）结尾部分不宜写"以上报告如有不妥，请指正"，因为报告是无须上级回复处理的文种。

（3）要避免内容拖沓冗长、语言啰唆，以免使受文者产生厌倦、烦躁情绪，从而无法认真审阅。

116. 如何规范请示格式要素 ✎

根据《党政机关公文处理工作条例》的规定，请示适用于向上级机关请求指示、批准。

请示的格式要素主要包括以下几个方面。

一是标题。主要有两种形式。

（1）齐全式，由"发文机关＋事由＋文种"构成，如"×××关于××××的请示"。

（2）简化式，由"事由＋文种"构成，如"关于××××的请示"。

请示标题中是否可以有"请"，应视其行文目的和语句是否通顺而定，用好"请"，能够准确表达行文目的时，没有必要刻意避免"一题双请"。

示例：

　　××大学关于邀请省委领导出席××相关活动的请示

　　××市人民政府关于申请设立××新区的请示

　　二是主送机关。指请示发文单位的直接上级主管。一般不多头主送，不越级请示。

　　三是正文。请示内容不论长短，其内在逻辑均由"为什么请示"和"请示什么问题"两个层次组成。

　　（1）"请示"的缘由，指发出"请示"的原因，一定要写得充分而周全，因为这是上级机关进行批复的主要依据。

　　（2）"请示"的事项。坚持一文一事，写清楚希望上级机关为我们解决什么和如何解决。

　　四是结束语。请示是报请上级审批，而不仅仅是报请上级审阅，否则就达不到行文的目的。

　　不规范的写法：有的写成"特此请示"，这样就漏掉了"请予批复"，等于放弃了报文者的最后请求。有的写成"以上请示，事情很急，请尽快批复"这样带有命令式的语气不符合上行文语气应恳切的基本要求。对于急件，可以在公文的版头（文头）左上角标注"特急"或者"加急"。有的写成"以上请示，请审阅"。

　　规范的写法：一是"妥否，请批示"。上级机关在回复时，可以选择在文件"封面"做文字批示，也可以选择以公文的形式（即批复）回复下级的请示事项。二是"妥否，请批复"。上级机关须使用批复文种，向下级做出书面答复。三是"以上请示，请审批"。

　　"妥否"后面使用逗号，不使用问号。"请批示""请批复"后面使用句号，不使用感叹号。

　　五是落款。发文机关署名、成文日期等。

　　六是附注。在成文时间下一行居左空 2 字，加圆括号注明发文机关联系人的姓名和电话号码。

　　撰写请示的注意事项如下。

（1）角度要选准。角度选得是否准确，直接关系到请示的目的能否顺利达到。要从需要解决问题的必要性和紧迫性方面入手，把请示的理由写得更具体、更充分、更有力，让上级机关感到信服、充分肯定。

（2）理由要充足。要注重运用上级的理论、路线、方针、政策和策略等，以最能打动、说服上级机关的典型事实和材料作为请示理由，把情况讲清、道理讲透、内容讲好，争取获得上级的批复。

（3）论证要透彻。根据上级精神、领导意图和实际情况等因素，理出有关内容之间的相互关系、内在逻辑，把要写内容的先后顺序排列好、组合好，做到层次清晰、主次分明、环环相扣。四是语气要恭敬。请示作为一种上行文，语气必须庄重严肃、谦恭有礼，以示对上级单位的尊重。

117. 如何规范批复格式要素 ✎

根据《党政机关公文处理工作条例》的规定，批复适用于答复下级机关请示事项。

批复的格式要素主要包括以下几个方面。

一是标题。主要有两种形式。

（1）"批复机关 + 请示事项（问题）+ 文种"，如《总行关于兰州分行 2018 年费用总体规划的批复》；

（2）"批复机关 + 表态词 + 请示事项 + 文种"，如《总行关于同意北京分行购置办公楼的批复》。

二是正文。一般包括三项内容，即引语、主体和结尾。

（1）引语。即开端的第一段，包括来文的"机关""标题"与"发文字号"，有的在"标题"之前写有"来文日期"。在"引语"之后，随即是一个过渡短语。例如"现就……批复如下""经研究，答复如下"等，进入批复的主体部分。

（2）主体。这是批复的中心内容。根据党和国家的方针政策、法律、法令、规章、制度和实际情况，对请示中提出的问题做出恰当明确的答复。内容简单的只表明同意或不同意，应该或不应该。内容复杂的，除表明同意或不同意的态度之外，有时还可考虑说明不同意的理由，以便下级机关接受；对于同意的事项，也可同时指出如何才能保证批复事项的完成，或提醒要防止某些问题的出现。

（3）结尾。可以用"特此批复""批复""特此函复"结束全文。有的批复没有结尾用语，把批复事项或问题说完即可。

三是落款。发文机关署名、成文日期等。

撰写批复的注意事项如下。

（1）态度明确性。表达要准确，千万不要含糊其词，同时要注意语气。因为批复是一种要求下级机关遵照执行的公文，所以具有很强的权威性和强制性，要依据现行的有关政策规定来拟制。

（2）内容针对性。就事论事，要求解决什么问题，就对什么问题进行批复，一般不涉及其他事项。

（3）行文单向性。一定是给向上级呈送请示的单位下发批复，一般不涉及其他单位。

118. 如何规范函件格式要素

根据《党政机关公文处理工作条例》的规定，函适用于不相隶属机关之间商洽工作、询问和答复问题、请求批准和答复审批事项。

函件的格式要素主要包括以下几个方面。

一是标题。一种包括发文机关、事由、回复函对象、文种；另一种只写事由、文种，省略发文机关。

二是主送机关。顶格写机关全称或规范化简称，后标冒号。复函的主送机关即来函单位。

三是正文。函的正文包括原由、事项、结语三部分。

（1）缘由。指发出该函的原因，一般简明扼要，一两句话说明即可。例如复函的缘由一般写成"你单位××××年××月××日关于××××××的来函收悉"等。

（2）事项。指函的主体内容。发函要写清商洽、询问、告知、请准的主要事项；复函则要针对来函内容，作出具体的、明确的答复。不论去函还是复函，主体的内容都要求明确、集中、单一，做到"一函一事"。不管写哪种函，事项必须清楚、具体、明确、扼要，还要求语言得体，视内容、行文方向等掌握用语有分寸并符合身份，做到多用雅语，既热情诚恳又务实直陈，有利办事。

（3）结语。指函的结尾，一般使用公文术语，如"特此函告""特此函达""专此函告""敬请函复""请复"等；复函多用"特此函复""此复"等。尾语应根据内容、要求来拟写。

四是落款。正文右下方署名并盖公章。

撰写函的注意事项如下。

（1）明确目的。在写作之前，要清楚函件的目的，确保内容围绕这一目的展开。

（2）简洁明了。语言表达要简洁明了，避免冗长和复杂的句子，使对方能够快速抓住重点。

（3）用语规范。使用专业的语言和术语，避免使用口语化或非正式的表达。在请求帮助或提出要求时，使用礼貌的语言，表达尊重和诚意。确保所表达的内容具体明确，避免使用含糊或容易引起误解的表述。

（4）跟进落实。在发送函件后，根据需要进行适当的跟进，以确保函件的目的得以实现。

119. 如何规范总结格式要素

　　工作总结是对一定时期内的工作加以总结、分析和研究，肯定成绩、找出问题、得出经验教训、摸索事物发展规律，用于指导下一阶段工作的一种文稿。工作总结的主体结构主要包括三个方面。

　　（1）写清楚过去"怎么干的"，工作措施与成效，在务实上下功夫。总结是一份可晾晒的成绩单，过往可圈可点重要思路、重大项目、重要行动、重要举措和重要成果，特别是不断飘红上升的统计数据，引起良好反响的典型事例要亮出来。

　　（2）写清楚现在"怎么看的"，工作困境与得失，在务虚上下功夫。总结是一份考问心灵的问题清单，对思想上、政治上、工作上、制度上、作风上的主要问题和错误不足要敢于曝光，以便增强危机感，知耻而后进。讲明白成功和失败的原因，讲清楚规律性的认识，点明探索出来的诀窍法门，以便今后加以吸取和遵循。

　　（3）写清楚未来"怎么改的"，工作计划与承诺，在整改上下功夫。总结是一份今后工作的动员令，回顾过去是为了更好地展望未来，针对今后如何办，要有框架性的总体规划。

120. 如何区分通知与通报

　　（1）目的功能不同。通报主要用于表彰先进、批评错误、传达重要精神或情况，目的是让大家知悉。通知主要用来发布、传达要求下级机关执行和有关单位周知或遵守的事项，主要目的是告知、部署工作、下达指示或要求，确保将政策、决定、指示等迅速、准确地传达给执行单位。

　　（2）侧重内容不同。通报倾向于对具体事件、情况或人物的描述与评价，通过对典型事例的分析，达到教育、激励或警戒的目的。通知侧重于具体工作任务的布置、规章制度的颁布、会议活动的安排等操作性强的信息，要求收文单位知晓并遵照执行。

（3）适用范围不同。通报适用范围相对较广，既可用于上级对下级，也可用于同级或不相隶属机关之间，甚至对社会公众发布。通知主要适用于上级机关对下级机关或业务指导关系明确的机关之间，用来传达指令性或告知性信息，具有较强的下行性特征。

121. 如何区分通知与通告 ✎

通知、通告都属于告知性公文，都可以用来传达信息、沟通情况或告知事项，以具体的任务要求来规范行为、指导行动，多用祈使句。通知、通告均是事前或事初告知，具有较强的时效性，其内容往往具有明确的时限要求，或是在一定时期内有效。

（1）受文对象不同。通知一般有明确的主送机关，且往往是向系统内的下级部门单位发文。通告则没有单一具体的受文对象，通常是在一定范围内广泛公布告知，将信息直接传达至基层或公众。

（2）命令程度不同。通知具有较强的命令性和约束性，下级机关和有关单位必须严格遵照执行通知要求事项。通告主要用于广泛发布周知性信息或要求公众遵守一定规则，规范人们的社会行为，约束性相对较弱。

（3）发文形式不同。通知一般需通过公文流转渠道，以文件为载体印制并传达至有关部门、单位和人员。通告往往是公布于报刊、网络和电视等媒体，进行公开宣传发布。

（4）传达范围不同。通知根据内容不同，有时含有一定涉密信息，仅限特定范围或特定对象知悉，传达范围相对较小，如重要敏感会议活动等。通告一般不涉密，可直接公之于众、广而告之，传达范围较大。

（5）应用频度不同。通知是党政机关发文数量较多、使用频率较高、使用范围较广的文种之一，大到全国性重大活动安排部署，小到机关单位日常事务处理，都可以用通知行文。通告内容往往具有较强的专业性和行业性，多用于发布市政服务、社会治理等涉及公众生活方面的信息。

在工作实践中，应该使用通知还是通告来行文，重点应把握好以下三个方面。

（1）看发文单位和受文对象之间的关系。一般情况下，通知的发文单位和受文对象之间具有一定上下级关系、隶属关系或管理指导关系，通告则没有。

（2）看内容的传达发布范围。通知往往有相应的发布层次，在系统内部以文件为载体流转，有一定保密性，知悉范围有限且明确具体。通告的内容信息通常发布范围较大，需要公众广泛周知或遵守，没有单一具体的受文对象，所以一般不写主送机关。

（3）看事项要求的侧重点。通知一般是讲"怎么做""实现怎样的目标""达成怎样的效果"，要求比较具体。通告往往只讲"是什么""做什么"，要求比较宽泛。

122. 如何区分公告与通告 ✐

（1）内容属性不同。公告用于"向国内外宣布重要事项或者法定事项"，兼有消息性和知照性的特点。通告是"在一定范围内应当遵守或周知的事项"，具有鲜明的执行性、知照性。

（2）告启范围不同。公告面向国内外的广大读者、听众，告启面广。通告的告启面则相对较窄，只是面向"一定范围内"的有关单位和人员。

（3）使用权限不同。公告通常是党和国家高级领导机关宣布某些重大事项时才用，新华社、司法机关以及其他一些政府部门也可以根据授权使用公告。通告则适用于各级行政机关和企事业单位。

123. 如何区分通报与通告 ✎

（1）用途不同。通报可用来表彰先进、批评错误。通告适用于在一定范围内公布应当遵守或周知的事项。

（2）范围不同。通报主要用作内部行文，告知的是有关单位，有些通知还是保密的。通告是周知性公文，公开发布，让大众知道内容。

（3）时间不同。通告告知"事项"，如机构建立或撤销、办公地点和电话改变等，是事前行文。通报告知"情况"，如会议、工作、事故情况等，是事后行文。

124. 如何区分公告与公报 ✎

（1）适用范围不同。公报适用于公布党组织的重要会议内容（即会议公报）、外交工作中的重要议定事项（比如联合公报），以及社会普遍关注的公共信息等（重要信息情况公报）。公告适用于政府宣布重要事项或者依照法定程序公布法定事项，使用领域比公报更加广泛。

（2）新闻强弱不同。公报新闻性更强一些，通常运用多种手段加以宣传，如报纸、电台、电视、网络等。公告新闻性相对弱些。

（3）发布内容不同。公报内容多为重大事件或重要决定，其涉及范围主要有三类：会议公报、重要信息公报或统计公报、联合公报。公报侧重于陈述事项的主要内容，内容较具体，篇幅较长。公告多用于宣布在世界上有影响的国家大事。公告侧重于直接说明告知事项，内容简明，篇幅较短。

125. 如何区分决议与决定

（1）形成程序不同。决议必须经过重大正式会议讨论表决通过，以会议名义发布；会议通过决议，必须达到法定多数（过半数或三分之二以上等）。决定的形成方式要宽泛得多，既可由会议讨论通过，也可在职权范围内由领导机关或领导个人做出，以机关名义发文。

（2）行文内容不同。决议的内容多是比较重大的有关全局的原则性问题，具有宏观性和战略指导性，重在统一思想认识。决定涉及的内容比较单一、集中、具体、明确，针对性和可处理性强，重在统一行动、安排落实。

（3）发文范围不同。决议一般要正式公布，发文范围较窄，通常只发到一定层级。决定发文范围较宽，一般发到制文机关隶属各部门（单位）或有关人员，但不一定公布，可直接告知相关人员，口头告知或书面告知均可。

126. 如何区分请示与报告

请示、报告是下级机关向上级机关行文，都属于上行文，发文主体和受文主体之间须有明确的隶属关系或业务指导关系，否则就不适用以请示、报告行文。请示、报告的行文客体应是重大事项、重要事情以及重要情况。

（1）行文目的不同。请示的目的是请求上级机关指示、批准，事权在"上级机关"，关键在于"示"，上级机关对请示事项必须有明确意见和答复。报告的目的是向上级机关汇报工作、反映情况、回复询问，不能夹带需上级机关批准的"请示事项"。报告的关键在于"告"，对于报告内容，上级机关知道和了解即可，下级机关不能要求上级机关提出具体意见或者给予答复。但上级机关办公厅（室）可以根据实际情况，将领导同志在报告上的批示及时反馈报文单位，以便更好地推动工作。

（2）行文时间不同。请示事项经上级机关批准后方可执行，必须事前进行，不能搞"先斩后奏""先上车再买票"。同时，要为上级机关决策留足时间，不能事到眼前、"火烧眉毛"了才报送请示。报告根据工作开展情况，可以事中或事后报告。要避免"抢跑图快"，搞报告"不过夜"。比如，有的工作仅仅有了计划，还没有正式开展，更没有取得成效，就急于报送报告。需要注意的是，根据《中国共产党重大事项请示报告条例》，对于情况紧急或重大事项处理尚处于初步酝酿阶段的，可以采用口头方式先行请示报告，后续再以书面方式补充请示报告。不能拘泥于书面正式请示报告一种形式，以免贻误时机、耽误工作。

（3）行文重点不同。请示、报告的内容都必须坚持客观真实、全面如实、简明扼要、文风质朴，但在起草时结构安排的侧重点略有不同。请示内容的核心要素是请示事项。请示事项必须明确，坚持"一文一事"，情况介绍、请示依据、解决方案等要围绕请示事项展开，不追求面面俱到，确保重点突出、逻辑清晰、详略得当，以便于上级机关决策。报告内容可以一事或多事，既要注意体现上级要求、主要情况、工作举措、工作成效，也要突出存在的问题、困难和下一步工作思路，既要报喜也要报忧，通过不同侧面反映工作开展全貌，以便上级机关尽可能多地了解情况，宣传先进典型、推广成功经验、解决共性问题、推动改进工作。

（4）行文格式不同。请示在结束时用"特此请示，请审批／请

批复 /"，"报告"用"专此报告""特此报告"，或者不用结束语。请示的附注信息不能缺少，报告可以无附注信息。

127. 如何区分意见与方案

（1）公文种类不同。意见是党政机关常用的主要公文种类之一。方案是事务性公文，主要说明计划决策类事项。

（2）使用范围不同。意见比较广泛，常用于领导机关，且偏重指导性、建议性。方案使用范围比较专一，侧重于指挥性、指令性，更具可行性、操作性。

（3）重点内容不同。意见内容较广泛，主要包括指导思想、原则性建议、政策要求等。方案内容较具体，通常包括目标、任务、措施、步骤、时间安排等。

（4）发布方式不同。意见可以单独发布，而方案通常要用文件头印发转发（即所谓复体公文）。

128. 如何区分函件与意见

"意见"与"函"都可用于平行文，都具有商洽功能。

"意见"是对重要问题提出见解和处理办法的公文文种，可用于上行文、平行文和下行文。作为上行文，应按请示性公文的程序和要求办理；作为平行文，提出的意见供受文单位参考；作为下行文，对贯彻执行有明确要求的，下级机关应遵照执行，无明确要求的，下级机关可参照执行。

《党政机关公文处理工作条例》规定，函适用于不相隶属的机关之间商洽工作、询问和答复问题、请求批准和答复审批事项。"函"可分为商函、询答函、请批函（请求批准函、审批函）。

"函"在公文往来中使用比较广泛，其主要作用有两个方面：一是不相隶属的同系统部门之间询问和答复工作；二是请求平行或不相隶属的职能部门批准有关事项，不能用"请示"或"报告"，应使用"请求批准函"。

对涉及某一重点问题所提的见解和处理办法，如属供对方参考而不需要回复时应用"意见"，反之则用"函"。

129. 如何编制单位大事记 ✎

大事记是按照时间顺序记载一个地区、一个单位或者一个历史阶段内发生的重大事情的一种事务文书，客观、全面、系统地记载着一个单位的重点工作、重要活动、重大事项，具有重要的史料价值。编好大事记，不仅便于本单位进行工作总结、检查、汇报、统计，便于上级机关掌握面上情况，也能为年鉴积累第一手资料。

以学校为例，我们在编写学校大事记时，围绕"定、编、审"三个环节进行了探索和实践。

一是定要求。

首先是界定记事范围。

（1）重要活动。学校举办或承办的重要活动（会议）；上级领导来校视察、指导工作和接受上级部门检查、评估等情况；学校领导考察、访问以及参加校内外其他重要活动（会议）情况等。比如："×月×日，党委常委、副校长×××带队访问××单位，×××单位董事长××会见×××，双方就×××进行交流，并签订战略合作协议。"

（2）重要成绩。学校在党的建设、人才培养、科学研究、师资队伍建设、专业学科建设、实验室与平台建设、对外合作与交流、条件保障等方面取得的显著成绩；各单位及师生获得的省（部）级及以上重要奖励、荣誉情况等。比如："×月×日，第十三届"挑战杯"中国大学生创业计划竞赛获奖名单公布。我校代表队获银奖××项、铜奖××项。"

（3）重要文件。以学校党委、行政或者办公室名义印发的重要文件情况。比如："×月×日，学校党政办公室印发《××××××》。"

（4）其他重要事件。比如："×月×日，学校2023年硕士研究生复试调剂工作顺利结束，共计招生×××人，其中全日制学术学位×××人、全日制专业学位×××人。"

其次是设定记事时限。我们之前是一年整理一次，年底整理当年或者年初整理上一年，收集素材难度很大，关注度也不高。在充分调研和征求意见后调整为一周出一期。

最后是制定记事规范。大事涉及范围较广，对学校影响较大，均一事一记、一事一条，做到事件突出、层次清楚、语言简练、表述准确，不含评价性、修饰性文字。

（1）书写格式。大事记内容的记述在"×月×日"后书写，一般只列一个自然段，需简单说明大事记事由，例如召开会议，要么写布置的工作，要么写解决的问题，要么写提出的要求等，用一句话表述即可。

（2）时间格式。一律使用阿拉伯数字，"×月×日"，或者"×月×日至×月×日"。时间记载要确切，忌用"最近、近日、月初、月底、上旬、中旬、下旬"等表述。

（3）人物格式。一般应写全姓名、职务，领导称谓一般采用职务在前、姓名在后方式。比如教师称谓一般采用学院在前、姓名职称在后方式，学生称谓一般采用学院、学历、年级在前、姓名在后方式。

（4）机构格式。一律使用全称。

二是专人编。

（1）专职人员统稿。办公室指定专人负责编制，主动收集、整理本单位已发布的新闻。

（2）兼职人员送稿。各单位指定联络人员，在每周规定时间内报送本单位前一周相关内容。

三是严格审。

（1）汇总整理，形成初稿。力求系统全面、重点突出，工作人员和科室负责人一事一条研读、一字一句斟酌，确保每条大事记录都客观准确。

（2）送审核实，初步定稿。送各位校领导审阅，查漏补缺。

（3）校对定稿，上传发布。工作人员再次校对，通过 OA 系统，经"发起、审核、签发"等程序，流转给所有校领导和各二级单位负责人。

130. 如何区分总结与述职 ✎

工作总结与述职报告都是对自己过去一段时间工作的总结回顾，但是二者的目的、关注重点、表达方式不同。

（1）目的不同。述职报告是群众评议组织、人事部门考核述职人员的重要文字依据，不仅有利于述职者进一步明确职责、总结经验、吸取教训、提高素质、改进工作，还有利于增强民主监督的良好风气。个人工作总结则是总结出带有规律性的理性认识，借以指导今后的工作，同时也有助于针对性地克服工作中存在的问题，不断提高工作能力。

（2）关注重点不同。工作总结是针对事情的复盘，以归纳工作事实、工作成果为主，结束时一般在指出存在的问题后，阐述自己的态度，欢迎大家对自己的述职报告进行评议。常用"以上报告请批评指正""述职至此，谢谢大家""专此报告，请审阅"等字样。

述职报告是针对个人的评价，以报告履职情况、德才能绩为主。述职报告的主体结构，主要包括业绩回顾与工作成效（挖掘亮点展现"能力价值"）、经验萃取与问题反思（问题剖析体现"态度价值"）、工作规划与提升计划（展望未来设计"潜力价值"）三个方面。结束时，在指出存在的问题后，还要写上下一步的工作打算、努力方向及解决问题的措施。

（3）表达方式不同。述职报告采用夹叙夹议的方式，运用叙述和议论，辅以适当的说明。回顾工作情况时主要用叙述，分析问题、评价成绩时用议论，交代某些情况时用说明。工作总结一般采用叙述的方式，运用叙述语言、语句概括，不展示工作过程，只归纳结果。

131. 如何规范公文结构模式

（1）单一式。全篇为一段，用于内容简单集中、篇幅简短的公文，一文一事，文字简洁，语言概括。比如呈报性报告、转发和印发通知，以及一些简短的公告、任免通知和批复等。

（2）分项式。一般为总分总结构，先介绍目的、依据、原因，或者阐明主旨，然后再分项叙述有关内容，最后再进行总结。比如请示、决定、通知、函、会议纪要等。

（3）条款式。从头到尾采用条文结构，将一个事项作为一"条"，用汉字序数逐条排列（如"第×条"）。条文式结构下的款或项独立成段，段间内容具有相关性。比如法规、规章类公文。条款式又可以分为两种。一是章条款式。一篇公文有章、有条、有款，全文分为若干章，章下列条，条下还有款。条目序号不受章的限制，全文条目序号连续编排，这种结构多适用于内容多、篇幅长的法规、规章。二是条文并列式，全文不分章，条目序号连续编排，多适用于篇幅较短的规章制度。

（4）分部式。全文内容分成几个部分或几个层次，每一部分用小标题揭示该部分内容的主旨，每个段落都有相对完整的意思，若干部分或段落形成一个篇章。分部式结构也有两种。一种是全文内容分为若干部分，每部分以小标题显示该部分的主旨，下面阐述具体内容。这种形式常用于篇幅较长的报告，比如政府工作报告、职代会工作报告。另一种是全文按层次直接分段排列，不加小标题和序号，如一些通报类公文常采用这种形式。

132. 如何规范文稿逻辑结构

文章结构就像"骨骼"，文章体裁不同，结构有所差异，基本逻辑主要有三种情况。

一是线状推进、纵向布局。一般有时间逻辑、事理逻辑、因果逻辑等。

（1）时间逻辑。从"时间线"上说，按先后时间顺序，过去（总结工作、梳理成绩），现在（分析问题、得出经验），未来（提出措施、明确要求）。

比如：2012 年 11 月 29 日，习近平总书记在参观《复兴之路》展览时的讲话，用了"中华民族的昨天""中华民族的今天""中华民族的明天"进行布局，这三个段落结构严密，按时间的先后顺序来铺展，从昨天讲到今天，展望了明天，一线贯穿，层次递进，让思绪沿着一条明晰的线索穿越古今、直达未来，很容易记得住。

（2）事理逻辑。某领导在全市城市发展大会上的讲话中强调了三个问题，分别涉及规划、建设和管理。这三个环节有前后逻辑关系，从理论上讲，没有规划建设便无法进行，没有建设管理便是无本之木，三者环环相扣。

二是平行推进，横向布局。围绕所论述的主题，以多个维度横向铺开。常见有并列逻辑、空间逻辑等。

（1）并列逻辑。比如，国家主席习近平发表的二〇二四年新年贺词，对 2023 年进行总结时，用了四个"这一年的步伐"。

这一年的步伐，我们走得很坚实。

这一年的步伐，我们走得很有力量。

这一年的步伐，我们走得很见神采。

这一年的步伐，我们走得很显底气。

这个布局，就是典型的并列逻辑，围绕四个维度扁平化铺开，四个分观点细化论述，形成四个自成体系、相对独立的模块。

（2）空间逻辑，就是事物在空间里呈现出来的远近、上下、内外、前后、左右等位置关系。比如：从国际看，从国内看，从省内看，按照由远及近、由外到内、由大到小的顺序来铺排，就像给人一个望远镜，通过调整焦距，很顺畅地让风景一览无遗。

还有一种是工作职能的并列，一般都是权威论断或固有惯例。

比如，我们在写党的建设时，分为政治建设、思想建设、组织建设、作风建设、制度建设、纪律建设。我们写高校的工作，可以按人才培养、科学研究、社会服务、文化传承、国际合作与交流等职能划分。

三是合纵连横，"交叉"布局。一般大材料、大稿子用得比较多，既有纵向的，又有横向的，比如年度总结大会领导讲话，讲工作成绩，一条一条总结工作情况，就是横向的；讲下一年度工作，先分析形势，再讲具体任务，最后提要求，就是纵向的。把这些模块组装起来，就形成了纵横交叉布局。

比如党的二十大报告。

第一，总论部分，即 1 至 3 部分，具体包括报告的主题、过去 5 年的工作及新时代 10 年的伟大变革，开辟马克思主义中国化时代化新境界，新时代新征程中国共产党的使命任务。这一部分告诉我们：举什么旗帜——高举中国特色社会主义伟大旗帜，全面贯彻新时代中国特色社会主义思想；走什么路——中国特色社会主义道路；奋斗目标——全面建成社会主义现代化强国，实现第二个百年奋斗目标；实现路径——用中国式现代化全面推进中华民族伟大复兴。

第二，分论部分，即 4 至 15 部分。这一部分主要对新时代新征程要做的工作进行了重点部署，具体为："五位一体"总体布局（经济建设、政治建设、文化建设、社会建设、生态文明建设）和"四个全面"战略布局（全面建设社会主义现代化国家、全面深化改革、全面依法治国、全面从严治党）在新时代新征程中的具体表现。这一部分告诉我们：党中央治国理政的总体框架非常清晰，包括各项工作关键环节、重点领域、主攻方向都更加清晰，内在逻辑更加严密，为实现第二个百年奋斗目标提供了坚强保障。

第三，结尾部分，包括对青年的要求、对团结的论述，五个必由之路及对全党全军全国各族人民的号召。

133. 如何规范文稿段落要素

所谓要素填充法，其实就是先把每段话的组成部分拆解，归到一些常见的要素门下，然后写作的时候选择相关要素，扩充后填入段落中。

常用要素组合方式：主题＋意义＋对策，主题＋问题＋对策，主题＋背景＋意义，主题＋问题，主题＋对策。

根据段落主题和行文要求，从上面这些要素中选择，确定要素组合的方式和具体内容。句子、段落、篇章都可以用要素填充的思维方式来组织，从而在材料中呈现一个个完整的意群。同一篇材料中要素组合的方式要基本一致。

134. 如何规范致辞格式要素 ✎

致辞一般是指在座谈会、研讨会等场合，主人对客人到来表示欢迎所发表的热情友好的讲话。致辞的基本结构主要包括三个板块。

一是大标题。好的标题，是讲话稿的点睛之笔，与会者一看（听），就或能知其要领，或能受到深刻的启发、激励、教育和感染，引起强烈的兴趣。

（1）公文式标题。一般用"会议名称＋文种"或者"讲话人＋会议名称＋文种"形式。

示例：

中在庆祝中国共产党成立 100 周年大会上的讲话

×××同志在×××会议上的讲话

（2）新闻式标题。一般用"主标题＋副标题"形式。

示例：

深入学习讲话精神，努力开创工作新局面

——×××同志在×××会议上的讲话

（3）主旨式标题。只有主标题。

示例：

当前党员教育管理的几个问题

（4）简化式标题。一般用"会议名称＋文种"形式。

示例：

×××大会开幕词

×××会议讲话材料

二是称谓。致辞稿中称呼语的运用比较灵活，但其位置又相对固定。一般情况下，称呼语多使用在以下几处。

（1）开场称呼，出于礼仪和礼貌。这是最常见的一种称呼形式，在讲话的开头用作开场白。基本上所有的讲话都需要开篇有称呼语，表达对与会者的敬意。其格式是顶格写，后面用冒号，起到统领全篇、提示下文的作用。

（2）文中称呼，引起重视或过渡。在需要提醒注意、表示强调或者语义转换、区分层次的地方用称呼语。这种称呼语可以单独成段，也可用在段落开头，其后可以用逗号，也可以用叹号。

（3）尾部称呼，意在暗示结束。在即将结束讲话时用称呼语，有时与第二种情况相同，讲话即将结束，也有提醒的意义，引出结语段。

（4）行文涉及，无特殊意义。在讲话中提到某个人，从而对他进行称呼。这种称呼一般是在语言叙述中出现，仅仅是提到某个人的名字，没有其他特殊意义。

讲话针对的对象不同，场合、与会人员不同，称呼也不尽相同。重要人物，要单独点出。泛称时覆盖所有群体。

三是逻辑结构。

（1）开场部分。诚挚的问候和良好的祝愿基本是规定动作。可以通过回忆拉近与现场听众的距离。

（2）主体部分。一般按照回顾过去、肯定成绩、展望未来的时间顺序，用三句短语统领三段话，高度凝练，又比较优美，值得学习。

（3）结尾部分。一般是表达祝福。

135. 如何规范文稿典故引用 ✎

用典是提升材料深度和文采的有效途径。一定要注意核实文中引用的古文、领导讲话，确保准确无误。

（1）马列经典原理。比如："马克思说过，问题就是时代的口号。我们要在实践中发现问题，在探索中提出问题，以历史勇气直面问题，以责任担当研究问题，以政治智慧回答问题，以实干精神推动问题的解决。"

（2）领导相关论断。比如："习近平总书记指出，寻求最大公约数，画出最大同心圆。我们要争取和团结更多的党外人士积极支持和全力参与学校新一轮全面深化改革。"

（3）古人诗词文章。比如："'益，古大都会也。有江山之雄，有文物之盛。'成都是历史文化名城，自古就是中外交流的枢纽，是西南丝绸之路上的明珠。如今，成都是中国最具活力和幸福感的城市之一。拥有 2300 多年建城史的成都因海纳百川、兼容并蓄而始终保持经济发展、文化繁荣。欢迎大家到成都街头走走看看，体验并分享中国式现代化的万千气象。"

（4）上级会议精神。比如："党的二十大报告强调，全面从严治党永远在路上，党的自我革命永远在路上。面对新时代纵深推进全面从严治党的新形势，我们将坚持以习近平新时代中国特色社会主义思想为指导，以省委巡视为契机，努力实现高质量党建引领事业高质量发展。"

（5）学术领域原理。比如："违规违纪、破坏法规制度踩'红线'、越'底线'、闯'雷区'的，要坚决严肃查处，不以权势大而破规，不以问题小而姑息，不以违者众而放任，不留'暗门'、不开'天窗'，坚决防止'破窗效应'。"

136. 如何规范文稿修辞手法 ✎

公文中恰当运用修辞不仅可以增强公文的表达效果，也可以为公文的语言带来一抹"亮色"，提升公文的高度。现代汉语常用的修辞方式有 20 种左右，公文写作中常用的修辞方式有以下几种。

（1）短句排比。

示例：

中国人民的前进动力更加强大、奋斗精神更加昂扬、必胜信念更加坚定，中国共产党和中国人民正信心百倍推进中华民族从站起来、富起来到强起来的伟大飞跃。

（2）复句排比。

示例：

全党必须牢记，坚持党的全面领导是坚持和发展中国特色社会主义的必由之路，中国特色社会主义是实现中华民族伟大复兴的必由之路，团结奋斗是中国人民创造历史伟业的必由之路，贯彻新发展理念是新时代我国发展壮大的必由之路，全面从严治党是党永葆生机活力、走好新的赶考之路的必由之路。

（3）对偶。

示例：

时代呼唤着我们，人民期待着我们。

团结就是力量，团结才能胜利。

江山就是人民，人民就是江山。

（4）比喻。

示例：

坚持和发展马克思主义，必须同中华优秀传统文化相结合。只有植根本国、本民族历史文化沃土，马克思主义真理之树才能根深叶茂。

坚决维护党中央权威和集中统一领导，把党的领导落实到党和国家事业各领域各方面各环节，使党始终成为风雨来袭时全体人民最可靠的主心骨。

推动战略性新兴产业融合集群发展，构建新一代信息技术、人工智能、生物技术、新能源、新材料、高端装备、绿色环保等一批新的增长引擎。

社会保障体系是人民生活的安全网和社会运行的稳定器。

（5）拟人。

示例：

以工补农，以城带乡，工农互促，城乡互补，城市乡村肩并肩、手拉手、大手拉小手，城乡融合发展动能十足。

——人民日报《城乡融合发展迈大步》

评析：

把"城市""乡村"赋予人的情感行为——"肩并肩、手拉手"，这一描写不仅让文字变得活泼有趣，还让城市与乡村有了鲜明的感情色彩，指出了城市乡村恰如兄弟关系，应该携手并进；"大手拉小手"更是突出了城乡融合发展要"以城带乡"的特点！

（6）借代。

示例：

当好党和人民的"守夜人"，应急管理队伍牢记"救民于水火，助民于危难，给人民以力量"的使命，始终把保护人民生命安全摆在首位。

——人民日报《在人民群众最需要时冲锋在前》

评析：

以"守夜人"代指应急管理队伍人员，形象地抓住了这些人的工作特点，也强调了他们的重要性，比起直接僵硬地讲述原事物（应急管理队伍）能给读者留下更深的印象！

137. 如何规范文稿校对方式 ✎

文稿校对主要有以下几种方式。

（1）自己阅读。从头至尾朗读，特别适用于讲话、发言、汇报等类型的文稿。

（2）隔日查看。等到成稿后，次日再来查看。

（3）交叉检查。文稿起草者把文稿委托他人校核。

（4）集体审阅。组织 2 人以上参与，将文稿投屏，一人诵读，其他人边听边看，严格把关。

校对的时候，要重点关注以下要素。

（1）看标题，主标题、各级标题的逻辑结构。

（2）看文字，避免错字，减少生字，长句变短句。

（3）看人名，是否有误、排序是否正确。

（4）看数字，数据是不是最新信息。

（5）看格式，版面是否规范。

138. 如何建立个人写作素材库 ✎

从事公文写作的同志，面对浩如烟海的资料、无穷无尽的写稿任务，眼前通常横亘着五座大山：记不住，找不到，用不对，逻辑乱，难应急。古人讲"兵马未动粮草先行"，素材就是写作的"粮草"。公文写作具有偶然性、临时性、突发性，很多材料来得突然、要得火急，没有足够时间准备，只能吃平时的家底。所以要日积月累，做好储备。

（1）收集什么？政策文件、领导讲话、工作经验、时政信息等。善于从已有文稿中学习，从工作中学习，从领导和身边同事那里学习，不断完善知识储备。

（2）如何收集？常读好书、主动搜寻、时刻记录，可以参考图书馆图书的分区分类办法对纸质文档、电子文档进行整理。

（3）如何消化？温故知新，抽出时间学习收集的素材，善于在学习中思考，记住了才能更好学以致用、深思后才能灵活运用。

139. 什么是公文写作对象意识 ✐

公文不是个人散文、微博，公文与其他文体如文学作品等的本质区别，就在于它姓"公"，写的是公事，办的是公务，行的是公权，计的是公利。"对象意识"就是要明确为谁写、给谁看。

（1）代言对象，也就是为谁写。要有"身在兵位，胸为帅谋"的格局和气魄，站在代言对象的高度和角度，努力体现代言对象的风格和习惯。

（2）收文对象，也就是给谁看。公文写作具有明确的收文对象，分清楚所写公文是"供上级领导参考"，还是"给群众的希望意见"，站在收文对象的立场和角度，看他们是否愿意看、愿意听，所提要求是否具有可行性。

140. 什么是公文写作主线意识 ✐

公文的主题、开头、中间、结尾要有一种关系，不能互相冲突。各个版块要形成统一整体、完整结构，需要用一条绳子把它们有序串接起来，这根绳子就是公文的主线。切忌跟着感觉走的"意识流""醉驾"现象。

常用的写作主线，有以下几种情况。

（1）思想线：为什么、是什么、怎么办。

（2）工作线：确立指导思想、明确目标任务、制定思路措施、提出工作要求等。

（3）问题线：提出问题、分析问题、解决问题。

无论写什么文章，都要有明确的主线，主线越鲜明，结构越紧凑。有的文章，还可以设置一明一暗两条主线。

141. 什么是公文写作情报意识 ✎

公文更像一块精密的机械表，需要认真研究、仔细打磨、精心研制每一个零件，并且把它们科学地组装在一起，这个过程需要大量的情报。这些第一手的情报汇聚到你手里，通过不断累积、领悟，自然就能够全面、系统掌握业务情况。

（1）吃透"上情"。准确理解、全面把握党的路线方针政策以及上级的指示精神。中央的方针政策和决策部署，都是集中各地的意见和经验，经过反复提炼、论证总结出来的，具有普遍性、科学性和指导性。加强学习，把握中央精神的基本要求、政策措施，切不可望文生义、断章取义、随意解释、以偏概全。

（2）摸清"下情"。建立内部信息情报收集平台，了解和掌握本单位基层情况、群众的思想动态，以及工作的成绩和不足等。

（3）把握"内情"。本单位过去工作开展情况、目前状况、未来规划等信息要随时掌握。

（4）学习"外情"。兄弟单位工作开展情况、取得的成绩，特别是和本单位相关的一些数据、排名等信息。

142. 什么是公文写作怀疑意识 ✎

好文章是改出来的。写好的诀窍，就是删除写得不好的地方。一稿就通过、一稿就成为精品的文章极少。

（1）自我怀疑。当你真正在意一件事，重视它，就会变得谦卑，就会有无数次自我怀疑。在写作中要不断思考是否有更好的表达，力争每一句话足够准确、足够精练。

（2）怀疑他人。我们在收集、汇总、整理相关素材时，要一丝不苟认真校对，善于"找茬"，始终保持怀疑的态度看待每一个事例、每一个数据，确保事例是真实的、数据是最新的、单位和人名是正确的、排序是规范的。

143. 什么是公文写作简洁意识 ✐

公文的主要目的是传达信息、布置任务或汇报情况。因此，简洁有力的表达至关重要。

（1）标题简。做到结构完整、语言简明、表述精准、形式规范，尽量使用简单好记、通俗易懂的词语，方便阅读者记忆或转述，切忌冗长拖沓、晦涩难懂。

（2）开头简。文章开头第一句很重要。开门见山、直奔主题，不穿靴戴帽，不绕山绕水。避免在开头使用过多铺垫或引述，确保第一段就能直接切入主题，让公文充满紧凑感和逻辑性。

（3）语言简。事以简为上，言以简为当，能一句话写清楚的，绝不用两句。冗长的句子不仅增加阅读难度，还会让公文显得啰唆、缺乏重点。选用简洁有力的词汇，用最简单的话，表达真实意图，尽量去除无关或重复的内容，确保每一句话都有其存在的必要性。

（4）材料简。根据行文目的和意图，有针对性地收集材料，毫无关联的要精简或删除。

大道至简，越简单的往往越高级。简洁有力的公文关键依赖于精准的用词、合理的结构，提倡短句、短文，在追求简洁的过程中也要注意"度"的把握。简洁并不意味着简单，恰当的表达方式和适宜的措辞非常重要，要精雕细琢，达到"意少一字则义阙，句长一言则辞妨"的效果。

144. 什么是公文写作终稿意识 ✎

在做事情之前，要先明确目标和愿景，然后根据目标制订计划并付诸行动，正如史蒂芬·柯维强调的"牢记自己的目标或使命，就能确信日常的所作所为是否与之南辕北辙"[①]，文稿写作也是如此。公文写作的"终稿意识"，要求将自己视为最后负责人来对待经手的活儿，至少是你认为能做的最好的状态，把每一份材料都当成最终的交稿，而不是等着领导审核把关。

要从第一层次的零差错，迈上第二层次的合要求，问鼎第三层次的高质量。

145. 什么是公文写作经典意识 ✎

（1）学习经典。学习时间宝贵，书刊浩如烟海，终身受用的唯有经典著作。从事写作的人员，要坚持学名篇、背经典、记金句。多背，有利于大脑灵活，令知识、语言丰富。背多了，厚积才能薄发。如果不背不积累，脑子里空空，调遣起来就不能得心应手。经常摘记背诵一些名篇佳句，深入研究揣摩，写出的材料也会有生气，笔下生花，神采飞扬。

（2）创作经典。光看不写眼高手低，光写不看进步太慢。如果只看材料，不动笔去写，就会觉得别人写作水平不行，可自己一写才发现，还不如人家。写，是办公室工作人员的基本功之一。认真对待每一份经手的材料，力争做到人无我有、人有我新、人优我特。

---

① 史蒂芬·柯维. 高效能人士的七个习惯（精华版）[M]. 北京：中国青年出版社，2002：71.

146. 如何遵循信息报送原则 ✎

有效的信息是各级领导科学决策的前提和基础。习近平总书记强调，"要围绕大局反映情况、报送信息，做'千里眼、顺风耳'，把各方面新情况新问题、贯彻落实党中央方针政策的意见和建议、干部群众关注的热点焦点问题等及时收集上来，归纳综合，分析研判，第一时间报送党中央，为党中央科学决策提供重要依据"[①]。办公室要发挥参谋助手作用，狠抓信息工作，就是"以文字材料呈送党政领导，以供决策参考"[②]，并按信息流程专门收集、加工、整理、编写，形成党委信息、政务信息等特定文稿。信息工作要遵循以下基本原则。

（1）真实。从实际出发调查研究，认真收集各种原始信息，有喜报喜，有忧报忧，不掺假，不虚报；信息涉及的时间、地点、数字、人物、情况、例证、引语都应该准确无误。在信息处理上，从"编信息"向"写信息"转变，加强对信息的综合分析研判。

（2）价值。服务领导决策为目标，确定收集信息的范围，有针对性地收集、整理、提供有适用价值的信息。在信息加工上，从"粗加工"向"深加工"转变，通过对事件发生原因的深度分析，提出具有较强指导性、针对性、操作性的意见和建议。

（3）时效。抢先捕捉信息，迅速加工传递，增强信息的指导性和预测性。信息收集、加工制作、传输和反馈都要及时。在信息收

---

① 习近平. 办公厅工作要做到"五个坚持"[J]. 秘书工作，2014（6）：4-8.

② 谢煜桐. 办公室实务 [M]. 北京：红旗出版社，2019：39.

集上，从被动"等信息"向主动"找信息"转变。

147. 如何把握信息报送类型 ✎

（1）动态型信息。反映某项工作、活动或事件的发生、发展和变化，说明客观情况，可以使人们从大量变化着的现象中看到问题的本质，从而更好地预测未来。动态型信息是一种能迅速、及时地反映工作中出现的新情况、新动向的报道形式。要求标题简洁、新颖；内容准确无误；材料重点突出，全面反映客观过程；合理使用背景材料，增强信息的价值。

（2）建议型信息。为领导出主意、想办法。这类信息对于领导正确决策有一定参考价值。一般由标题、背景、建议内容及理由四部分组成。要求有针对性，既要反映问题，又要提出解决问题的措施和办法；建议要有理有据、切实可行。

（3）经验型信息。反映一个地区、一个组织、一个部门某方面经验，侧重于对事物发展规律的认识和探索，着重揭示事物的本质。可采用顺叙法，即先写做法和经验，后写效果；也可采用倒叙法，即先写效果，再写做法和经验。要求内容具体，观点明确，分析透彻，数据充分。

（4）问题型信息。大都是负面信息，分为已经发生、正在发生和将要发生三种，由标题、背景、问题、措施四部分构成。背景是指问题发生的时间、地点、条件、原因等。问题部分事实要准确，表述要清楚。在揭示问题的同时，应提出解决问题的方法。

（5）预测型信息。依据现有事实或根据以往积累的经验，对某一事态发展趋向做出推测，具有超前性。由标题、预测内容和预测根据三部分组成。要求尊重事实，掌握规律；科学分析，全面论证；语言要严谨，数据要准确。

（6）综合型信息。全面、概括地反映一个时期、一个区域、一个事件、一个问题的带有全局性意义的信息。具有反映范围广、声势大的特点，既反映事物的总体规模和特点，又对局部的典型情况加以说明和分析。要求充分占有材料，善于分析和概括；点面结合，精心组织材料。

148. 如何聚焦信息选题看点 ✐

信息选题，即选择信息的主要内容。写出高质量信息，要紧盯工作重点、时间节点、社会热点、特色亮点进行信息选题。

（1）工作重点。在任何时期、任何阶段，各项工作都有主次、轻重、缓急之分。一是上级精神，这是各项工作的方向标和指南针。信息工作是依附于本职工作而存在的，因此信息选题必须紧紧围绕上级精神，紧扣上级决策、政策、文件、会议。二是本级工作。一个单位有一个单位的重点工作，年度重点工作、当前重点工作、重要活动和重大事件，以及领导工作部署与批示等，围绕这些工作重点进行选题，就能更好地服务领导决策。

（2）时间节点。一是每年固定的节日、纪念日，比如七一建党节、五一劳动节、十一国庆节、春节等。二是每年预期时间节点，比如全国、全省的重要会议。三是重要的时间和事件节点，比如上级主要领导同志发表的重要讲话、重大事件的发生处理等。

（3）社会热点。民生问题一直以来都是群众最关心的热点，也是领导所关注的焦点，很多是影响到群众切身利益的事。结合本部门的工作职能，以"如何服务惠民"为主题撰写相应信息稿件。

（4）特色亮点。对面上工作具有重大意义、具有创新性的成功做法。练就"一叶落而知天下秋"的能力，从"小苗头"预判"大风险"，用"新现象"反映"老问题"。

149. 如何做好信息素材收集 🖎

　　美国心理学家萨盖提出过"萨盖定律"，又称为"手表定律"。萨盖认为，拥有两块以上的手表并不能帮人更准确地判断时间，反而会制造混乱，让看表的人失去对时间的判断。办公室每天会接收到大量信息，众多的信息甚至会让人陷入选择困难。我们要建立畅通、可靠的信息渠道，有针对性地汇聚信息。制定信息研判机制，确定遴选标准，避免被不实或夸大的信息误导。要定期清理不必要的信息，学会质疑和思考。信息是决策的依据，必须牢牢抓住关键环节为领导决策提供优质的信息服务。信息报送的素材收集，可以抓住以下几个关键方面。

　　（1）抓"两头"。盯紧年初工作安排和年底工作总结，突出特色，挖掘亮点做法，总结归纳。

　　（2）抓"前后"。重大会议、重要文件、领导调研、督促检查之前梳理准备情况，之后汇报落实情况。

　　（3）抓"内外"。国家级、省级主流媒体报道本单位的要及时提炼经验；报道其他单位的要看本单位这方面是否存在不足，以及有没有可以借鉴的措施。

　　（4）抓"需求"。多与上级联系，了解需求，主动承担约稿任务。

150. 如何谋划信息文稿结构 🖎

　　（1）一个画龙点睛的标题。"题好一半文"，标题定了，信息就确定了一大半。一个好标题，就是对整篇信息内容的提炼、概括与浓缩，让人一看标题就能对主要内容心领神会。切忌不够精准、泛泛而谈的情况，或题文不符，或言之无物，影响信息的吸引力。

（2）一个掷地有声的观点。观点是信息的"生命"，要通过研判素材，把握、加工和凸显其中最新鲜、最有料的事实。坚持问题导向，通过对素材抽丝剥茧，努力触及事物本质，提出有穿透力和冲击力的观点。

（3）一个简洁清晰的导语。导语不仅要言简意赅，还要浅显易懂。比如，有的观点会用到"流程复杂、缺乏动力"等定性表述，导语部分就要把这些表述解释清楚，概括地介绍一下具体流程到底如何烦琐、缺失的主要动力是什么。有的观点内部存在一定的逻辑关系，就应将其中的相关性、因果关系等说明到位，避免逻辑混乱。还有的观点会采用"慢就业""双向歧视"等新词热词，最好对其进行简要解释，以减少阅读障碍。

（4）一个简笔勾勒的案例。信息案例旨在展示实况、论证观点，采写时可采用白描手法，将情况简要勾勒，做到"去粉饰、留真意"。

（5）一个务实管用的对策。善于融合运用行政化、市场化、法治化手段看待和处理问题，将最新的思想、理论、观点融入所提的对策建议中。

151. 如何突出信息以小见大 ✏

（1）突出全国性或全省性。即某项工作获评全国（全省）系统荣誉的，或成为全国（全省）系统试点的，或与全国（全省）有影响力的事情发生关联的。

（2）突出首创性或首次性。首创性，即某项工作（活动）在总量、规模、增幅等方面居系统首位及前列位次的，可以总结具有首创性的思路、举措和做法。首次性，即新法规、新政策等出台，可以第一时间总结实践运用中的相关内容或率先形成的案例。

（3）突出经验性或调研性。经验性，即反映某方面工作所取得的成果、成绩和成效，可以是该项工作全面完成后的总结，也可以是阶段性进展，突出创新性做法和特色性亮点。调研性，即反映研判经济社会发展中出现的新情况、新趋势及前瞻性、深层次问题，或某项改革实践进程中的痛点难点等。

152. 如何搭建信息工作平台 ✎

用好向上供稿平台。紧盯中央、省委和上级业务指导部门信息渠道。建好本级发布平台。办好内部期刊、内部公文流转系统等。本级信息载体举例如下。

（1）内部参考。搜集供本机关领导和内部人员参考、不公开发布的信息资料。

（2）信息专报。就某件事进行专门整理和归纳，供领导参考的一种资料，比如《信访专报》《督查专报》。

（3）每日要情。主要编辑本机关基层单位发生的基本情况。

（4）领导参阅。主要刊载与本行业相关的政策、文件、相关专家解读、兄弟单位改革发展动态等内容。本机关相关专项工作推进情况等。

（5）办公室通报。主要刊发本机关党政主要领导的讲话。上级主要领导与本机关党政主要领导在同一会议上的讲话可一并刊发。

153. 如何建立信息工作制度 ✎

（1）培训制度。采取"走出去"和"请进来"相结合的方式，选派骨干外出培训，邀请业务部门领导、专家、优秀工作者来本单位开展专项培训。

（2）考核制度。向本机关各二级单位下达年度目标任务，定期通报各二级单位得分情况（报送条目基础加分、采纳加分、领导批示加分），年终评选"十佳信息""信息工作先进个人""信息工作先进集体"等，进行公开通报表扬。

154. 如何组建信息工作队伍 ✎

（1）工作团队。压紧压实信息工作责任，办公室设立专门的部门或者岗位具体牵头本单位信息报送工作，基层单位设立兼职人员，构建起有人管、有人抓、有人干的工作队伍。

（2）专家团队。挖掘本单位在各个领域的专家、学者，可以聘任为本单位决策咨询专家。关注各级各类科研项目，将学术成果转化为资助建议。

155. 如何报送重要紧急信息 ✎

做好紧急信息报送工作，是政治性极强的重要任务。

（1）报送时限。第一，首报。本机关各基层单位主要负责人是信息报送第一责任人，在获取重要紧急情况后，通过电话和书面材料向本机关分管领导和有关职能部门报告。办公室接到报告后通过电话和书面材料向上级业务指导机关完成首报。第二，续报与终报。应对处置过程中，要跟进报送进展。处置结束后要形成总

结材料，报送结果。续报和终报，要写明领导同志批示贯彻落实
情况。

（2）报送内容。内容准确是信息工作的生命线，事关领导决策
和应急行动，必须落细落实落准。可以设置相应表格，统一格式、
要素齐全，基层单位如实填写相关内容。

第七章 会议组织

156. 如何理解会议要素

会议组织是办公室一项基本工作，"会议是为了一定的目的，把人们组织起来，一起讨论、交流、研究问题的一种社会活动方式"[①]。大会时时有，小会天天见。会议的构成要素主要包括事情、时间、地点、人员等。

（1）事情，即召开什么会议，包括会议名称、会议主题、会议议题、会议材料等。

（2）时间，即何时召开会议，包括固定时间和非固定时间两种类型。其中，固定时长的会议有规定的内容以及法定环节，比如各级党代会；非固定时长的会议主要根据任务安排会议日程。

（3）地点，即何地召开会议。要根据会议要求和人员数量确定合适的场地和必备的设施设备。

（4）人员，即何人参加会议，包括主持人、嘉宾和领导，以及一般参会人员、工作人员等。

157. 如何区分会议类型

召开会议是实施领导的重要方法。毛泽东同志指出："大型会议和小型会议，都是必需的，各地和各部门要好好安排一下。小型会议，参加的几十人，一二十人，便于发现和讨论问题。上千人参加的大型会议，只能采取先作报告后加讨论的方法，这种会不能

[①] 谢煜桐.办公室实务 [M].北京：红旗出版社，2019：87.

太多，每年两次左右。"[①]中华人民共和国国家标准 GB/T 30520—
2014《会议分类和术语》将会议形式归纳总结为 13 种典型形式，
即报告会、论坛、研讨会、讲座、早餐会、主题午餐会、卫星会
议、圆桌会议、视频会议、网络会议、用户大会、代表大会、高
峰会。

按照不同的标准，还可以分为不同的类型。

（1）按法律属性，分为法定性会议、非法定性会议。

（2）按会议区域，分为国际会议、全国会议、区域会议、单位
会议。

（3）按会议规模，分为大型会议、中型会议、小型会议。

（4）按会议内容，分为办公会（比如党委常委会）、现场会、
座谈会、新闻发布会、动员会等。

（5）其他分类，比如党团会议、行政会议等。

158. 如何制定会议方案 🖉

古人讲，"备豫不虞，为国常道"。会议的筹备工作，重点是
精心设计和周密部署，要充分考虑各种风险，确保万无一失。会议
方案的制定，一般有草拟方案、多方会商、领导审定等环节。制定
会议方案就是前期谋划，把工作流程和责任安排明白。方案制定得
好，会议就不会出现纰漏，才能圆满成功。方案形成后应报本单位
领导或上级主管部门审批。

（1）会议方案的标题。基本格式为"单位（＋适用时间）＋会
议主题＋会议方案"。

示例：

×××大学 2024 年春季学期工作部署大会方案

---

① 毛泽东. 毛泽东文集（第 7 卷）[M]. 北京：人民出版社，1999：356.

（2）会议方案的导语。基本格式为"目的＋依据＋固定用语"。

示例：

根据学校党委、行政安排，拟定举办 2024 年春季学期工作部署大会，特制定本方案。

（3）会议方案的主题

——会议主题／会议名称。如果方案标题中出现会议主题，则可以省略。

——会议时间和会期。

示例：

——会议时间：2024 年 12 月 13 日（星期 ×）上午 9:00，会期半天。

——会议地点。大型会议一般都有线上分会场。

示例：

——会议地点：× 办公楼二楼会议室设主会场，各学院应用网络会议系统设立分会场。

——参会人员。先领导后同志，先介绍主会场后介绍分会场。

示例：

——参会人员：主会场，学校领导班子成员及各机关职能部门负责同志；分会场，各学院领导班子成员、教职工代表。

——会议议程。先介绍主持人，再介绍流程。具体议程按会议规模、参加人员及具体内容而定。

示例：

会议议程：会议由学校 × 党委副书记 ×× 同志主持，共分为以下四项议程。

① ××× 同志传达中央和省委 ×× 动员大会会议精神。

② ×× 同志通报 ×× 工作情况。

③相关单位负责人作交流发言。

④学校 × 党委书记 ×× 同志作总结讲话。

——工作要求。就是责任分工，包括文字材料、会务、宣传的分工等，根据会议需求制定。

示例：

工作要求：

①文字材料。会议通知、主持词、领导讲话稿、传达材料、通报材料由办公室拟定；交流发言材料由相关单位拟定，报办公室审定。

②会务安排。主会场座次、会标、会议签到、会议记录等由办公室负责；音响、灯光等设施设备等由网信中心准备负责。分会场由相关单位负责。

③宣传报道。媒体对接和宣传通稿撰写由宣传部具体安排。

159. 如何确定会议议题 ✎

没有无缘无故的会议，凡举办会议，必须有明确的议题，弄清楚要解决什么问题、达到什么目的。"要开会，就得有一定的计划，否则不但令人讨厌，而且是一种危险。会议应该是不得已的例外，不能视为常规"[①]。议题的来源主要有以下几个方面。

（1）上级要求的会议。比如全面从严治党工作会议、述职述责述廉会议等。

（2）下级申报的会议。基层根据新形势、新问题，需要召开会议进行研究。

（3）单位常规的会议。比如年初工作动员会议、年终工作总结会议、职工代表大会等。

（4）其他缘由的会议。比如庆祝、纪念意义的会议，有突发事

---

① 彼得·德鲁克.卓有成效的管理者 [M].北京：机械工业出版社，2019：51-52.

件需临时召开的会议等。

为了确保会议高质高效，可以建立会议台账，明确每个议题的主办单位、承办单位，提前谋划、提前发布、按期推进。

160. 如何安排会议时间 ✐

会议时间是从会议开始至结束的时间长度。会议时间过长、效率不高是会风问题的顽疾。会风见作风，应改进会风，务求实效。有效控制时间，就是高效组织会议、提高会议实效的一项举措。

（1）选择时间。充分考虑参会人员是否方便，特别是重要领导和嘉宾的时间安排。充分考虑自然因素的影响，特别是室外的集会。

（2）确定会期。适中的会期就是保证在规定时间内完成所有议程。

（3）设置议程。明确会议总时长，考虑各项议程衔接的时间，控制发言者时间，做好时间点提示。

161. 如何选择会议地点 ✐

一场会议或活动成功与否，地点选择至关重要。一些小型会议通常使用单位内部会议室就可以。一些大型的重量级会议，通常选择大型酒店、会议中心等。

（1）符合规定。根据中共中央办公厅、国务院办公厅 2014 年 9 月印发的《关于严禁党政机关到风景名胜区开会的通知》要求，各级党的机关、人大机关、行政机关、政协机关、审判机关、检察机关，以及工会、共青团、妇联等人民团体和参照公务员法管理的事业单位，一律不得到相关风景名胜区召开会议。党政机关的会议一般在本行政区域内召开，学术类会议根据实际情况可选择本地或外地召开。提倡运用电视电话、网络视频等现代信息技术手段，采取线上线下结合的方式召开会议，降低会议成本，提高会议效率。

（2）满足使用。充分考虑开会、食宿、通勤等需要。会议场地的大小必须合适，依据参会人数选择会场大小和会场布置方式。如果是一天不能结束的会议，要选有住宿条件的会场。根据会议时长，是否提供用餐要提前说明。会场周边一定要有停车区域，为参会人员提供便利，节约找停车位的时间。

162. 如何组建会务机构 ✎

有些会议的规模相对较大，持续时间较长，有相当繁杂的会前筹备事项，这就需要事先成立一个会务工作机构，明确责任分工，做到人有专职、事有专人，确保会议筹备工作和整个会议的组织管理有条不紊。根据会议的规模、议程等情况，组建相应的会务机构。

（1）大型会议的会务机构。一般分为三个层级。第一级是大会筹备（或组织）委员会，其负责人就是大会负责人；第二级是大会筹备（或组织）委员会办公室；第三级是承担大会筹备具体任务的各个职能单位，如秘书处、宣传处、接待处、安保处、生活保障处等。

（2）中型会议的会务机构。一般分为两个层级。第一级是大会筹备（或组织）办公室，第二级是承担大会筹备具体任务的各个职能单位，如秘书组、宣传组、接待组、安保组、生活保障组等。

（3）小型会议的会务机构。一般只设会议秘书组（或会务组），指定一个人牵头负责，并根据会务工作内容配备相应的工作人员。

163. 如何发布会议通知 ✎

会议通知是让参会人员会前了解会议信息的重要途径。"开会要事先通知，像出安民告示一样，让大家知道要讨论什么问题，解决什么问题，并且早作准备。"[①] 会要开得成功，会议通知就是一个基本的保障。会议通知的撰写，可以在会议方案基础上进行调整。

（1）通知内容要完整。时间、地点、任务、着装、请假程序等，把参会人员想咨询的事项尽量考虑周全。

（2）通知时间要尽早。确定的事情一定要早发布，短信通知与正式通知相结合。

（3）参会情况要精准。准确掌握参会人员出席情况，第一时间反馈给主持人或者其他相关领导。

（4）通知方式要灵活。针对不同的对象，采取电话、信息、邀请函等灵活方式，体现主办单位、承办单位的严谨和重视。

我们可以制作会议通知（短信）模板，示例如下。

××处长，您好，××月××日（星期×）上午 9：00（预计时长 120 分钟），在办公楼 201 会议室召开校企合作座谈会，会议主要有领导致辞、座谈交流、签署协议等议程，请您参加并做好交流发言准备（5～8 分钟、不需要PPT和书面材料）。请着白色短袖衬衣、深色裤子、深色皮鞋。提前 10 分钟到达会场。遵守会场纪律，手机设为震动或静音，不随意交头接耳、接打电话、玩弄手机等。如因特殊情况不能参加，请向×× 请假并向办公室×× 报备。收到请回复，谢谢！（学校党政办公室×××，电话：×××–××××–××××）

---

① 毛泽东.毛泽东选集（第四卷）[M].第 2 版.北京：人民出版社，2009：1443.

164. 如何安排会议主持 ✎

会议主持是会议工作中的一项重要内容，会议主持人在会议中起着穿针引线、承上启下的作用，体现会议的规格，彰显会议的性质，推动会议顺利进行，提高会议效率和参会人员的满意度，对会议成功与否有着重要影响。

（1）一把手主持。上级单位领导参加本单位会议的时候，一般由本单位一把手主持。本单位内部召开的重大活动、专项会议，为了减少程序，也可以由一把手主持，比如党委常委会由党委书记主持。

（2）参会中职级最高的人主持。当一把手不参加时，受一把手委托，由本单位参会领导中最高职级的人主持。

（3）参会中职级第二的人主持。比如签约会议，参加会议的有签约双方主要领导和其他代表，一般由承办方的二把手主持（二把手未能出席的，由三把手担任主持）。比如全面从严治党等专题会议，一把手有讲话时，也可以请二把手主持。

（4）外聘专业人士主持。项目发布会、表彰会议、庆典会议等，可请专业主持人。

165. 如何写会议主持词 ✎

主持词是大型会议必备的文字材料，在整个会议过程中起指挥、引导作用。

（1）定准基调。关系上，主持词是绿叶，不是红花，处于附属地位、陪衬作用。与其他人员讲话内容相照应，切忌相互冲突、喧宾夺主。

（2）牢记关键。主持词的结构和布局是由会议议程决定的，必须严格按照议程来谋篇布局。随时掌握人员和议程变动情况。

（3）把握特点。短，控制篇幅，不拖泥带水。全，考虑全面，不丢三落四。特，体现风格，不死搬教条。

（4）遵循规律。会议主持词有相对固定的内容要素，主要包括标题、日期、主持人、称谓、开头、中间、结尾等内容。

关于标题，一般会议要求简洁明了、直截了当，不用副标题，如"在全市2023年经济工作会议上的主持词"。法定会议，包括会议的届次、会次、称谓三部分，如"××市第××届人大常委会第××次会议主持词"。

关于日期，一般加在标题下一行，这个日期是会议召开的日期，不是主持词写作日期，需要加小括号，格式为：（××年×月×日）。再细致一点可以在日期后面写上详细的会议时间和会议地点。

关于主持人，日期下一行加主持人职务、姓名，一般可以写成"县委常委、常务副县长＋姓名""县委书记＋姓名""市长＋姓名"等，正式情况应该写成"××县人民政府＋县长＋姓名"。

关于称谓，视不同的与会人员、不同的场合，选用不同的称呼。一般情况用泛称，如"各位领导""各位来宾""同志们"等。特殊情况可以针对某位领导，用特称，如"尊敬的××市长""尊敬的××书记"等。法定会议，如人代会称"各位代表"。会议开始前要有称谓，主持中间还应适当用称谓，起引起注意、承上启下的作用。

关于开头，要交代会议的重要性和必要性，一般有五个要素：一是宣布会议开始。如："同志们，我们现在开会！"又如："同志们，××会议现在召开！"二是说明会议意义。是经哪一级组织或哪一级领导提议、批准、同意、决定召开的，以强调会议的规格以及上级组织、上级领导对会议的重视程度。比如"这次会议是由学校党委、行政研究决定召开的一次重要会议"。三是介绍与会人员。在主席台就座的领导和与会人员的构成、人数，以说明会议的规模。特别注意的是介绍领导时要把头衔搞清楚。四是介绍会议背景。站位要高，要有针对性，以体现出会议的紧迫性和必要性。可以参考会议通知上的相关内容。五是介绍会议议程。简要介绍会议的开法，如"今天的会议有几项议程"。

关于中间，依次简单介绍会议的每项议程，若要点评发言，也要用最简练的语言来表达。为了体现尊重，一般使用"现在"，不用"下面"。比如，"现在进行第二项议程"比"下面进行第二项议程"更合适。为突出领导讲话，减少会场声响，部门发言不必引导鼓掌，领导讲话时提醒大家鼓掌欢迎。

关于结尾，对整个会议进行总结，并对如何贯彻落实会议精神提出要求、做出部署。一般有六个要素：一是宣布议程结束，如"今天会议的议程已经全部结束"。二是简要评价会议（大都是肯定性的），比如"这次会议开得很好，很成功，达到了预期目的""这次会议时间虽然不长，但安排很紧凑、内容很丰富"。三是概括总结会议，说明这次会议所取得的具体成果，解决了什么问题，明确了什么方向，提出了什么思路、措施等。总结概括要有高度、恰如其分，它是对会议主要内容的一种提炼，对会议精神实质的一种升华，而不是对会议内容的简单重复、泛泛而谈，要突出重点、提升主旨。四是提出落实要求，这是整个主持词的重点，语言要简洁明了、不绕弯子、不做解释说明，要求要明确具体，体现严肃性、强制性、权威性。五是通知相关事项，如通知相关人员食堂就餐等。六是宣布散会。

166. 如何邀请会议嘉宾 ✎

一场会议的嘉宾，不仅是吸引参与者的重要因素，同时还构成了整场会议的基调。

（1）明确活动信息。重要的活动信息，比如时间、地点、活动内容等。

（2）拟定邀请对象。根据活动目的和主题，邀约与活动相符合的嘉宾。

（3）制作邀请函件。邀请函要体现活动的权威性、正式性、礼仪性，函件上还应明确嘉宾参加哪些项目。

（4）确定邀请方式。电话、微信、短信、邮件等，非常重要的嘉宾还需要通过登门拜访的方式进行邀请。注意邀约时间，"提前一个月是请，提前一周是叫，提前一天是提溜"。这个说法，大概能说明一个时间的分寸。

（5）汇总嘉宾信息。包括身份信息、演讲主题、PPT 大纲、是否对外、来往航班信息、酒店住宿和用餐要求等。

（6）选配联络人员。一般实行一对一联络对接，统一培训，做好接站、住宿、活动、用餐、送站等全程引导服务。

167. 如何准备会议物质 ✎

会议物质主要涉及会议材料、会议物品等。

一是会议材料。

（1）领导资料。会上学习的或要宣读的文件材料、领导讲话稿、主持词等。

（2）来宾资料。会议指南、会议文件资料、分组名单通讯录、房卡和餐券等。

（3）会务资料。接站一览表、来宾登记表、住宿登记表、用餐分组表、订票登记表、会议讨论分组表、小组召集人名单、讨论地点等。

（4）沟通资料。会议参考文件、会议宣传资料、会议简报、各种记录、注意事项、各种会议协议合同以及其他相关资料。有的会议材料还需要按"会议资料之一、之二"的形式编号。

二是会议物品。

（1）必备文具用品。简易文件袋、软抄笔记本、中性笔（黑色、红色各 1 支）、铅笔（自带橡皮擦）。

（2）专用证件与徽章。嘉宾证、代表证、出席证、列席证等。如果是党内重大活动、团内重大活动，还需要正确佩戴党徽、团徽。佩戴党员徽章必须严肃、庄重。党员徽章应佩戴在左胸中间位置，不得使用破损、污损、褪色或不符合制作规定的党员徽章。若与其他徽章同时佩戴，应将党员徽章置于其他徽章之上。

168. 如何布置会议场地 ✎

《中共中央政治局贯彻落实中央八项规定的实施细则》规定，"会议活动现场布置要简朴，工作会议一律不摆花草、不制作背景板。"

会议场地布置需要把握以下细节。

（1）会场形式。不同的会场布置形式，体现不同的意义、气氛和效果，适用于不同的会议目的。要根据会议的规模、性质和需要来确定会场形式。日常工作会议一般为圆形、椭圆形、长方形、正方形、一字形、T 形、马蹄形，体现民主与团结的气氛；座谈会、讨论会一般为半圆形、马蹄形、六角形、八角形、回字形，使人有轻松、亲切之感；中型会议一般为而字形、扇面形，使人有正规、严肃之感；大型茶话会、团拜会一般为星点式、众星拱月为好。大型会议一般在礼堂召开，形式是固定的。

（2）会标。将会议的全称以醒目的标语形式悬挂于主席台前幕的上沿或天幕上，即为会标。

（3）会徽。会徽即体现或象征会议精神的图案性标志。一般悬挂在主席台的天幕中央，形成会场的视觉中心，具有较强的感染和激励作用。会徽一般有两种来源，一种是以本组织的徽志作为会徽，例如党徽、国徽、警徽等；另一种是向社会公开征集，选择最能体现或象征会议精神的图案作为会徽。

（4）主席台。主席台的座次安排，就是参加会议的领导和贵宾的次序安排。通常做法是身份最高的领导（有时也可以是声望较高的来宾）就座于主席台前排中央，其他领导则按先左后右（主席台的朝向为准）、一左一右、前高后低的顺序排列，即名单上第二位领导坐在第一位领导的左侧，第三位领导坐在第一位领导右侧，以此类推。

（5）讲台。设置专门的讲台，有助于突出报告人的地位，显示报告的重要性，也能体现出会议气氛的庄严和隆重。一般情况下，讲台只设一个，可设在中央，也可设在右侧（以主席台的朝向为准）。设在中央的，位置应低于主席台，以免报告人挡住主席台上领导的视线。较大的会场也可以在主席台的两侧设置讲台，主持人和发言代表各使用一个。一些特殊的会议（例如，辩论会、联合记者招待会等）可不设主席台，只设两个讲台。

（6）其他方面。会场四周和会场的门口可悬挂横幅标语、宣传画等。

169. 如何安排接站工作 ✎

（1）汇总抵达信息。会务工作人员事先通过收集和整理会议回执、报名表等方式，精准掌握需要接站的参会人员信息。人员、单位、职务、年龄、联系电话、交通工具、车次、航班等。编制成一目了然的表格。接站人员还要关注参会人员抵达情况的变更信息。

（2）确定迎接规格。借助心理学上"相似性原则"，人们更容易与那些与自己有共同点的人建立亲近感。如果是重要嘉宾，除安排工作人员外，还应安排有一定身份的人士亲自前往接站。对于一些特殊嘉宾，要周密考虑，比如校友返校，可安排同学或者老师接站等。

（3）培训接站人员。接站的工作人员要进行培训，对着装、礼仪、工作规范等提出统一要求。

（4）备好接站车辆。根据对方身份和人数，确定轿车、商务车或者小客车。不管是本单位的还是租赁公司的，都要对司机进行培训，提出相应要求。根据情况对车辆编号。一般不用网约车。

（5）准备接站标志。严格遵守中共中央办公厅、国务院办公厅《党政机关国内公务接待管理规定》（中办法〔2013〕22号）相关规定，国内公务接待不得在机场、车站、码头和辖区边界组织迎送活动，不得跨地区迎送，不得张贴悬挂标语横幅，不得安排群众迎送，不得铺设迎宾地毯；地区、部门主要负责人不得参加迎送。严格控制陪同人数，不得层层多人陪同。接站人员与参会人员不认识时，需要制作接站牌。

（6）迎候参会人员。接站人员要礼貌热情、及时引导。抵达入住宾馆或者会场所在地时，会议主办单位、承办单位相关领导迎候，以示尊重。

170. 如何开展会前演练 ✎

会前演练，就是让每位工作人员和相关领导掌握会议推进过程中的自身职责、需要参与的环节和重点注意的事项等，通过演练找出议程前后衔接存在的问题，确保会议顺畅。

（1）推演方案。要开好"会前会"，会议方案推演是会议筹划中的一项重要活动，可以进一步查漏补缺。

（2）现场演练。在活动正式举办前，进行的包含所有演出要素的排练，特别是颁奖、揭牌等环节，领导上场、落座等，都要有引导，让参加引导的工作人员熟悉流程、演练流程。

171. 如何做好会前检查 ✎

习近平总书记指出，"无论办文办会办事，都要一丝不苟、严谨细致、精益求精，于细微之处见精神，在细节之间显水平"①。细节在办会中的重要性不可忽视，它直接影响会议的顺利进行和会议效果的达成。会前需对会议筹备各项任务登记造册，形成检查清单，实行台账管理，逐一对单销号。逐项检查会场准备情况，及时查漏补缺。

（1）查线路。重点检查会场交通是否畅通，安全通道是否正常，沿途清洁卫生、点位衔接、引导人员、场景布置是否落实到位等。

（2）查会场。重点检查会场布局是否符合规定，会务茶具、相关物品是否摆放到位，环境卫生是否干净整洁，灯光及话筒、投影等设施设备是否运行正常。

（3）查座位。重点检查领导桌签是否与会议方案所列一致，摆

---

① 习近平. 办公厅工作要做到"五个坚持"[J]. 秘书工作，2014（6）：4-8.

放顺序、摆放位置是否规范；检查座椅有无污渍、灰尘、图钉，座椅间距是否合适等。

（4）查材料。重点检查会议议程、主持词、讲话稿等资料是否齐备，特别注意主持词、欢迎词、讲话稿、工作报告之类因人而异的材料是否与发言人座位对应。

172. 如何掌握到会情况 🖎

及时、准确了解参会人员到会情况，避免因人员不齐导致的等待时间和议程延误，有助于追踪会议任务的分配和执行。

（1）明确签到方式。会议签到是统计参会人员到会的一种重要手段。签到的方式方法很多，比如签到簿、签到证、扫描二维码、座次签到等。

（2）清点实到情况。根据签到情况，动态统计到会情况。

（3）报送到会情况。会议主持人一般都会在会前询问人员到会情况。工作人员要主动报告，不要等到领导问的时候才说我马上清点一下。

（4）提醒未到人员。安排人员在会前提醒参会人员，掌握预计到会时间。

173. 如何慰问会议代表 🖎

大中型会议的部分会议代表可能来自基层或者外地，会务组可以协调领导在会前走访慰问会议代表，了解其对会务工作和会议的意见建议、相关需求等。

（1）安排领导看望。会议开幕前一天下午或者晚上，大会主办方领导以及会议所在地区的有关领导，可到会议代表住宿房间看望，以示欢迎。特别是重要嘉宾，德高望重的老领导、老同志，被表彰人员或单位代表、基层单位代表等。

（2）领导即席讲话。看望代表的主要领导，要向代表们致以亲切的问候，对他们做出的贡献表示衷心感谢；强调召开本次会议的意义和目的，对代表提出希望；征求代表的意见和建议等。

174. 如何分发会议材料

会议材料是会议内容的重要承载工具，通过分发会议材料，可以确保所有参会人员提前准备，并能够在会议中更有效地参与讨论。

（1）会前领取。会前通知参会单位（人员）派人提前领取。

（2）现场发放。在会场签到时一并发放。

（3）提前摆放。提前放置到参会人员座位上。

对摆放在主席台上的材料，要从头到尾检查顺序和页码，整齐摆放，确保不出差错。对于涉密文件，要严格按照相关保密规定编号登记，及时收回或提醒按保密规定流转、保存，防止泄密。

175. 如何把控会议程序

把控会议程序不仅是确保会议顺利进行的基础，也是提高会议效果和团队协作的关键。通过有效的会议程序管理，可以最大化会议价值，促进组织目标的实现。

（1）会议开幕。开幕会是一些大型会议的第一个正式环节，也是备受关注的环节。

（2）会议讨论。会议讨论是参会人员交流参会收获、获取会议精神、研究工作问题、达成意见共识的重要途径，组织好讨论的关键在于选好召集人、确定讨论程序、指定发言与随机发言结合、控制发言时间等。

（3）会议闭幕。会议闭幕是对本次会议的总结。

开幕式还是开幕会，常常混淆。开幕式，是指重大活动前的仪式和表演，比如运动会开幕式。开幕会，是指重大会议召开前的仪式，比如中国共产党第二十次全国代表大会开幕会。同理，闭幕会与闭幕式也有区别。

176. 如何安排会议报道 ✎

会议宣传报道是一种基本的新闻形式，在媒体上经常出现。通过广泛的宣传推广，可以吸引更多的参会者和关注者，同时扩大会议影响。

（1）宣传渠道与方式。一是电视、报纸、标语等传统媒体。二是本单位网站、微信公众号、微博，以及抖音、快手等新媒体。

（2）传播内容和节奏。一场会议的完整传播应该覆盖会议筹备期的预热宣传、会议期间的集中引爆宣传和会后的复盘宣传等。不同的传播阶段需要提前准备不同的传播内容，负责会议报道的工作人员一般要在会前准备好通稿，根据会场情况进行修改完善，会后第一时间发布。

（3）做好接待与安排。预留媒体工作人员座位，会场考虑媒体机位是否占用相关座位。

177. 如何做好会议记录 ✎

会议记录是对会议情况的真实记载，客观反映会议的内容和进程，是形成会议纪要、简报的重要素材，检查会议决定事项执行情况的依据，也是重要的文书档案材料。一般用于比较重要的正式的会议。

（1）会议记录的作用。主要体现在以下几个方面。

一是工作依据。传达、贯彻会议精神，执行会议决定的依据。

二是材料基础。撰写会议纪要、简报、总结报告的基础。

三是档案备查。重要档案材料保存，查证当时会议情况。

（2）会议记录的内容。包括会议议题、领导报告、讨论情况、形成的决议和主持人的总结等。这一部分是了解会议意图的主要依据，是会议成果的综合反映，是日后备查的重要部分，要着重记录。

会议主体部分的记录方法有详细记录、摘要记录和议决记录三种。

一是详细记录。用于重要会议。会议讨论、研究的问题比较复杂，要求尽可能地记下发言者的原话，最好记下发言者的语气姿态。记录时应把握以下三点。

第一，记载会议中的争议问题、分歧意见时，应将争议、分歧的焦点及有关人员发言争论的观点详细记下。

第二，记载会议中的关键问题、要害问题时，应将有关人员的发言详细记下。

第三，记载会议决议时，应详记表决情况，对异议、弃权等情况要予以实录，以备查考。

二是摘要记录。用于一般会议。在没有分歧和争议的情况下，只需摘记关键和重点，即在会上报告了什么事情，讨论了什么问题，做出了什么决议，等等。

三是议决记录。只记会议议题和议决事项，不记其他内容。这种形式的会议记录与会议纪要的写法接近。

以上三种记法，哪种适宜，要根据会议的性质和内容来决定。

会议结束，要另行空两格写"散会"字样。在会议记录的右下方，由会议主持人和记录人签名，以示负责。

（3）会议记录的注意事项。

一是做好工具备份。保障笔墨纸张充分，文字记录加上录音备份，便于后续整理材料。

二是印制专用纸张。可将会议记录固定要素印成表格式，比如会议主题、届次、时间、地点、主持人、参加人员、列席人员等项目印好。

三是内容准确完整。内容真实、准确、全面、完整，不能随意增删改动。要忠于原话，特别是表决时的赞成意见、分歧意见、反对意见和保留意见等，都应尽量记录原话。

四是信息严谨规范。涉及时间要用年月日，不宜只写月日。涉及人名的应写全名，不宜只写姓加职务或职称。

五是文字清爽易认。存档的手写会议记录，基本要求是别人能辨认。

六是妥善保管记录。遵守保密纪律，及时归档。其他单位和人员借用、使用要履行审批程序。会议记录一般不印发。

178. 如何编制会议简报 ✎

会议简报是交流会议讨论情况、反映会议动态、体现会议精神、保存历史资料的重要手段和载体。一份高质量的简报是一次高水平大会不可或缺的组成要素。会议简报又称"会议动态""会议简讯""会议快报"等。

（1）写作要求。主体部分主要包括标题和正文两部分内容。

标题。同其他简报一样，多有专门设计的固定版式，由会议名称＋文种类别（简报）组成。如果想要题目靓丽一些，可以提炼会议的主题内容作为简报的标题。

正文。根据具体情况，通常有以下三种写法。

一是综述法。采集各方面的言论、意见加以概括，相当于一份会议的综合报道，全面反映会议进程、出席情况、会议发言和议程等。

二是重点报道法。着重反映会议的某个重要报告的内容、小组讨论情况或一个与几个人的发言等。

三是摘要法。摘录代表的发言，供与会者参阅。

（2）编印要求。组建工作专班，负责信息收集、稿件撰写、编制分发等。履行编审程序，简报组整理编辑、修改订正，送相关领导审定签字再发放。把握时间节奏，及时反映、适时推介会议情况。减少纸质简报资料，实现简报资料网络传输和网上办理。

179. 如何做好食宿保障

会议食宿保障不仅是确保与会人员基本需求得到满足，更是关系到会议成功与否的关键因素之一。连续召开几天，并且有外地同志参加的会议，一般都要做好食宿安排。

（1）用餐。根据用餐标准和人员情况，确定自助餐、桌餐等用餐方案，合理安排陪餐人员。提前掌握与会人员对饮食是否有特殊要求。

用餐标准。会议用餐安排要根据与会者的情况和会议组织方的经费预算综合确定就餐规格，一定要符合相关要求。

用餐方式。重要嘉宾一般实行单独宴请的围餐式，一般嘉宾占大多数，到会时间不确定，可以提前发放餐券，安排自助餐。

菜品安排。要考虑地域口味，照顾不同地区、不同民族与会者的饮食习惯、风俗禁忌。要体现地方特色，提供品种丰富、美味可口、干净卫生的饭菜，本地的特色小吃和家常菜必不可少。

（2）住宿。要根据出席会议的名额，提前编定住宿分配方案，等参会人员一到立即安置。根据参会人员的职务、年龄、性别和房间条件综合考虑。同一单位的人员尽量安排在同一层楼。

180. 如何做好卫生保障

在组织会议之前，评估会议期间可能出现的各种医疗卫生风险，采取相关措施，为参会人员提供安全健康的环境。

（1）开展消毒检查。对人员聚集的场所提前开展消杀，清除不卫生的设施设备等。

（2）设立临时场所。在会场附近设置医疗值班点，或者选择会场周围的医院作为会议定点联系医院。

（3）配备医务人员。抽调医生、护士，以及食品检验人员。

（4）准备常用药物。感冒、腹泻、中暑，以及心脏病、高血压等常用药。

（5）关注特殊群体。特别注意参会人员中的伤病残疾和年迈老人。

181. 如何做好通信保障

会议通信保障不仅关乎技术层面的稳定和安全运行，还涉及信息安全保护、应急响应能力以及用户体验等多个方面，对于确保会议顺利进行和达到预期效果至关重要。为了降低成本、提高效率，诸多会议（活动）线上线下同步进行，对通信设施设备提出了更高要求。

（1）增设通信设施。人员较多的会场，要联系运营商增加通信设施，确保电话、网络畅通。

（2）选派技术骨干。成立通信保障小组，选派精干技术力量参加维护和现场处理。

182. 如何有序调度车辆 ✎

大型公务活动重要嘉宾多、参加人员多、活动项目多，车辆的组织、调度、安排是整个活动中的重要环节之一，如果组织安排合理，会使整个活动井然有序，否则就可能出现场面混乱问题，影响到整个活动的进程和效果。

（1）车辆选择。大型活动一般使用大型或中型客车作为接待车辆，为了方便识别和指挥，也便于现场人员组织调度，更为了方便车队在活动场馆、参观考察点停靠和在城市道路行驶，尽量挑选同一车型，编成一个或若干个车队，对每辆车编号。

（2）安全检查。要求所有接待车辆出具交通管理部门车辆安全检测线的安全检查情况，确保油量充足，车内车外整洁卫生。

（3）培训司机。挑选政治可靠、责任心强、综合素质高、驾驶经验丰富、服务态度好的驾驶员，进行安全礼仪等相关知识（特别是保密知识）的培训。

（4）熟悉路线。必须"踩点"熟悉道路状况、行车路线、行驶时间，前往各活动场馆、参观考察点的道路是否适合选定车辆通行，车辆在各活动停车场地如何停放等。

（5）专人引导。每一辆车配备一名志愿者，引导参会人选按照提前编制的乘车方案，车等人，对号上车。

（6）随车服务。根据需要配发随车服务盒，封面大多印有本地区的标志性建筑或景观以及宣传用语和接待部门名称，一般都是长方形的扁盒子，方便放进车辆座椅后的置物袋中，配合瓶装水或者茶杯使用。

（7）应急预案。准备好机动备用车辆，一旦需要，能够迅速补位，确保活动顺利有序进行。

183. 如何保障会议用电 ✎

会议期间，电力供应的稳定性直接关系到会议的正常进行。

（1）对接供电部门。发送正式函件，请求当地供电部门予以电力保障。

（2）检查电力设施。本单位组织专业人员检查相关设施和线路，排查隐患。

（3）做好电源储备。自备发电机组，应对紧急情况。

184. 如何做好茶水服务 ✎

茶水服务是会务必不可缺的部分，训练有素、姿态优雅的茶水服务人员，将是会场上一道亮丽的风景线。

（1）茶具要求。统一、干净、完美，忌用破损或花色不同的茶具。提前检查、清洗消毒。一般用瓷质盖杯，不使用一次性纸杯。如果有瓶装水，应使用统一的品牌、包装、容量。

（2）冲泡要求。放茶叶时，不能直接用手抓，用茶叶匙或者茶叶夹取茶，以便掌握茶叶量。为达到最佳口感和色泽效果，注意不同茶叶对水温的不同要求。绿茶不宜用100℃的沸水冲泡，一般以80℃左右水温为宜（将水烧开再冷却后的温度）。茶叶愈嫩愈绿，冲泡水温愈低，这样泡出的茶汤才会嫩绿明亮，滋味鲜爽。红茶用100℃的沸水冲泡，每杯150～200毫升水约放3克茶叶。常言道"茶满欺人"，水量一般为水杯的七分满即可。

（3）上茶要求。两个客人时，可以用手直接端给客人。如果两杯以上，应使用托盘，左手托盘，右手摆放。会议服务时，一般事先在每个座位上放好茶杯，杯内放好茶叶，这种情况下的上茶就是上水。不能在人员前方上茶，应在左后侧或右后侧。倒茶续水，先主席台后观众席，先客人后主人，先一号领导后二号领导。有盖的杯子，用右手中指和无名指夹住杯盖上的提钮，轻轻抬起，大拇指和食指将杯子拿起，不能将杯盖放在桌上。会中一般每隔 15～30 分钟续一次水，根据饮水情况灵活处理。

185. 如何安排接见合影

（1）场外合影。领导接见与合影，可以安排全体与会人员参加，也可以只安排其中的部分代表参加。接见和合影可以在大会开始之前，也可以安排在会议结束以后。单独在会场外合影，要排好座位、搞好现场指挥。事先协调是否有领导讲话。

（2）场内合影。为了节约时间，提高会议实效，也可以在会场内拍照，参会人员在座位上即可。合影后的照片，应在上方标明会议名称、时间、地点等文字信息，尽可能在代表例会前发给参会人员。

186. 如何加强会议安保

会议安保工作主要由公安、保卫部门具体负责，办公室要对会议安保工作提出明确要求。

（1）制定安保预案。先期对大会全程线路，尤其是重点复杂路段进行现场勘察和安全检查，对发现的安全隐患及时整改，并根据活动特点结合社会参与度等各类因素，在全面做好预警研判和风险评估的基础上，科学制定安保方案和现场处置预案，全面做好场地、人身、物品安全检查和会议现场内外的秩序维护等工作。

（2）维护交通安全。合理规划参与大会车辆的行车路线和停车区域，活动现场车辆行、停有序。以流动人员和固定人员相结合的方式强化活动现场及周边道路交通管理，创造良好的道路交通环境，为活动现场各类应急情况的处置提供交通保障。

187. 如何维护会场秩序 ✎

会场秩序包括会场外秩序和会场内秩序。安排人员场内、场外值守。

（1）入场秩序。会议召开时，在会议室门口安排专人值班，防止无关人员进入会场。会场内禁止大声喧哗。安排专人到会场清点人数，对迟到、缺席者进行登记。

（2）会中秩序。发现会场内不遵守纪律的行为，予以提醒和制止，避免出现"上面开大会、下面开小会"现象。

（3）散会秩序。会议结束时，安排工作人员引导与会者有序离场，到指定地点参加下一项活动或者离会。

188. 如何安排会议音乐 ✎

会议现场的背景音乐，不仅可以掩盖噪声，还能营造出轻松和谐的气氛。

会议不同环节，应该选择不同的音乐。

（1）暖场签到。营造轻松和亲切的氛围，可以用《步步高》《花好月圆》等欢快的曲目。

（2）启动开幕。以大气、激动人心的音乐为主，调动与会人员的情绪及现场气氛，可以用《欢迎进行曲》《万事如意》等曲目。

（3）嘉宾入场。领导步入主席台、嘉宾进入会场时，可以用《欢迎进行曲》《迎宾进行曲》等曲目。

（4）中场休息。以轻柔音乐为主，舒缓神经、放松心情、调节气氛，让与会者为下一场会议做好准备，可以用《天空之城》等曲目。

（5）颁奖。以喜庆欢乐音乐为主，可以用《喜洋洋》《万宝路进行曲》等曲目。

（6）离场。会议结束，以行动力、励志音乐为主，可以用《欢送进行曲》等。

会议音乐要依据会议的不同类型来选择，可以准备 2～3 首，在彩排的时候对比确认，做到有备无患。

党的会议通常会在开幕时奏（唱）《国歌》，闭幕时奏《国际歌》，会前和会中根据情况选择合适的音乐。

（1）参会人员步入会场时，一般选用《欢迎进行曲》曲目。比如党员代表大会、党员大会、庆祝大会等。乐曲响起，就标志着大会即将开始，提醒到会人员尽快就坐，保持肃静，自觉遵守会风会纪。因此在播放该乐曲时，播放人员可以适当将音量调大；会场服务人员也可以利用这个时机，帮助还未就坐的参会人员尽快就坐，并做好会风的提醒工作；引导人员应当待会场会风整理完毕后，再引导领导入场。

（2）主持人宣布大会开幕后，一般奏唱国歌。根据《中华人民共和国国歌法》规定，奏唱国歌时，在场人员应当肃立，举止庄重，不得有不尊重国歌的行为。奏唱国歌时，使用合唱版还是伴奏版，并没有明确规定。如庆祝中国共产党成立 100 周年大会，为现场效果考虑，使用了合唱团领唱；党的二十大开幕，采用的是伴奏版。

示例：

主持人：×××××大会，现在开幕。

主持人：请全体起立，奏唱《中华人民共和国国歌》。

（3）主持人宣布大会闭幕前，一般奏《国际歌》。《国际歌》的歌词记录着国际共产主义运动的坎坷曲折，展示了无数无产阶级战士的坚贞不屈，阐释着共产主义理想的崇高伟大，奏《国际歌》起着铭记作用。从中共三大（1923年6月）起，每次中国共产党全国代表大会及地方各级代表大会闭幕时，党的重大活动结束时，都会奏《国际歌》。对于《中华人民共和国国歌》的要求是奏唱，既要播放乐曲，在场的人员还应当歌唱。《国际歌》的要求是播放乐曲，并未要求在场人员歌唱。

示例：

主持人：请全体起立，奏《国际歌》。

（4）党内选举投票时，一般选用《步步高》曲目。比如，党的二十大在投票环节使用的就是《步步高》曲目。

（5）颁奖环节，一般选用《颁奖进行曲》曲目。

（6）主持人宣布会议结束时，一般选用《欢送进行曲》曲目。

189. 如何做好离会安排 ✎

和报到时不同，会议结束后人员离会往往比较集中，如果是大型会议在短时间内需要大批车辆送站，因此会议组织者应当提前安排足够的车辆和人员服务。工作人员根据来宾行程合理分配车辆，保证参会人员能及时到达车站或机场，以免延误行程。

（1）送别与会人员。安排相关领导和专门工作人员，在会场外、宾馆门口欢送参会人员离开。对于一般的参会者，可安排礼仪或工作人员送行；对于身份特殊的参会者（如上级领导、重要嘉宾），应当安排身份对等的人员送行。

（2）安排暂留人员。由于各种原因，有部分人员在会议结束后暂时不离开，需要主办方继续做好服务工作，妥善安排住宿、饮食和出行。暂留人员中有一部分是外地人员，如果有旅游需求，会议主办方应给予必要的协助。

190. 如何清理会议材料 🖉

会议结束后，应第一时间清理会场，整理会议文件。

（1）清理会场。重点清理横幅、旗帜、桌签等物品，相关设施设备归位或归还。本着节俭的原则，一些物品可以回收再利用。

（2）整理文件。会后将会议所有文件包括会议方案、通知、须知、简报、发言材料、领导讲话等收集起来，按顺序装订成册，以备查看。如有录音、录像资料，应尽快收集整理。如有涉密材料，要逐份清查回收，需销毁的要及时处理。

191. 如何编印会议纪要 🖉

会议纪要是根据会议情况、会议记录、会议文件以及其他有关会议材料，综合整理、精细加工而成的一种概括性强、凝练度高、指导性强的法定公文，具有情况通报、工作指导、执行依据的作用。

根据会议性质的不同，纪要可以分为两类，即办公会议纪要和其他会议纪要。

（1）办公会议纪要。用以传达机关、单位召开的办公会议研究的工作、议定的事项和布置的任务，要求与会单位和有关方面、有关人员共同遵守、执行。

标题。一般为会议名称加纪要的形式，如《××市人民政府2023年第×次市长办公会议纪要》，或者事由加纪要的形式，如《关于综合治理××地段社会治安现场办公会纪要》。

正文。可以分为两部分。

第一部分是会议组织情况。可以简要地逐一写出会议时间、地点、出席人员（必要时注明所在单位）、主持人、列席人员、缺席（请假）人员、记录人等，有的还写明主要议题。办公会议纪要常用这种写法，以备查考，作为有关部门执行纪要的依据。如果与议决事项关系不大，这部分也可以写得概括、简单一些，只概述主要情况就行。也可将出席、列席、（缺席）请假人员罗列于正文会议议定事项之后。必要时请假缺席人员名字后面加括号简要注明请假理由，以明确责任。

第二部分是会议议定事项，这是纪要的主要部分。要写明议定的事项、研究的工作、作出的决定、布置的任务、将采取的措施等。若会议涉及内容较多，这部分可采用决议式写法，分条列项，简明扼要、严谨有序地写明会议议决的事项。若研究的事项比较单一，这部分亦可采用概述式写法。

根据会议实际情况，办公会议纪要可一文数事。

（2）其他会议纪要。这是指专门工作会议、专题讨论会、座谈会、学术研究会等会议形成的纪要。这类纪要，有的起通报会议情况的作用，使有关人员尽快知道会议的基本情况和主要精神；有的具有指导作用，它所传达的会议精神是指导有关方面开展工作的。

标题。除可采用办公会议纪要标题的两种形式外，还可采用新闻式双标题，如《齐抓共管，综合治理——××市青少年教育研究会纪要》。

正文。包括会议组织情况和会议主要精神两部分。

会议组织情况部分，简述会议时间、地点、出席人员、中心议题和议程等。

会议主要精神部分，可以写会议召开的背景和对当时形势的简要分析、估计；会议的指导思想和议题；会议报告、讲话的主要精神要点，对会议议题的讨论情况和与会者的反映；会议形成的共识和会上提出的意见、建议（包括学术会上的各种不同意见）以及贯彻会议精神的要求等。

不同类型会议纪要可以各有侧重，但都须写得简要、具体、准确、清楚。这部分常采用概述式写法，用贯通式结构概括、综合地反映出会议主要精神和基本内容。也可采用分项式写法，用分条文、分部分或列小标题的形式，写明会议讨论的主要问题、研究的主要工作、形成的统一意见和作出的各项决定等。专题讨论会、座谈会等需要了解与会人员不同意见的会议纪要，采用发言提要法，把会上具有典型性、代表性的发言加以整理，提炼出内容要点和精神实质，然后按照发言顺序或不同内容，分别加以阐述说明。

（3）相关要求。会议纪要是对会议全部材料的概括、综合和提炼，写好纪要必须注意以下问题。

广泛搜集会议材料，全面掌握会议情况，按照会议精神和领导意图，对材料分类和筛选。

篇幅不宜过长，语言要简明扼要。叙述中可以适当引用与会者的发言，以增强真实性。不用第一人称而用第三人称叙述，如"会议认为""会议指出""会议强调""会议号召"之类。

办公会议纪要一般用会议纪要的专用版头形式刊发，不加盖发文机关印章。其他会议纪要则多用通知转发或印发。

192. 如何评估总结会议 ✎

每次会议结束后，要及时、客观、准确地做好评估总结。

（1）评估会议工作。一是按照要素，对会议主题、会议时间、会议地点、开会方式、会议议程、参会人员、会议材料、服务保障、经费使用等进行评估；二是按照时间顺序，对会前筹备、会议组织、会后工作进行评估。制定评估方案、确定指标体系、收集分析数据、实施评估是一个系统工程，需要统筹考虑、分步实施。

（2）总结会议工作。系统梳理、分析会议基本情况，获得的成功经验，存在的问题与不足，以及下一步的整改措施。还可以收集整理参会人员对会议的意见建议，为以后进一步改进会务工作提供借鉴。如需专门总结的，将总结连同其他会议文件一并归档。将会议决定事项办理情况列入督查督办工作中，确保会议精神及时落实。

不管是办会还是办文办事，都应该及时复盘，因为工作的"余温"尚在，现场的反响也在，这个时候复盘可谓"趁热打铁"，可以避免今后发生重复性错误。复盘必须动笔，不管是长篇大论，还是几句心得，必须形成文字。正如乔羽先生所言，"看别人的，写自己的"。坚持复盘、用心复盘，是提升工作水平的法宝。

193. 如何传达会议精神 ✎

会议是一种集思广益、共同决策的方式，传达会议精神可以有效推动会议决策在实际工作中的贯彻执行。

（1）传达时间讲速度。及时收集整理会议材料，吃透会议精神和要求，提前酝酿传达内容，会后第一时间传达。

（2）传达内容讲准度。准确全面学习领会会议精神，坚持原汁原味传达会议精神，不要添油加醋、断章取义、趋利避害。

（3）传达范围讲效度。根据会议所涉及工作任务的相关性，将会议精神传达给一定层次和范围的人员。根据不同群体，确定全面传达还是要点传达。

（4）传达方式讲力度。根据会议内容和要求，确定相应传达方式。一是新闻发布会，在发生重大的具有影响力的事情时，向新闻界公布信息，借助新闻提升该组织形象的会议。二是专题部署会，集中学习会议精神、安排部署工作措施。三是巡回宣讲会，遴选政治素质好、理论水平高、演讲能力强的领导、专家以及骨干，开展宣讲活动。

194. 如何跟进会后工作 ✎

会后跟进工作有助于确保会议中形成的决议得到执行和落实，也是提升办公室工作效率的重要手段。

（1）制定落实方案。在全面准确领会会议精神的基础上，制定科学可行的会议决定事项落实方案，一般包括指导思想、目标任务、工作原则、主要措施、责任单位、完成时限、组织保障等要素。

（2）报告落实情况。及时报告会议决定事项的落地落实情况，便于上级领导了解信息、协调问题、推动工作。一般要报告工作进展情况、取得的阶段性成绩、急需解决的问题、下一步的打算。可以采取书面报告、会议报告、口头报告等方式。

（3）督办落实工作。不能把抓落实当成临时工作，要建立督促检查长效机制。督办的目的在于确保会议决定事项全面高效完成，及时发现问题和解决问题。可以采取专项督办、联合督办等方式。

195. 如何落实会议要求 ✎

会后不落实是典型的官僚主义。不能简单以会议贯彻会议、以文件落实文件，表态多、调门高，在实际工作中不见诸行动。只有切实把会议精神转化成具体工作目标、任务、项目，才能真正达到贯彻落实会议要求的目标。

（1）从目标和任务层面抓落实，明确责任主体。大目标分解为若干小目标，大任务分解为若干小任务，把原则要求转化为操作措施，明确牵头单位、参与单位，防止目标任务出现盲区。

（2）从事项和项目层面抓落实，避免大而化之。将一件一件事项转化为可实施的项目，每件事都有几个具体项目作支撑。

（3）从量化和时限层面抓落实，明确时间节点。量化指标和时限要求分得实分得细，可以避免抓落实的随意性。

第八章　沟通协调

196. 办公室协调工作有哪些 🖉

在综合协调方面，办公室要沟通联系上级部门，协调内部单位，确保政令统一，形成工作合力，全面推进各项工作高效运行。

（1）关系协调。按照方向分为纵向协调、横向协调，纵向协调涉及对上和对下，横向协调涉及对外和对内。

（2）政策协调。主要有议事协调机构，制度"废、改、立、释"等方面。

（3）事务协调。主要涉及会议组织、来访接待、保密工作、突发事件等方面。

197. 如何做好纵向对上协调 🖉

纵向对上协调，主要指办公室与上级领导或者指导部门的联系，办公室与本单位领导的联系。

（1）协调上级单位领导，重点做好两个方面的工作。第一，上级的工作安排，要贯彻落实到位，把自上而下的要求落到实处、见到实效。第二，本单位工作情况，要主动对接汇报，把自下而上的信息及时报送、下情上传。不管是学界，还是业界，都应该有知音、有朋友，以便及时了解、掌握相关政策和动态，为领导科学决策提供参谋服务。

（2）协调本级单位领导，要遵循基本原则和要求。第一，了解领导，理解领导意图。领导意图，既反映了领导对某项工作的思想和要求，又体现了其独特的领导艺术、思维方法和处事原则。办公室干部，无论是决策之前当参谋、提建议，还是决策之后传达实施、抓好落实，都必须把领导意图理解准、领会透，使之得到有效贯彻落实。第二，换位思考，力求思路同步。跟进领导的"视线"，搞清楚一段时间或一项工作，领导最关注的是什么，这样才能跟上领导的思路，理解领导的思路，落实领导的思路。处处留心皆学问。办公室干部能够在很多场合听到领导讲话、聊天、谈事。就餐时，走路时，坐车时，乘机时，聊天时，都需要我们时刻保持思维警觉，时时把耳朵竖起来，听得细一些、多一些，想得细一些、多一些。多记载，多思考，真正做到说者无意时听者有心，说者有意时听者更有心。利用和领导空间距离近的便利条件，熟悉领导的工作和生活习惯，向领导汇报自己的一些不成熟看法等。第三，拾遗补阙，常为领导分忧。领导被什么难题困扰着，办公室干部能及时出谋划策，为领导排忧解难。领导来不及考虑的问题，能提前想到；领导想到的问题，能具体细化；领导担心的问题，能提前预见；领导希望解决的问题，有破解的锦囊妙计。

198. 如何有效请示汇报工作 ✎

（1）把握原则。第一，数据原则。内容有依据，不道听途说，各种数据烂熟于心。第二，简洁原则。不拖泥带水，一般不超过三点，言多必失，尤其是跟领导独处时。第三，结果原则。多讲结果，胜于讲过程。先报告工作结果，然后适当讲过程中克服的困难。第四，对策原则。汇报问题，有对策建议，请领导做选择题、拍板定事，而不是问领导怎么办。

（2）建立机制。主动汇报的五种情况：第一，进度。凡是涉及工作的重要步骤要让领导知道，因为领导在很多时候需要知道这个工作进展到哪一步，并不是每一个领导都只看重结果的，有些时候过程也非常关键。第二，困难。如果在工作当中遇到一些解决不了的困难，也需要第一时间向领导汇报。第三，问题。当遇到无法解决的问题时，一定要主动向领导汇报。汇报工作过程中一定要带着自己的方案，请领导做决策。第四，结果。在汇报时要把当下的成效、结果报告清楚。第五，建议。说出自己的想法和建议，体现自己的深度思考。

（3）理清思路。参照"5W1H"要素：who，向谁汇报？一个人还是几个人？what，汇报什么？重点内容？逻辑顺序？why，为何汇报？要达到什么效果？when，何时汇报？对方是否方便？汇报多久？where，何地汇报？how，如何汇报？当面、书面、口头、电话、短信还是邮件？

（4）选择方式。第一，会议上汇报，相对比较公开，除了领导在场，可能还有其他单位的人员。第二，办公室汇报，相对比较私密，有可能就是汇报人在领导办公室单独向领导汇报。第三，偶遇式汇报，相对比较随意，没有确定的时间和场合，在随便谈话中或者席面上，不固定内容的汇报。这种汇报虽然看似不正式，汇报人也要慎言慎行。由于时间和空间的限制，有时是当面汇报，有时是电话汇报、短信汇报。一个基本原则是，当面汇报优先，电话、短信汇报次之。当面汇报的时候，要根据情况，可以口头汇报和书面材料相结合。

199. 如何做好领导活动协调 ✎

领导活动具有很强的计划性、针对性和时效性，安排领导活动是办公室的重要工作，也是常规工作。

（1）基础环节，编制每周工作安排。每周五下午，可以收集每位领导下一周的活动安排，最迟周一整理汇总，同时报送给主要领导。后续有临时调整和变动时，及时呈报领导。

（2）日常环节，核对次日工作安排。计划中有变化，上级会议安排、临时工作调整等，都可能影响原有安排，每天下午安排工作人员核实领导次日活动安排。

（3）具体环节，盯住当日工作安排。每项活动开始前，工作人员要提醒领导，或者陪同领导，确保不出差错。

（4）记录环节，记录实际工作安排。领导活动是新闻报道、单位大事记的重要素材来源，办公室工作人员要配合宣传部门作好宣传报道。

在安排领导活动的时候，还有诸多细节需要注意。多个活动之间的衔接，要预留出时间，遇到前一个活动有拖堂的情况，要提醒领导，或者与后续活动举办单位沟通调整。出行的具体时间和地点，一定要和领导确认好。如果还有随行人员，他们如何到达目的地，办公室也要做好通知安排。本单位内部的活动，办公室还要指导承办单位做好准备工作，提前审阅活动安排、查看会场准备等情况。如果是参加外单位活动，要提前把活动安排报领导知晓。

200. 如何邀请领导出席活动 ✎

以学校为例。为加强学校领导与各二级学院、各部门的联系，促进邀请校领导参加各二级学院、各部门活动的规范化，提高工作效率，保证有关活动顺利进行，某高校作了如下规定。

（1）本规定中涉及的活动是指校内各二级学院、各部门主办、承办或与校外有关单位联合举办的各类活动和会议。由学校党委、行政决定组织或举办的全校性重要活动，按照党委、行政审定的活动方案安排校领导出席。

（2）确需校领导出席的重要会议和活动的安排，均由学校办公室审核，并组织安排落实出席的校领导。

（3）各二级学院、各部门组织的对外接待活动，按照对等原则安排校领导出席，党委、政府部门厅局级以上领导、重要专家及兄弟院校党委书记、校长来校视察工作、调研、访问、交流等活动由学校党委书记、校长出席，并根据情况安排其他分管校领导参加；党委、政府部门处级以上领导及兄弟院校副校级领导来校视察工作、调研、来访、交流等活动由分管校领导出席，相关职能部门负责人参加。

（4）各二级学院、各部门组织的校内活动，可根据实际需要直接联系邀请分管校领导。学校办公室主要根据活动的影响和重要程度协调其他校领导出席。

（5）凡副厅局级以上（含副厅局级）领导到我校参加各类活动，各有关部门和单位应及时向学校办公室或有关校领导报告，并做好相关接待工作。

（6）校内各单位拟邀请学校领导出席重要会议、参加重要活动，应提前将活动的时间、地点、内容、规模、背景材料等以书面形式报送学校办公室。需要学校主要领导参加的活动，应提前一周与学校办公室联系；需要学校分管领导参加的活动，应提前3天与学校办公室联系。学校办公室根据工作需要、领导分工等情况，提出意见报请校领导批示，并及时将有关安排通知邀请单位。

（7）邀请单位如需校领导在会议或活动中发表致辞或讲话，应提前3个工作日提供校领导致辞或讲话的代拟稿，根据学校办公室的意见作出修改后，由邀请单位负责人报请参会校领导定稿。

（8）如遇临时或紧急活动，各单位主要负责人可直接与学校办公室联系，确保活动顺利进行。

201. 如何做好领导活动准备 ✎

在确定领导参加某项活动后，办公室要提前会同相关部门，做好各项准备工作。

（1）确定活动具体方案。主要包括时间、地点、议程等，应包括领导出席该项活动的每个细节。

（2）准备活动详细资料。主要包括活动背景、人员情况、发言材料等，使领导心中有数。

（3）检查现场准备情况。活动举办前夕，对照活动安排逐项检查落实，包括行车路线、场地布置、相关设备设施测试等。

202. 如何做好领导活动组织 ✎

（1）提前到达。进一步检查休息室安排、座次及活动准备工作落实情况，并做好迎候领导的准备。

（2）引导服务。活动开始后，要及时提醒领导活动程序，参与引导领导活动路线，办理领导现场交代的各类工作。及时、灵活、妥善处理预料之外的问题。

203. 如何做好领导活动跟进 ✎

（1）跟进新闻报道。提前将领导对新闻报道的要求告知新闻单位，活动结束后督促及时发布。

（2）跟进领导指示。领导部署的工作、提出的要求等，要督促相关单位抓落实并反馈。

204. 如何做好纵向对下协调 ✎

纵向对下协调，主要指协调本单位领导与基层单位和干部职工的沟通交流，要充分考虑基层情况，解决实际困难，争取基层的理解、认同和支持。

（1）走下去。办公室工作人员协助领导走下去，高效开展调研活动。调查研究和领导下访是我们党的基本领导方法和工作方法，是领导干部摸清实情、科学决策的前提与先决条件。习近平总书记曾强调，"变群众上访为领导下访，不是信访工作的唯一形式，也不是越俎代庖，取代基层工作，而是一种思想观念的转变，一种工作思路的创新，一种行之有效的机制，一种发扬民主、体察民情、联系群众的重要渠道。这有利于进一步畅通与基层群众交流沟通的渠道，有利于面对面地检查督促基层信访工作，有利于发现倾向性问题，深化规律性认识"[1]。办公室要将功夫下足下深，保障领导调研下访顺利开展，推动具体任务顺利实施，体现出办公室应有的服务保障作用。调研下访活动，有的是领导定下事项，办公室做好服务保障，有的需要办公室提出建议，由领导参考决定。调研下访活动开展之前，办公室要准备好资料、安排好线路。在调研下访过程中，还要用心参与，多看、多问、多记、多思。调研下访之后，办公室要做好调研备忘，及时跟踪进度，认真总结反思。

（2）请上来。除了走下去，办公室还要广泛收集民生问题，充分吸纳群众意见，通过开门接访、进门约访把群众"请上来"。政策制定是否符合实际，作风问题哪方面比较突出，感受最深的是基层干部群众。"请上来"就是真心实意地拜群众为师、向基层问计，让基层干部和群众讲看法、挑问题、提建议。对于与群众利益密切相关、关注度高的重要事项，办公室要协调处理，切实解决问题。

---

① 习近平. 之江新语 [M]. 杭州：浙江人民出版社，2007：54.

办公室要协调领导，把"走下去"和"请上来"结合起来，从某个程度上来说，"走下去"是领导干部到群众家中去攀亲，而"请上来"就是邀请群众来单位做客。"走下去"与"请上来"有机结合，在实践中不断汲取群众智慧，解决基层问题，真正让基层干部群众分享改革发展的红利，这才是关键所在。

205. 如何做好横向对外协调 ✎

横向对外协调，主要是指与兄弟单位、不相隶属单位的沟通交流。

（1）"走出去"。协调领导带队到地方政府、兄弟单位、知名企业走访交流，开阔视野，寻求更多合作资源和机会。

（2）"请进来"。协调举办重大会议、活动，策划相关项目，主动邀请相关单位来本单位交流合作。

206. 如何做好横向对内协调 ✎

横向对内协调，主要是指本单位部门之间的沟通交流。各部门的岗位职责不同，看问题的角度也不一样，工作中难免会有分歧，办公室要"与其他同级部门建立相互理解、支持、协作、配合的关系"①，围绕大局、围绕目标，确保各项工作顺利推进。

（1）办好协调事。办公室是一个单位的信息交互中心，涉及多个部门联动的事项，面对面、键对键沟通交流比较频繁，相关人员要热情、高效开展协调工作。

（2）开好协调会。办公室是一个单位的综合办事机构，党委、行政授权处理的事务，有些需要办公室组织召开专题会议，进一步明确相关单位的任务分工。

---

① 谢煜桐.办公室实务 [M].北京：红旗出版社，2019：131.

办公室内部协调时，要把握分工不分家、补位不越位的总体要求。分工不分家，就是在集体领导下，明确各个体、各岗位或各单位的工作职责，还要围绕团体工作目标互相支持、密切协调、齐心协力。补位不越位，就是以大局为重，哪里需要补位，就出现在哪里。同时，也要把握分寸，懂得"边界"在哪里，不说不符合场合的话，不做不切合身份的事。

207. 如何调整议事协调机构 ✎

为了完成某项特殊性或临时性任务设立的跨部门的协调机构，1993 年出现于国务院正式文件中，替换了之前所用的"非常设机构"这一提法。

面对重要棘手的临时性任务或突发事件，工作难以分解到单一机构，需要更高级别的领导"挂帅协调"、联合攻关，这是提高行政效率的做法。我们要避免各种领导小组泛滥成灾、"文山会海"现象。

在命名方式上，有领导小组、协调小组、委员会、指挥部等。党委办公室、行政办公室往往是各种议事协调机构的办公室。当一项工作放在哪个牵头部门都不合适的时候，办公室就责无旁贷了。协调机构人员构成主要有两种表述方式：一是部门名称与职务，如组长由校长担任；二是具体到姓名和职务，如"组长、张三 校长"。前者有利于人员岗位有变化时，无需重新发文。

208. 如何做好制度废改立释 ✎

规章制度是一切管理工作的基础，有利于完善内部治理体系，提升内部治理能力，推动单位健康可持续发展。

（1）"废"，是指同一项制度已有新版本施行，旧版本要作废，或现行制度实施的环境改变，旧制度已无存在必要。

（2）"改"，是指现行制度目前整体上适用，但随着新形势、新要求，局部需作修订完善。

（3）"立"，是指现行制度整体上不适用，需重新制定，或由于出现了新情况、新问题、新要求，需要填补制度空白。

（4）"释"，是指现行制度的某些内容在表述上存在模糊性、容易产生歧义，需要进行解释。原则上对此类文件表述不清的地方应进行修订。

209. 如何做好会议组织协调

常委会、行政会、专题会的组织协调是办公室的常规工作，对这些会议的管理都可以作详细规定，编制业务流程标准化手册。以某高校党委常委会为例。

（1）会议议事规则，主要是依据上级文件的规定，进行细化。

（2）议题申报流程。相关单位提出议题、分管领导审核、主要领导审批，办公室相关科室汇总，初步形成议题单，预排会议议程。

（3）议题撰写规范。从标题、结构、字体字号、字数等进行要求。比如，总字数控制在 2000 字以内。PPT 版汇报材料一般不超过 10 页，设计大小为 16∶9 宽屏，内容、结构与文稿版一致。汇报时长原则上不超过 10 分钟。

（4）工作责任清单。详细规定议题申报单位、办公室内部相关科室的职责任务。

210. 如何做好突发事件协调

突发事件，主要指突然发生，造成或者可能造成严重社会危害，需要采取应急处置措施予以应对的自然灾害、事故灾难、公共卫生事件和社会安全事件等。

（1）制定应急预案。国家层面出台了《中华人民共和国突发事件应对法》《国家突发公共事件总体应急预案》等，依照上级法律法规和文件，每个单位都要制定具体方案，牢固树立"人民至上、生命至上"理念，强化底线思维，增强忧患意识，坚决防范化解重大风险，及时应对处置各类突发事件，切实提高安全风险防控能力、应急救援能力、应急物资保障能力，切实保护人民群众生命财产安全，维护社会稳定。

（2）开展风险排查。坚持预防为主，从源头上防范化解重大安全风险，真正把问题解决在萌芽之时、成灾之前。加强风险评估和监测预警，加强重要时间节点、重点领域的安全风险排查，提升多风险早期识别和预报预警能力。

（3）做实培训演练。预案演练要以检验预案、完善准备、锻炼队伍、磨合机制和科普宣教为目的，不断检验、评价和强化应急管理能力，提高应急救援和处置能力。

（4）妥善处理事件。第一，当好"信息中心"，快速报送信息。坚持初报求快、核报求准、续报求全、误报追责的基本原则。第一时间报送信息，第一时间发布信息。全面掌握情况，搞好研判分析，及时整理报告，当好参谋助手。第二，当好"联络中心"，主动对接协调。加强上下、内外联动，主动寻求外部支持，内设临时工作组分工协作。

在处理突发事件的时候，要重视舆情。在大众传播时代，任何有新闻价值的事件，都会在事件发生之后，甚至在事件发生的同时被报道出来，并很快成为媒体关注的热点，引发公众震荡，形成危机。因此，当事组织如果不能在事件发生后第一时间向媒体公布事件真相（就其所知），这个组织就失去了控制事态恶化的最佳战机，以后的挽救要花费百倍的努力。从危机管理角度看，事件发生马上正确处理是危机管理的前提，事件发生马上正确传播则是危机管理的核心。传播的内容不仅要正确，传播的时间还要"马上"。

第九章　公务接待

211. 接待工作应遵循哪些原则 🖊

2024 年 1 月 29 日，中共中央办公厅、国务院办公厅联合发布《党政机关国内公务接待管理规定》（中办发〔2024〕7 号），其中规定国内公务接待应当坚持有利公务、务实节俭、严格标准、简化礼仪、高效透明、尊重少数民族风俗习惯的原则。

（1）有利公务。《党政机关公务接待管理规定》中所指的公务指出席会议、考察调研、学习交流、检查指导、请示汇报工作等公务活动。

（2）务实节俭。公务接待不得安排专场文娱活动，不得组织到营业性娱乐健身场所活动，不得以任何名义赠送礼金、有价证券、贵重礼品和纪念品，不得额外配发生活用品。安排乘车要轻车简从，一般集中乘坐中巴车，尽量减少随行车辆。

（3）严格标准。接待部门应当严格按照接待标准提供住宿、餐饮、交通等服务，尽量压缩接待经费，不得超标准接待。住宿原则上安排在定点饭店或者内部宾馆、招待所，不添置豪华设施，不增配高档生活用品。公务接待一般不安排宴请，日常用餐提倡安排自助餐。确需宴请的，要严格控制陪餐人数。宴请要突出地方特色，以家常菜为主，提倡使用本地烟、酒、饮料等。

（4）简化礼仪。上级领导、兄弟单位同志来本单位考察指导工作，安排工作人员到机场、车站迎送，参加陪同的本单位领导一般在考察点或住宿处迎送。

（5）高效透明。接待活动安排要充分沟通，协商一致，让双方相关工作人员和领导都知悉。

（6）尊重风俗。尊重少数民族风俗习惯是党和国家一项重要的民族政策，包括尊重少数民族传统节日、饮食习惯、丧葬习俗，保护少数民族宗教信仰自由等。

212. 接待工作主要有哪些类型 ✎

（1）高格接待。高格不是高规格，是指陪客比来宾职务高。一是上级领导派一般工作人员向下级领导口授意见。二是本系统同级单位（或业务合作单位）领导派员到本单位商谈重要事宜。三是下级同志来访，有重要情况反映。

（2）低格接待。陪客比来宾职务低，并不是不重视，有些单位和领导习惯低调出行，不希望兴师动众。一是上级领导来本地视察调研。二是老干部、老领导故地重游，或者路过本地作短暂停留。三是外地参观团。

（3）对等接待。陪客与来宾职务、级别相当，这是最为常见的接待。

213. 如何做好上级领导的接待 ✎

（1）接待前做到三个"明确"。一是明确规格。对于上级单位的正职领导，一般由本单位正职亲自出面接待。对于上级单位的副职领导，本单位正职亲自接待，或者正职见面后由副职出面接待。二是明确意图。弄清楚对方是来督促检查工作的，还是来调研指导工作的。三是明确行程。确定从哪里来、到哪里去，什么时候来、什么时候走，要不要开座谈会等。

（2）接待中做到五个"落实"。一是落实陪同领导。如果是本单位正职亲自接待，一般是二级单位正职陪同。二是落实调研点位。确定初选方案，报领导和上级确定。安排路线的时候尽量不走回头路、重复路。三是落实汇报人员。尽量挑选口齿伶俐、业务精通的领导或工作人员作现场汇报。四是落实汇报材料。一种是向领导的汇报材料，另一种是给上级领导的调研汇编资料。五是落实后勤保障。包括沿线卫生、点位准备、食宿安排、车辆引导、新闻宣传等。

（3）接待后做到三个"跟进"。一是跟进宣传报道，报道内容要审核，宣传时间要及时。二是跟进领导指示。针对领导的部署和要求，要有落实方案，并及时反馈。三是跟进收尾工作。总结经验教训，建立详细的台账资料。

214. 如何做好下级单位的接待 ✎

下级单位来人，一般目的有这几种：一是汇报请示工作；二是反映一些重大问题；三是礼节性拜访。主要方式有两种：一是领导要求下级单位来；二是下级单位主动来。

（1）了解意图。如果是下级单位主动找来的，办公室人员要问清情况，尽快向领导汇报，以便答复下级单位。

（2）制定方案。领导确定接待后，办公室人员要安排好时间、地点、议程、参会人员等，形成初步方案，报领导审批。

215. 如何做好新闻媒体的接待 ✎

总体原则是多提供方便，少提供"新闻"。多提供方便主要是指住和行的方便，少提供"新闻"主要是指一些内部情况等，不宜公开的不说。

（1）接待人员。记者来访，除非提前与领导约好，一般由熟悉业务的人员接待，做到热情、主动。

（2）内容提供。对记者要采访的情况，如实慎重介绍，涉密信息要经保密主管部门批准。宣传稿件发布前要请本单位领导审核。

216. 如何做好接待的前期沟通 ✎

做好沟通衔接是接待工作的首要环节，也是重要环节，核心是准确掌握各类信息。

（1）准确掌握活动目的。通过阅读来文或者电话、短信、当面沟通，确认对方意图。

（2）准确掌握单位信息。通过查阅对方网站，或者请对方工作人员提供，获取对方单位基本情况。

（3）准确掌握来人情况。包括人员姓名、单位、职务、性别等。如有女士、少数民族人士，要加以确认，注意人员排序。来人的姓名一定要搞清楚，注意同音字、多音字等。比如，对方姓"章"，容易误写/听成"张"，对方姓"阳"，容易误写/听成"杨"，对方姓"符"，容易误写/听成"付"。电话联系的时候，一定要问清楚。同时还要注意对方人员变动情况。

（4）准确掌握行程安排。往返的时间、地点、交通工具，相关活动要求，做到无缝衔接。

（5）准确掌握食宿禁忌。由于民族文化、风俗习惯、个人身体等诸多因素影响，个别人员的生活习惯、饮食起居有忌讳，要了解准确。

（6）主动问询其他事项。形成沟通事项清单后，还要主动询问对方联系人，是否有需要协助的事项，随时调整优化接待方案。

217. 如何撰写好接待工作方案 ✐

接待方案的撰写，尤其需要思虑周详、照顾全面，既把握大局，又照顾细节，对可能出现的意外情况也应有所预备。只有这样，才能做到万无一失，令接待活动的双方都满意、愉快，从而使接待活动的真正目的得以充分实现。

（1）标题。一般用"关于××××（会议或活动）的接待方案"，或"×××（单位）关于××××（会议或活动）的接待预案"。标题中可以不出现接待单位的名称，但是不能只写"接待方案"几个字。

（2）正文。开头部分，简要说明本次接待工作的重要性或目的意义，提出接待工作的总要求。主体部分，写明接待的规格、形式；迎送安排；学习、参观活动安排；食宿安排；其他（安全、医疗）安排、接待工作任务分工等。结尾部分，写明接待工作的注意事项、经费预算等。

（3）落款。要写明制发接待方案的单位名称、成文日期。

218. 如何做好接待的实施安排 ✐

（1）分工落实。接待方案确定后，一般由办公室或者对口业务部门牵头召开一次协调会，明确相关事宜，然后按照分工分头行动，各自准备。

（2）现场勘查。正式接待前，一般要对会场、考察路线、考察点位等进行现场实地查看。

（3）人人到位。迎接客人、引导入住、随行陪同、视察参观、用餐安排、欢送客人等环节都要有工作人员，相互衔接到位。

219. 如何规范接待的电话礼仪 ✎

一是拨打电话。

（1）时间选择。除非有特别紧急的事情，公务通话一般应选择在办公时间拨打。如果拨打国际长途电话，应注意时差。通话时间不宜过长，以不超过五分钟为佳。对方占线或者拒绝接听时，不要重拨。拨打领导手机号码前，一般先发信息，确认对方是否方便通电话。

（2）表述得体。拨通电话后，应先问候"您好"，然后自我介绍和证实对方的身份。通话时不应高调门，语惊四座；口气应谦恭有礼，热情亲切。如果要找的人不在，可以请接电话者转告，应问清对方的姓名，并向对方道谢。打完电话应礼貌表达"谢谢""再见"等。拨错电话应表示歉意。

（3）举止得体。在打电话时，应轻拿轻放。电话接通后，通常应等铃声响过六遍后，确信对方无人接听时再挂断电话。通话时要聚精会神，不要抱着电话四处走动、仰坐或趴在桌子上；不要吃东西、吸烟、喝水、翻报纸杂志，甚至与旁人闲聊。

二是接听电话。

（1）及时接听。座机设置为低音量。电话铃响及时接听，尽量不要使铃声超过三声。会客或参加重要会议不能接听电话时，应说明原因，表示歉意。

（2）文明应答。在接听电话时应先向对方问好，自报家门。如果对方要找的人不在，最好告诉对方不在的原因，或告诉对方联系方法。与对方通话，不要答非所问，东拉西扯。挂电话时一般由尊长、客人、女士先挂，如职务一样、性别相同、年龄相仿，则由发话人先挂断。

（3）做好记录。电话座机一般放置在左手边，笔、记录本或电话记录单放置在右手边。平时要做好通话记录准备，不应通话后放下听筒再找纸笔。遇到听不清楚时，可以请求对方重复一遍，特别是对一些重要内容，涉及时间、地点、数量等的信息，最好加以核实，避免记错。

（4）特殊电话的接听。对打错电话的，不应大声斥责对方，应接受对方的道歉，说声"没关系"后挂机。

三是手机使用。

（1）放置位置。不管是工作还是接待用餐，把手机揣着裤兜里，设成振动模式，避免铃声制造噪声。

（2）接打电话。不要在座位上接打电话，表示歉意后，出去接打电话，简短通话。

（3）切忌玩弄手机。未经允许不要拍照、录像、录音。

四是微信使用。

（1）添加微信。添加联系人时，先表明身份并说明来意，如"您好，我是×××（单位名称）×××（姓名），因×××（具体事务）希望添加您为好友"。得到对方同意后再发送好友申请，避免盲目添加。当面添加领导微信时，要突出尊重，可以说"领导，谢谢您，给我添加好友的机会"，并要主动添加。如果领导已经把手机拿出准备扫你，你应当立马掏出手机，让领导添加你为好友。如果领导打开的是二维码，你得主动扫码。在添加领导为好友之后，一定要注明自己的单位、姓名、手机号码，简单介绍自己。添加领导为好友之后，一定要和领导多互动。

（2）不发语音。用微信给对方发语音，主要是图自己方便，毕竟打字速度慢，用嘴说更省事。但自己省事了，却给对方添了麻烦。如果在开会或人多的场合，对方根本无法听语音。用嘴说话，难免会有废话，明明一句话就能表达清楚的，可能30秒还没说清楚，这是变相地耽误对方时间。如果普通话不标准，有口音，那还有可能引起误会。所以，给领导发微信尽量用文字来表达。写的时候最好反复斟酌，这样不至于出错。微信语音聊天，上级对下级可以，家人之间聊天也可以。除此之外，尽量要用文字来表达。

（3）内容简要。有句话叫"见字如面"，你的文笔在一定程度上能够反映你的性格特点和做事方法，所以给领导发的文字要简洁扼要，不要长篇大论，每条信息只说一个话题为宜。领导很可能会对你的内容进行转发，所以一定要换位思考，以方便领导转发为出发点，最好不要让领导需要对你的文字进行再次编辑。

（4）方便对方。第一，发文字的情况。比如，如果有人向你要一个手机号或者地址，你可能就会截个图发过去，省去了自己复制粘贴的操作，但是对方拿到号码想要直接打电话或者存通讯录，就会比较麻烦。第二，发文件的情况。微信中，除了汇报工作外，我们还经常会发送各种文件或者材料，要以大家熟悉的通用版本为主，比如文档以 PDF 或者 Word 为主，图片以 JPG 或手机截图为主，不要发一些手机软件不兼容的，或者是一些小众软件才能打开的格式。第三，发图片的情况。一些知晓、阅读的信息，一张图片更方便对方打开。

（5）慎用表情。上级对下级、长辈对晚辈可以用表情符号。如果我们给领导发，一般不用表情符号。

（6）用好语气词。如果同事有求于你，或者领导有任务下达，不能简单回复"好""嗯""哦"，最好回答"收到 / 好的，我处理完成后第一时间向您反馈 / 汇报"，语气词后紧跟自己的行动方案，感觉截然不同。

（7）用好结束语。与领导的微信沟通，最好在微信末尾加上"妥否，请批示"这类的请示性语言，如果领导跟你不是特别熟悉，你还要缀上你的名字和部门，便于领导对号入座。如果你给领导发完后，领导回复"好"或者是"知道了"，一般来讲就表示此次对话终止，建议你回复一句"您再有什么安排，请随时指示"结束这次沟通，表达对领导的尊重。

220. 如何规范接待的迎接礼仪

（1）确定迎宾规格。迎宾陪同人员的规格，应根据来访主宾的身份、访问目的、时间长短和重要程度等来确定。

（2）把握抵离时间。迎宾人员应于宾客抵达前到达迎宾地点，密切关注宾客的准确到达时间，及时通知相关人员办理相关手续。规格较高的宾客乘交通工具抵离当地，接待人员应提前为其协调安排好交通工具和入住离店手续等，保证贵宾顺利通行。

（3）迎送现场工作。来宾与迎接人员见面，通常先将前来欢迎的人员介绍给来宾。来宾抵达后，主人陪同来宾乘坐小车时，应请客人坐在主人的右侧。上车时，来宾从右侧门上车，主人应从左侧门上车。如果来宾先上车，坐到了主人的位置上，则不必请来宾挪动位置。

（4）做好介绍宣传。在陪同宾客参观考察时，应适时向宾客介绍当地有关基本情况，宣传经济和社会发展成就。

221. 如何规范接待的交谈礼仪

交谈不仅需要较强的语言表达能力，而且需要尊重对方、谦虚礼让、善解人意、因势利导等良好的礼仪修养。从某种程度上讲，交谈的态度有时甚至比交谈的内容更为重要。

（1）注意语言。在日常工作中，应该自觉采用普通话交流。在外事活动中，可以使用英语，但在正式的官方活动中，必须使用普通话，以体现一个主权国家的尊严。

（2）注意语音。在公共场所与人交谈，必须有意识地压低自己说话的音量，粗声大气不仅有碍于他人，而且也说明自己缺乏教养。

（3）注意语态。讲话时要不卑不亢，恭敬有礼；听别人讲话，要专心致志，洗耳恭听。表情应与谈话内容相配合。向领导汇报，应恭敬而大方；与同事谈话，应礼貌而谦虚；与群众谈话，应亲切而温和；秉公执法时，应严肃而认真。谈话时，应当表情认真，目光直视对方。若要表示自己对对方观点的支持、赞同或理解，可以点头微笑。在与对方谈话时，不应左顾右盼或是双手抱在脑后，因为这些动作往往给人心不在焉或者目空一切的感觉。

（4）注意语速。与人交谈时，语速应保持相对稳定，既快慢适宜，舒张有度，又在一定时间内保持匀速。

交谈语言还应注意以下两点。

（1）力求通俗易懂。语言应以务实为本，不可滥用书面语言或名句、典故。在与普通群众交谈时，应充分考虑到对方的职业、受教育程度等因素，努力使自己的语言生动、具体。如果"大话"连篇，不仅有碍于信息的传达，而且容易脱离群众。

（2）讲究文明礼貌。尽量使用尊称，善于使用一些约定俗成的礼貌用语，如"您""谢谢""打扰了"等。交谈时不可意气用事，以尖酸刻薄的话对他人冷嘲热讽，也不可夜郎自大，处处教训指正别人。避免一些不太文雅的说法，对于不宜明言的事情可以用委婉的词句来表达。

222. 如何规范接待的电梯礼仪 ✎

电梯是日常生活和工作中经常乘坐的工具，不管是接待工作中，还是与领导、同事或陌生人共同乘坐时，都要注意相关的电梯礼仪。

（1）乘电梯时，先按一下电梯口的上下按钮，站到电梯的一侧。有人管理的电梯应后进后出；无人管理的电梯应先进后出，以便控制电梯。应尽量把无控制按钮的一侧让给尊长和女士。

（2）在电梯内，正面应朝向电梯口，以免造成面对面的尴尬。在电梯内，应保持安静，不大声喧哗或嬉笑打闹，同时避免在门口逗留，尽量往里站，以便为其他人腾出空间。此外，严禁在电梯内吸烟。

（3）出入电梯时，不要扒门，不要强行挤入挤出。在电梯人数超载时，不要强行进入。

223. 如何规范接待的引导礼仪 ✎

（1）迎接宾客时，不宜在门口或车站、机场等出口处停留寒暄，应立即引导来宾进入门内或车内，或者边寒暄边引导，以免堵塞通道或影响行人与车辆通行。

（2）在礼宾次序中，坚持"以前为尊""以内（里）为尊"，双人行走"以右为尊"，三人行走"中、右、左"的国际惯例和"中、左、右"的中国惯例原则。上楼时应请尊者、女士在前，下楼时应请尊者、女士在后；迎宾引路时主人在前，送客时主人在后。

（3）引导宾客时，主人应走在来宾的左前方宾客视角约45°的位置，身体稍转向来宾一边。若是熟悉的宾客或平级的来宾，可以并肩行进。引导宾客进入会客室之前，应将道路或走廊的中央线让给来宾行走。引导来宾时，步调要适应来宾的速度。遇拐弯处须稍停一下，待来宾走至转角处再向前引导。

（4）在任何情况下，开门与关门的动作都应优雅得体，一般应采用斜侧身姿势，以45°斜侧角度面对来宾，不可背对来宾。

224. 如何规范接待的用餐礼仪 ✎

（1）确定时间地点。用餐的时间、地点选择要适当，要考虑用餐规格、餐饮特色、环境及服务水平等因素。

（2）确定对象范围。根据用餐规格、性质、主宾身份等确定参加人员。

（3）确定用餐菜单。用餐前预审菜单要做到"突出特色"，考虑来宾的年龄、性别、健康情况、饮食禁忌、习惯和喜好。符合国家有关规定，不要铺张浪费。

（4）把握就餐细节。举止应庄重文明，无论站姿、坐姿都要端正。不要东依西靠，不要跷二郎腿，不要晃来晃去；切忌用手或筷子、刀叉指指点点；不要把胳膊支在桌子上；不要随便脱上衣、松领带或挽袖子。就餐时，应找一些轻松、合适且大家感兴趣的话题，与同桌的所有人进行交谈，保持热烈、友好的气氛。取食物时，不要将汤水、渣末溅到他人身上；用餐具取菜、喝汤或吃菜时要轻拿轻放。吃东西时应闭嘴，细嚼，慢咽；喝汤时不要出声；嘴里有食物时，切勿讲话；不要把盘中的食物反复翻动；就餐速度应与大家保持一致。宴会上应注意文明，严禁随地吐痰、扔烟头、吐牙签；咳嗽、剔牙、打喷嚏时，应用手或餐巾把嘴遮住等。

225. 如何规范接待的馈赠礼仪 ✎

馈赠作为社交活动的重要手段之一，受到人们普遍肯定。得体的馈赠恰似无声的使者，给接待活动锦上添花，给人们之间的感情和友谊注入新的活力。认真研究和把握馈赠的基本原则，是馈赠活动顺利进行的重要前提条件。

（1）轻重原则。礼物是言情寄意表礼的，是人们情感的寄托物，人情无价而物有价，有价的物只能寓情于其身，而无法等同于情。也就是说，就价值含量而言，礼品既有其物质的价值含量，也有其精神的价值含量。既要提倡礼轻情意重，又要入乡随俗，择定合适的礼物。

（2）时机原则。及时适宜最重要。我国是一个节日较多的国家，在传统节日相互赠送相应的礼品，会使双方感情更为融洽。公务接待中，一般选择离别时赠送。

（3）避忌原则。由于民族、生活习惯、生活经历、宗教信仰以及性格、爱好不同，不同的人对同一礼品的态度是不同的，或喜爱或忌讳或厌恶，不一定能投其所好，但一定要避其禁忌。

226. 如何规范接待的送别礼仪 ✎

送别是社交礼仪中的重要环节，有道别、话别、饯别、送行等多种形式。

（1）道别。一般用于送别登门拜访的客人。道别不应由主人提出，主人先提出道别是对客人的不尊重。主人应该在客人起身并准备离开时，适时提出挽留，不要客人一说要走，主人马上就站起相送，以免产生逐客之嫌。如果客人执意要走，也要等客人起身后，主人再起身。送客时，主人应主动与客人握手送别，并将其送出门外或送到楼下，不要在客人走时无动于衷，只点点头或摆摆手，这都是不礼貌的。最后还要记得热情友好地欢迎客人下次再来。

（2）话别。用于接待远道而来的客人，或处于较高规格的接待工作中。前去客人处话别，最好预先告知对方，一般是在客人临别前一天。最佳的地点应为客人住的地方，除此也可遵循"主随客便"的原则，在客人安排的会客室等地话别。一般应安排与客人身份、工作相仿的人员前去话别。如果由主要负责人亲自前去话别，更能让客人感到被重视。话别过程中，主人应该表达出对客人来访的感谢以及对客人离开的惋惜，也可询问客人是否还有未完成的事情，是否需要代劳。如果条件允许，还可以向客人赠送一些有特色且有纪念意义的礼品。

（3）饯别。又称饯行，一般发生在客人临走前一晚的晚饭时间，接待方应专门为客人举办一次宴会，以便郑重其事地为对方送别。

（4）送行。主人应主动提出送行，如果客人回绝，不必强求。送行地点一般选择在客人起程处，例如机场、车站等。公务活动中的送行，一般不需要接待方的主要领导出席，本着对口、相当的原则进行安排，最好是相关的业务科室负责人、身份职位上相对等的平级人员。送别过程中，应热情地和客人交谈，表达期待下次见面的心情以及对于客人路途平安的祝福。

227. 如何规范接待的乘车礼仪 ✎

接待的乘车礼仪主要包括座位安排、上下车顺序、车内行为以及特定场合的乘车规范等，注意不同车型的相关要求。

（1）小轿车。司机驾驶时右后座为尊，主人开车或平级同事开车，坐副驾驶位表示尊重。

（2）商务车。司机正后方为尊。接待方领导陪同来宾坐在后排，介绍情况为宜；接待方办公室主任坐在副驾驶位协调服务。

（3）中巴车。上级领导或来宾坐在前排，下级或接待方领导坐在对面，便于介绍情况。

以上是公务乘车的一般原则，个别领导有自己的喜好，要以领导习惯为准。陪同领导外出时，如果领导没按常规习惯乘坐，我们要把领导座位提前告知对方接待人员，避免迎接时错位。

228. 什么是接待工作服务意识

在接待工作中，办公室工作人员要笑脸相迎，以体贴入微、细心周到的服务，让来宾开心而来，满意而归。

（1）绝对忠诚。公务接待就要服务于"公"，无私心杂念，全心全意，把忠诚作为一种职守，对党的接待事业忠心耿耿、无私奉献。严格遵守接待规定和接待纪律，不违规超标接待，不私自扩大接待范围，科学合理使用接待经费，不闯中央八项规定精神的"红灯"，不触碰法纪法规的"高压线"。

（2）身怀绝技。"工欲善其事，必先利其器"，公务接待不是简单的迎来送往，而是一门深奥的学问，想要高质量完成接待，必须把提高服务技能作为工作责任和要求，沉下心扑下身，勤学苦练，掌握服务本领，提高服务技能，不断提升身体、心理、思想、业务、文化素质，以及执行、策划、组织协调、交际公关、语言文字表达能力。

（3）敢于创新。严格遵照务实节俭、热情周到的原则，在服务中变"我能为来宾做什么"为"来宾需要我做什么"；在参观考察中变"我能给来宾看什么"为"来宾想要看什么"；在用餐环节，变"我能给来宾吃什么"为"来宾想要吃什么";根据考察目的量身定制接待方案,根据特殊要求做好个性化服务,时时刻刻设身处地为来宾着想,以来宾的需求为工作出发点,以来宾满意度作为衡量工作的标准,不断创新机制,整合资源,规范流程,从细节入手,高质量完成每一次接待任务。

229. 什么是接待工作全员意识 ✎

接待工作是一项涵盖范围广的系统工程,不仅仅是接待部门的事,也不仅仅是具体接待人员的事,而是人人相关、人人有责。每一个相关人员既要当好"服务员",又要当好"调度员",密切配合,弹好"协奏曲",打好"整体战"。

(1)文秘人员。每一份函件、每一份资料,都是一个单位基本情况的无声推介。

(2)值班人员。接听的每一个电话、收发的每一份传真,都是一张名片,代表着单位的文明程度。

(3)陪同人员。负责接待的有关联络、协调工作,做好突发事件的现场处理,主动思考,注重细节,其综合素质体现单位整体水平。

(4)服务人员。处在接待的最前沿,给客人留下的印象最直接、最深刻。

(5)后勤人员。提升接待的环境卫生,不仅包括交谈的主场地,还包括整个来访环境。

(6)司机。保持车内空气清新干净整洁,维护好个人形象,备好矿泉水、纸巾、雨伞。把握时间,提前等候,提前抵达。安全行驶、不争不抢,专心驾驶、谨慎发言。

230. 什么是接待工作成本意识 ✎

公务接待需要树立和践行成本意识，尽可能追求投入的最小化和效果的最优化。

（1）坚持不懈落实中央八项规定精神。毛泽东同志曾说："财政的支出，应该根据节约的方针。应该使一切政府工作人员明白，贪污和浪费是极大的犯罪。"落实中央八项规定及其实施细则是纪律要求，也是各种监督的重点，我们需要进一步清除形式主义、官僚主义、享乐主义和奢靡之风的思想土壤，培养个人自觉。

（2）切实增强过紧日子的责任感。荀子曾提出："强本而节用，则天不能贫；养备而动时，则天不能病。"基层单位普遍存在财政压力突出问题，更需要增强过紧日子的危机感和责任感，积极探索集中有限财力办大事、办实事、办好事的有效举措。

第十章 信访值班

231. 如何把握信访工作的特点 ✎

《信访工作条例》2022年1月24日经中共中央政治局会议审议批准，2022年2月25日由中共中央、国务院发布，2022年5月1日施行。新的《信访工作条例》有了诸多重大变动，具有层次高、覆盖广、党领导、便群众等亮点。

（1）由行政法规变为党内法规，层级提高。原《信访条例》是由国务院制定发布的行政法规，规定的是各级政府部门及其工作部门，即行政机关接受群众信访的制度。

《信访工作条例》是2022年1月24日中共中央政治局会议审议批准，2022年2月25日中共中央、国务院发布的，既是中央政府的行政法规，又是中国共产党的重要党内法规，重点加强了党对信访工作的全面领导。

（2）适用范围扩大。原《信访条例》仅适用于行政机关，《信访工作条例》对全国的党组织、行政机关都有约束力（适用于各级党的机关、人大机关、行政机关、政协机关、监察机关、审判机关、检察机关以及群团组织、国有企事业单位等），对各级党委如何领导信访工作，各级机关、单位如何开展信访工作、处理信访事项、化解信访矛盾，信访人如何提出信访事项等均作出明确规定，实现了信访工作领域全覆盖。

（3）确立由党领导信访工作的格局。《信访工作条例》规定：把党的领导贯彻到信访工作各方面和全过程，确保正确政治方向。坚持和加强党对信访工作的全面领导，构建党委统一领导、政府组织落实、信访工作联席会议协调、信访部门推动、各方齐抓共管的信访工作格局。

（4）与时俱进，创新信访事项的提出形式。《信访工作条例》规定：各级机关、单位应当向社会公布网络信访渠道，公民、法人或者其他组织可以采用信息网络、书信、电话、传真、走访等形式，向各级机关、单位反映情况，提出建议、意见或者投诉请求，有关机关、单位应当依规依法处理。采取"网络信访"的方式不仅可以与时俱进，提高信访工作效率，还能方便人民群众，使其足不出户就可以提出信访事项，同时有利于党和政府及时有效地了解社情民意，拉近党和政府与群众的距离。

232. 如何把握信访工作的定位 ✎

习近平总书记指出，"信访是送上门来的群众工作，要通过信访渠道摸清群众愿望和诉求，找到工作差距和不足，举一反三，加以改进，更好为群众服务。领导干部要学网、懂网、用网，了解群众所思所愿，收集好想法好建议，积极回应网民关切"[①]。《信访工作条例》第三条提出了信访工作的"三个重要"定位。信访工作是党的群众工作的重要组成部分，是党和政府了解民情、集中民智、维护民利、凝聚民心的一项重要工作，是各级机关、单位及其领导干部、工作人员接受群众监督、改进工作作风的重要途径。

《信访工作条例》第四条提出了信访工作的"四项职责使命"：服务党和国家工作大局，维护群众合法权益，化解信访突出问题，促进社会和谐稳定。

---

① 习近平在中央党校（国家行政学院）中青年干部培训班开班式上发表重要讲话[EB/OL]. http://www.xinhuanet.com/2022-03-01/c_1128427317.htm，2022-03-01.

233. 如何把握信访工作的原则 ✎

根据《信访工作条例》第五条规定，信访工作应当遵循下列原则。

（1）坚持党的全面领导。把党的领导贯彻到信访工作各方面和全过程，确保政治方向正确。这是信访工作的最高原则。

（2）坚持以人民为中心。践行党的群众路线，倾听群众呼声，关心群众疾苦，千方百计为群众排忧解难。这是信访工作的价值追求。

（3）坚持落实信访工作责任。党政同责、一岗双责，属地管理、分级负责，谁主管、谁负责。这是信访工作的关键环节。

（4）坚持依法按政策解决问题。将信访纳入法治化轨道，依法维护群众权益、规范信访秩序。这是信访工作的基本方法。

（5）坚持源头治理化解矛盾。多措并举、综合施策，将着力点放在源头预防和前端化解，把可能引发信访问题的矛盾纠纷化解在基层、化解在萌芽状态。这是信访工作的治本之策。

234. 如何准确界定信访的人员 ✎

《信访工作条例》第十七条规定，公民、法人或者其他组织可以采用信息网络、书信、电话、传真、走访等形式，向各级机关、单位反映情况，提出建议、意见或投诉请求。

采用信息网络、书信、电话、传真、走访等形式反映情况，提出建议、意见或者投诉请求的公民、法人或者其他组织，称为信访人。

235. 如何规范提出信访的事项 ✎

《信访工作条例》第十九条规定，信访人一般应当采用书面形式提出信访事项，并载明其姓名（名称）、住址和请求、事实、理由。对采用口头形式提出的信访事项，有关机关、单位应当如实记录。

在实际工作中，各地纳入信访工作部门考核的统计渠道主要有"人民网领导留言"和本地的"网上信访信息系统、网络理政平台"。此外，各地各部门也有一些平台，比如"问政四川""12345政务平台""麻辣社区""厅长信箱"等渠道也在承办群众信访投诉事项。

信访事项应客观真实。《信访工作条例》第十九条规定，信访人提出信访事项，应当客观真实，对其所提供材料内容的真实性负责，不得捏造、歪曲事实，不得诬告、陷害他人。

不予受理的情况。《信访工作条例》第十九条规定，信访事项已经受理或者正在办理的，信访人在规定期限内向受理、办理机关、单位的上级机关、单位又提出同一信访事项的，上级机关、单位不予受理。

236. 如何为信访人员提供便利 ✎

《信访工作条例》第十八条规定，各级机关、单位应当向社会公布网络信访渠道、通信地址、咨询投诉电话、信访接待时间和地点、查询信访事项处理进展以及结果的方式等相关事项，在其信访接待场所或者网站公布与信访工作有关的党内法规和法律、法规、规章，信访事项的处理程序，以及其他为信访人提供便利的相关事项。

237. 如何把握信访的不当行为 ✎

《信访工作条例》第二十六条规定，信访人在信访过程中应当遵守法律、法规，不得损害国家、社会、集体的利益和其他公民的合法权利，自觉维护社会公共秩序和信访秩序，不得有下列行为。

（1）在机关、单位办公场所周围、公共场所非法聚集，围堵、冲击机关、单位，拦截公务车辆，或者堵塞、阻断交通。

（2）携带危险物品、管制器具。

（3）侮辱、殴打、威胁机关、单位工作人员，非法限制他人人身自由，或者毁坏财物。

（4）在信访接待场所滞留、滋事，或者将生活不能自理的人弃留在信访接待场所。

（5）煽动、串联、胁迫、以财物诱使、幕后操纵他人信访，或者以信访为名借机敛财。

（6）其他扰乱公共秩序、妨害国家和公共安全的行为。

238. 如何规范信访的办理流程 ✎

（1）收信。《信访工作条例》第十八条规定，各级机关、单位领导干部应当阅办群众来信和网上信访，定期接待群众来访、定期下访，包案化解群众反映强烈的突出问题。

注意保存邮票、邮戳及信封。规范退信，对上级转送信件，要对照转送清单逐件核对，有多转、少转、错转来信，及时与转送单位联系。

（2）阅信。认真阅读群众来信，发现不属于受信范围的，交由信件流转管理人员及时退回。准确判断来信的真实意图，区分紧急来信、特殊来信、重要来信和一般来信，分别进行相应处理。

（3）接访。做到保障安全、实名登记、耐心接待、记录翔实、当场确认。

（4）办理。主要方式有转送、交办（督办）、告知（回复）等。

（5）送达。答复意见由信访办公室根据情况直接送达或采取邮寄、公告等方式送达。

（6）复核。信访人对答复意见不服的，可以自收到书面答复之日起 30 日内向有关信访机构提出复查请求。对复查意见不服的，可以自收到书面复查意见之日起 30 日内向复查机关的上一级行政机关请求复核。信访人收到信访办公室出具的答复意见后，逾期未提出复查、复核的，其信访事项终结。

（7）归档。对处理完毕的信访事项由信访办公室按"一访一档，一档一号"的原则及时立卷归档。立卷归档时应做到材料齐全、完整，标题简明、确切，装订整齐、规范。

（8）报告。每月对来信情况进行统计分析，统计分析内容包括来信目的、涉及领域、转送交办情况等。重要来信情况应及时报送相关领导。定期分析来信情况，提出有针对性的建议。不定期对来信办理情况进行专题通报。

239. 如何规范信访工作的收信 ✎

（1）清点认领。领导同志、上级机关转送、交办来信及本级自收群众来信，应认真清点数量、履行签收手续。信件实行"台账"管理，办信数量应与收信数量相符。

（2）首次分流。信封上带有"信息公开""行政复议""行政裁决"等字样的，可直接转有权处理机关（不拆封），采用其他法定途径进行处理。例如信息公开，应当引导向相关部门进行填报申请。

（3）消毒保全。签收后，应对信件消毒。启封时沿信封封口剪裁，不得损坏原信，并注意保持邮票、邮戳、邮编、地址及信封内材料的完整；启封后，按主件、附件、信封先后顺序装订整齐。如信中夹带照片、光盘等物品，可另用信封装好后再一起装订。

240. 如何规范信访工作的阅信 ✎

办信人员在阅信过程中不得在原信及附件上勾画、圈批、改动、涂抹等；要在来信首页右上角空白处加盖当日收信章，对寄送字画、书籍、资料、纪念封等无其他内容的来信，可加盖在信封上的适当位置，戳记印记要端正、清晰。内容不清来信、无具体诉求来信和不需要反馈的报刊、宣传品、广告，以及来信人疑似精神病患者的，可在做好登记后留存。

阅信环节需要注意以下几个环节。

（1）扬言类以及重点利益诉求群体的联名来信。应按照急事急办原则先行登记处理，并即时将原信以"电话＋传真"方式交办给相关职能部门，明确办理时限，提出工作要求，处理过程须登记留痕。在重大活动、重大会议等特殊时期另有要求的，按要求办理。

（2）申请各级政府信息公开、行政裁决、行政复议的来信。若为上级在信访系统中的转送件，送本机构相关处（科）室处理，出具不予受理告知书，告知按照法定途径向具体单位提出。

（3）明显有组织串联迹象、一段时间内反映内容相同或相近的大批量来信。第一时间向有关部门通报，并形成独立专项工作报告报单位领导，并根据反映内容按要求处理。

241. 如何规范信访工作的接访 ✎

（1）保障安全。《信访工作条例》第二十条规定，信访人采用走访形式提出信访事项的，应当到有权处理的本级或者上一级机关、单位设立或者指定的接待场所提出。多人采用走访形式提出共同信访事项的，应当推选代表，代表人数不得超过 5 人。

接访应引导到指定接访场所进行接谈，有条件的应当单独设立群众来访接待室。接待室应当满足候访、接访、调解功能区域划分完善合理、政策公示醒目到位、候访接访环境优雅温馨、安全设施齐全等条件。设置必要的安检、监控设备是做好接访工作的前提，是预防突发事件、减少纠纷重要保障。不建议将接待点设在高层和人员集中场所。

出现信访人在非指定区域信访时，要及时耐心引导到指定区域；出现扰乱公共秩序现象时，要及时向公安机关寻求帮助并做好视频资料保全。应注重证据全面收集、及时固定，通过录音录像、文字记录等方式确保一手证据、关键证据及时固定，做到"宁可备而不用，不可用时不备"，为后续依法处理、相关证据顺利移送做好准备。

（2）实名登记。《信访工作条例》第十九条规定，信访人一般应当采用书面形式提出信访事项，并载明其姓名（名称）、住址和请求、事实、理由。对采用口头形式提出的信访事项，有关机关、单位应当如实记录。《信访工作条例》第二十二条规定，各级党委和政府信访部门收到信访事项，应当予以登记。

接访中来访人身份证按照群众来访登记簿上的栏目分地区逐项登记清楚，并注明来访日期。如系重复来访，应在原登记栏前记录重访日期、人数。多人来访的，应尽量做到全部登记，推选的代表必须是实名。实名制是保障信访事项办理准确、回复到位的重要条件，也能有效避免众多不实投诉。

（3）耐心接待。接访中要坚持落实信访首问负责制，重点抓好初访接谈工作。在群众接待过程中坚持"把信访人当家人，把信访事当家事"的工作理念，带着深厚的感情做好群众信访工作，做到服务热情、聆听真诚、归纳准确、记录翔实。

242. 如何坚守信访工作的底线 ✎

（1）不激化矛盾。接访人员决不能与信访人发生语言和肢体冲突。在来访人员表现出情绪过激或行为异常时，要及时寻求同事帮助，较为有效的处理办法是及时更换接访人员，重新提问、舒缓情绪、缓解矛盾，并适时提醒信访人全程有录像记录。不宜一开始就"最高领导"直接接待，以免产生矛盾后没有缓和余地。

（2）不引导上访。接访中，个别接访人员会说，这个问题我解决不了（上级没政策、领导无批示），要解决你去找上级领导。这种做法是不可取的。可以告知他有向上级反映的权利，但必须坚持依法逐级走访。要秉承"工作人员多解释、来访群众少跑路"的工作态度，以现有政策解答解读、心理疏导为主，不能推卸责任。

（3）不含糊其辞。要守住"逐级走访"和"依法分类信访事项"工作底线，对扬言到上级部门的，要告知其"属地管理"有关原则，让其明白去或者不去，该办理的一定都会办理，没必要继续向上级反映。对不应受理的事项要守住底线，准确告知其有关法律法规及维权渠道，不能"和稀泥"。

243. 如何规范信访的转送交办 ✎

信件录入完成并确定承办单位或部门后，应通过办公系统转送至有权处理机关或部门。除自办、留存信件外，其他信件应尽快转送，转送单位应准确。转送方式不同，办理方式也不同。普通件采用"转送"方式，特殊件采用"交办"或其他方式。

可采用交办方式的七种情形。

（1）按法律法规和政策规定应该解决的。

（2）要求合理且能够解决的。

（3）涉及众多群众切身利益的。

（4）不及时处理可能引发群体性事件的。

（5）有轻生、恐吓语言需要及时处置的。

（6）中央、省、市领导同志批示，上级信访工作机构交办要求上报处理情况的。

（7）其他需要处理的来信事项。

对可能引发群体性信访或扬言采取过激行为、报复社会的紧急、重大信件，应及时向领导报告，并通过电话或传真紧急处理，通报反馈给属地政府和直接责任部门或单位及公安部门采取措施应对处理，然后视情再发函交办处理，防止出现群体性事件或治安、刑事案件等极端情况。

244. 如何规范信访的告知答复 ✎

《信访工作条例》第二十二条规定，对信访人直接提出的信访事项，有关机关、单位能够当场告知的，应当当场书面告知；不能当场告知的，应当自收到信访事项之日起 15 日内书面告知信访人，但信访人的姓名（名称）、住址不清的除外。

有权处理机关收到来信后，应当在 15 日内决定是否受理，受理的要向来信人出具受理告知书，不属于受理范围的出具不予受理告知书。

信访工作机构或有权处理行政机关认为收到的来信事项不属于本单位受理范围的，应当自收到之日起 3 日内退回上一级受理机关。

245. 如何规范信访的结果送达 ✎

有权处理（复查、复核）行政机关向信访人出具的受理告知书、不予（不再）受理告知书、延期办理告知书、处理（复查、复核）意见书等，均应按期送达信访人并填写送达回证。如来信人拒签，应由见证人、2 名以上送达人签字证明，同时载明拒签原因和送达时间。无法当面送达来信人的，可以通过邮寄方式送达，并将邮寄凭证作为送达依据（先电话沟通）。

（1）直接送达。信访办公室召开信访事项答复会议，当场将答复意见交信访人，并请信访人签字确认。信访人拒绝签字确认的，应由工作人员在答复意见书空白处写明情况，并有两名（含两名）以上工作人员签字作证。

（2）邮寄送达。信访人通信地址详细的，可邮寄挂号信或快递，将答复意见寄送给本人。邮寄凭证留存、归档。

（3）公告送达。信访人失去联系或者用其他方式无法送达的，可将答复意见在一定范围内发布公告，或将其信访事项按匿名信访事项处理、留存。

246. 如何办理申诉求决类事项 ✎

《信访工作条例》第三十一条规定，对信访人提出的申诉求决类事项，有权处理的机关、单位应当区分情况，按照下列方式办理。

（1）应当通过审判机关诉讼程序或者复议程序、检察机关刑事立案程序或者法律监督程序、公安机关法律程序处理的，涉法涉诉信访事项未依法终结的，按照法律法规规定的程序处理。

（2）应当通过仲裁解决的，导入相应程序处理。

（3）可以通过党员申诉、申请复审等方式解决的，导入相应程序处理。

（4）可以通过行政复议、行政裁决、行政确认、行政许可、行政处罚等行政程序解决的，导入相应程序处理。

（5）属于申请查处违法行为、履行保护人身权或者财产权等合法权益职责的，依法履行或者答复。

（6）不属于以上情形的，应当听取信访人陈述事实和理由，并调查核实，出具信访处理意见书。对重大、复杂、疑难的信访事项，可以举行听证。

247. 如何规范信访的处理时限 ✎

（1）信访人提出的申诉求决类事项。《信访工作条例》第三十一条第六项规定的信访事项应当自受理之日起60日内办结；情况复杂的，经本机关、单位负责人批准，可以适当延长办理期限，但延长期限不得超过30日，并要告知信访人延期理由。

（2）信访人对信访处理意见不服。《信访工作条例》第三十五条规定，信访人对信访处理意见不服的，可以自收到书面答复之日起 30 日内请求原办理机关、单位的上一级机关、单位复查。收到复查请求的机关、单位应当自收到复查请求之日起 30 日内提出复查意见，并予以书面答复。

（3）信访人对复查意见不服。《信访工作条例》第三十六条规定，信访人对复查意见不服的，可以自收到书面答复之日起 30 日内向复查机关、单位的上一级机关、单位请求复核。收到复核请求的机关、单位应当自收到复核请求之日起 30 日内提出复核意见。

（4）信访人对复核意见不服。《信访工作条例》第三十六条规定，信访人对复核意见不服，仍然以同一事实和理由提出投诉请求的，各级党委和政府信访部门和其他机关、单位不再受理。

248. 如何规范信访的责任追究 ✎

（1）引发问题责任。《信访工作条例》第四十二条规定，因超越或滥用职权、应作为不作为、适用法律法规错误或违反法定程序、拒不执行有权处理机关及单位作出的支持信访请求意见等，导致信访事项发生。

（2）信访部门责任。《信访工作条例》第四十三条规定，信访部门对收到的信访事项应当登记、转送、交办而未按照规定登记、转送、交办或者应当履行督办职责而未履行的。

（3）受理问题责任。《信访工作条例》第四十四条规定，负有受理信访事项职责的机关、单位对收到的信访事项不按照规定登记、对属于其职权范围的信访事项不予受理、未在规定期限内书面告知信访人是否受理信访事项。

（4）处理问题责任。《信访工作条例》第四十五条规定，信访事项有权处理的机关、单位推诿、敷衍、拖延信访事项办理或者未在规定期限内办结信访事项等四种情形。

249. 如何处理信访人违规违法 ✎

《信访工作条例》第四十七条规定，信访人违反本条例第二十条、第二十六条规定的，有关机关、单位工作人员应当对其进行劝阻、批评或者教育。

信访人滋事扰序、缠访闹访情节严重，构成违反治安管理行为的，或者违反集会游行示威相关法律法规的，由公安机关依法采取必要的现场处置措施、给予治安管理处罚；构成犯罪的，依法追究刑事责任。

信访人捏造歪曲事实、诬告陷害他人，构成违反治安管理行为的，依法给予治安管理处罚；构成犯罪的，依法追究刑事责任。

250. 如何规范信访干部的行为 ✎

信访干部与信访人接触，倾听呼声，答疑解惑，其接待业务水平高低，举止是否得体，直接影响到机关的公信与形象。因此，信访干部要摆正位置，踏踏实实为信访群众解答、解决问题。

（1）当好服务员。信访接待是服务窗口，要带着感情接待，真心实意为信访人办事，为信访人消气解惑，让信访人满意而归。

（2）当好宣传员。信访干部在接待中不仅要耐心听，还要引导信访人依法信访，对无理缠访、闹访的，应进行严肃的批评教育或训诫。

（3）当好信息员。信访人所反映的各种诉求及各类信访信息，要及时汇总和报送，提出对策和建议，做到早预防、早发现、早处置。

（4）当好调解员。信访调解是信访工作的一项重要职能，既要听取信访人的叙述，又不能偏听偏信，要合情、合理、合法地处理信访事项，帮助信访人解决实际问题。

信访接待效果与信访干部所运用的语言关系甚密。总体而言，接待语言的音节、语势、语气要自然、适度，格调要准，并自然流露真情。

（1）言之得体，用语规范准确。对信访人的诉求，如在信访干部的权限范围内，应当予以明确答复。对相关诉求能否解决，可解决到什么程度，不能解决的原因等问题，应作出明确的答复或解释。

（2）言之有情，善于换位思考。多说欢迎话、安慰话。对文化层次较高的信访人，可讲些有理论深度的语言。对文化层次较低的信访人，要讲通俗易懂的语言。

（3）言之有理，善用政策法律。用政策和法律去引导信访人，讲实理、讲真理。

251. 值班工作主要有哪些形式 ✎

习近平总书记曾强调，"办公室实行 24 小时值班，这是个严格的制度，每分钟都不能离开，不能有空档，否则在这空档出现了紧急情况或重大突发性事件就会酿成责任事故"[①]。值班，是办公室工作中最基础也是最经常的事务性工作之一。

（1）一般性值班。党政机关及其工作部门普遍设立的一种值班形式。值班室一般设在各部门办公室，通常由干部轮流负责机关、单位下班后和节假日的值班工作。

（2）专职性值班。设有专职值班员，实行 24 小时值班制度，

---

① 习近平. 摆脱贫困 [M]. 福州：福建人民出版社，2014：52.

主要承担本机关单位昼夜、节假日的全部值班工作。

（3）轮流性值班。机关单位内部工作日由专职值班人员值班，负责值班室的日常工作，而晚上、双休日和节假日由专职值班人员与其他干部轮流值班。

252. 值班工作主要有哪些内容

每个单位对值班工作安排有一定差异，一般有以下工作内容。

（1）接待来访人员。按照正常的接待要求和接待礼仪做好相关接待工作，并妥善回答来访人员的咨询，尽量满足其要求。对于外地来访人员，必要时应协调联系食宿、预订车票。

（2）协调联络事宜。接收和传递各种邮件、文书，并按照程序和要求进行处理。要接听、记录、处理来电，保证本单位与其他单位之间信息畅通。

（3）处理急人急事。如发生自然灾害、事故或突发事件时，值班人员应做好传达消息、沟通协调、灵活处理等工作。

（4）办理印信服务。负责单位、部门、领导的印章以及公用介绍信、证明信的保管和使用，承办开具信函和公文运转等事项。

（5）承办其他事项。如迎送突然造访的客人、下发临时性会议通知、检查某项工作等，值班人员要按时处理，并及时向领导反馈。

253. 值班工作要做好哪些记录 ✐

在值班工作中，需要填写的值班记录主要包括值班电话记录、值班接待记录、来访人员登记、值班日志等，一般使用专用表格。

（1）值班电话记录。主要涉及来电时间、单位、姓名、联系电话、通话内容、拟办意见、领导批示、处理结果等信息，详见表 10-1。

表 10-1　值班电话记录表

编号		时间	年　月　日　时　分 至　时　分
来电单位		来电人姓名	
来电号码		接电话人姓名	
通话内容： 			
拟办意见： 　　　　　　　　　　　　　　　　　签字：			

续表

主管领导意见：ㅤ
ㅤ   签字：ㅤ
处理结果：ㅤ   值班人员签字：ㅤ

（2）值班接待记录。主要涉及值班人员、来访人员、所在单位、接待时间、内容摘要、拟办意见、领导意见、办理情况等信息，详见表 10-2。

表 10-2　值班接待记录表

编号		值班人员	
来访人员		来访人所在单位	
接待时间	年　月　日　时　分至　时　分		
内容摘要：ㅤ 			

拟办意见：
签字：
主管领导意见：
签字：
处理结果：
值班人员签字：

（3）来访人员记录。主要涉及来访人姓名、证件信息、所在单位、事由、联系电话、来访及离开时间、接待人员等信息，详见表 10-3。

表 10-3　来访人员记录表

姓名	证件名称	证件号码	所在单位	事由	电话	来访时间	离开时间	接待人员

（4）值班工作日志。值班日志是值班工作的原始记录，内容主要包括值班时间、值班人员、接班人员、处理事项等信息。值班日志是值班人员交接班时确保值班工作可以顺利延续的重要文档，也是领导全面掌握值班情况的重要参考资料，详见表 10-4。

表 10-4　值班工作日志

时间		值班人	
处理事项情况：			
其他备忘事项：			
值班人签字		接班人签字	

254. 值班工作有哪些具体要求 ✎

值班工作看似简单，却承担着极为重要的任务。做好值班工作，需要值班人员提高认识，讲求方法和策略。

（1）严格遵守工作纪律。明确值班工作职责、工作任务、工作标准，充分认识到值班工作的重要性，不断增强做好值班工作的责任感，提高处理各种特殊情况的能力。坚守岗位按时上下班，尽职尽责认真处理值班期间各项任务。

（2）准备把握相关信息。认真接听和记录来人来电信息，按程序汇报和处理。注意判断信息真伪，避免错报和误报。

（3）及时办理值班事项。对各类文件、传真、信函、情况反映和公务电话等，要区别不同情况及时分类处理。属于值班人员职权范围的，应及时处理、答复；属于有关职能部门的，按"分级负责，归口管理"原则，及时转交，并要求反馈结果。

（4）切实增强保密意识。对经手处理的重要文件、传真和电话记录等资料要妥善保管，属保密事项的，不得对外泄露；对领导的家庭地址和手机号码等，未经领导同意，不得擅自外传。

255. 值班工作有哪些管理制度 ✎

做好办公室值班工作，必须建立全面、可行的制度，做到"有规可循"；同时还要加强制度的宣传、教育，增强值班人员的规矩意识。在值班工作中，应当建立、完善并严格遵守的制度主要涉及以下几个方面。

（1）岗位责任制度。明确规定值班工作的职责范围和值班纪律，值班人员必须尽职尽责、坚守岗位，在值班室内不得进行娱乐性活动，保持值班工作的严肃性。

（2）交班接班制度。交接班是值班人员沟通情况、交接工作、保持值班连续性的工作环节，值班人员在值班期间尚未完成的工作，不仅应该记载在值班日志上，还应该逐项地交代给下一班的值班人员。

（3）安全保密制度。值班室是信息的枢纽，工作中常常涉及一些机密性事情和文件，要求值班人员遵守保密规定。值班相关记录妥善保管，闲杂人员不准随意进入值班室。

（4）请示报告制度。值班人员应有一定处理问题的权限，对于超出权限的重要事项，应本着认真、慎重、负责的原则，先请示，后办理，不得擅作主张。如遇十分紧急情况，也必须边请示边处理。

（5）其他相关制度。为保证值班室有一个良好的工作环境，还应建立会客制度、卫生制度、接访制度、考勤制度等。

第十一章　机要保密

256. 如何掌握保密工作文件 ✎

习近平总书记曾指出，"办公室对内掌握首脑机关的核心机密，泄露了重大机密，就会给党和国家造成损失。即使是我们地区一个保密的人事问题，泄露了也会影响领导班子的团结，使事情变得复杂起来"[①]。保密工作就是从国家的安全和利益出发，将国家秘密控制在一定的范围和时间内，防止被非法泄露和利用，使其自身价值得到充分有效地实现所采取的一切必要的手段和措施。

办公室人员要认真学习三个文件。

（1）《中华人民共和国保守国家秘密法》。1988 年 9 月 5 日第七届全国人民代表大会常务委员会第三次会议通过，2010 年 4 月 29 日第十一届全国人民代表大会常务委员会第十四次会议第一次修订，2024 年 2 月 27 日第十四届全国人民代表大会常务委员会第八次会议第二次修订。

（2）《中华人民共和国保守国家秘密法实施条例》。根据《中华人民共和国保守国家秘密法》的规定，制定《中华人民共和国保守国家秘密法实施条例》。2014 年 1 月 17 日中华人民共和国国务院令第 646 号公布，2024 年 7 月 10 日中华人民共和国国务院令第 786 号修订。

（3）《派生国家秘密定密管理暂行办法》。根据《中华人民共和国保守国家秘密法》及其实施条例，制定本办法。自 2023 年 4 月 1 日起施行。

---

① 习近平 . 摆脱贫困［M］. 福州：福建人民出版社，2014：48.

办公室工作涉及大量机密，每一份文件传达到什么范围，决不能马虎从事。

257. 如何界定保密定密权限 ✎

《中华人民共和国保守国家秘密法》第十三条对定密权限的规定："中央国家机关、省级机关及其授权的机关单位可以确定绝密级、机密级和秘密级国家秘密；设区的市、自治州一级的机关及其授权的机关、单位可以确定机密级和秘密级国家秘密。具体的定密权限、授权范围由国家保密行政管理部门规定。""公安、国家安全机关在其工作范围内按照规定的权限确定国家秘密的密级。"

（1）"设区的市和自治州一级的机关"包括地（市、州、盟、区）党委、人大、政府、政协、监察机关，以及人民法院、人民检察院，省（自治区、直辖市）直属机关和人民团体，中央国家机关设在省（自治区、直辖市）的直属机构，省（自治区、直辖市）在地区、盟设立的派出机构。

（2）设区的市、自治州（盟）一级的机关不能确定绝密级国家秘密。县（处）级及其以下机关单位无国家秘密的定密权及相应的定密权限，但对经常产生国家秘密事项，而又不具有相应定密权的机关单位，可以通过行政授权的方式来解决定密问题。

（3）关于申请定密。机关、单位（包括无原始定密权限的县级机关）产生保密事项范围而无权确定相应密级的国家秘密事项时，应当先行采取保密措施，同时立即报请具有相应定密权的上级机关、单位或者业务主管部门，否则即为"定密不当"。

（4）关于派生定密。上级机关、单位对某一事项已经定密的，机关、单位在执行时应按该事项已定密级确定，不得擅自改变密级。摘录、引用国家秘密内容形成的涉密载体，也应当按原件的密级、保密期限和知悉范围管理。严禁通过抹除密级标志的方式私自"脱密"。

258. 如何理解派生定密情形 ✎

派生定密，是指机关、单位对执行或者办理已定密事项所产生的国家秘密，依法确定、变更和解除的活动。国家保密局发布《派生国家秘密定密管理暂行办法》，自 2023 年 4 月 1 日起施行。派生定密主要有四种情形。

（1）与已定密事项完全一致的。例如，全文转发、摘抄、引用上级机关单位或者其他机关单位涉密文件内容，按照已定密事项确定国家秘密。

（2）涉及已定密事项密点的。例如，转发、摘抄、引用上级机关单位或者其他机关单位涉密文件密点内容，要按照密点确定国家秘密。对转发、摘抄、引用内容是否属于密点不明确的，可以向原定密机关单位请示或者函询。

（3）对已定密事项进行概括总结、编辑整合、具体细化的。例如，对上级机关单位或者其他机关单位涉密文件内容进行概括总结、编辑整合、具体细化，按照已定密事项确定国家秘密。

（4）原定密机关单位对使用已定密事项有明确定密要求的。例如，原定密机关对涉密文件传达、转发、摘抄、引用等使用环节提出明确保密要求的，按照要求确定国家秘密。

259. 如何做好工作秘密管理 ✎

工作秘密是指各级国家机关、事业单位在其公务活动和内部管理中产生的不属于国家秘密而又不宜对外公开，一旦公开或被泄露，会给本机关、单位的工作带来被动，造成损害的事项。

（1）书面材料，可在属于工作秘密的载体上（如文件、资料的首页）标注"内部文件""内部资料""内部刊物"等字样，作为工作秘密的标志。

（2）相关言论，特别是办公室人员与领导接触很多，能听到领导在非正式或非公开场合的言论，对这些言论也同样需要保密。

260. 如何做好涉密人员管理 ✎

办公室工作人员一般都会涉及保密，是保密管理的重点对象，应按照《中华人民共和国保守国家秘密法》等相关法律法规要求进行严格管理。

（1）上岗之前严审查。办公室任用、聘用涉密人员应当由组织人事部门会同保密工作机构，依据涉密人员任职条件进行审查。审查内容主要包括：国籍、政治立场、个人品行、学习经历、工作经历、个人和家庭基本情况、现实表现、主要社会关系，以及与国（境）外机构、组织、人员交往等情况。坚持先培训、后上岗，对拟任（聘）用到涉密岗位工作的人员进行保密教育培训，签订保密承诺书。需要签订劳动合同的，应在合同中明确相关保密管理要求。

（2）在岗工作严管理。一是日常保密管理。及时开展保密提醒谈话、监督检查，对履行保密职责情况考察审核。二是报告重大事项。及时上报涉及保密的重大异常情况，如发生泄密或造成重大泄密隐患等情况。三是出国（境）限制。对涉密人员出国（境）进行管理。

（3）离岗离职严审批。涉密人员辞职、调动，应事先提出申请，按照人事管理权限和有关保密规定，经有关机关、单位批准。保密要害部门工作人员离开涉密单位，应清退涉密载体，与原单位签订保密承诺书，并接受脱密期管理。

261. 如何做好涉密公文管理 ✎

《党政机关公文处理工作条例》第二十二条规定："复制、汇编机密级、秘密级公文，应当符合有关规定并经本机关负责人批准。绝密级公文一般不得复制、汇编，确有工作需要的，应当经发文机关或者其上级机关批准。复制、汇编的公文视同原件管理。复制件应当加盖复制机关戳记。翻印件应当注明翻印的机关名称、日期。汇编本的密级按照编入公文的最高密级标注。"

（1）收文保密。签收"密件"要严格履行签收手续，做到事事有手续，件件有着落。按"密件"的不同密级和缓急程度在"密件"上标明"发授范围"和"阅读权限"。

（2）阅文保密。涉密文件应由机要人员或指定人员统一掌握。随时掌握"密件"流向，并规定阅文时间，以防止"密件"丢失和泄密。根据文件情况确定"密级"文件的阅知范围，未经领导同意，不得自行扩大阅读范围，不得向规定范围以外的人员扩散，不准私自摘录，不得公开引用。规定秘密文件的借阅地点，阅读秘密文件要在办公室或阅文室进行，不得擅自带回家中阅读，特别对标有"密级"文件的外借，应请示领导，借出前要当面交代注意事项。

（3）制文保密。涉密文件在制作中形成的草稿、修改稿、签发稿、校对清样等，凡需要保存的，应按正式的密级和保密期限管理，不需要保存的，应及时销毁；文件打印、印刷过程中形成的蜡纸、衬纸、废页、废件应及时销毁，不能乱堆乱放；印制时，要严格按照领导批准的份数执行，不得擅自多印多留；复印涉密文件必须经过请示，履行审批、登记手续，对复印件管理要等同原件。

（4）传递保密。涉密文件应由机要人员通过机要交通站、邮政快递、公文机要交互系统等方式传递。凡涉及国家秘密的文件，一般不得上网传递，以防泄密。

（5）携带保密。不准携带涉密文件参加社交活动或出入公共场所。确因工作需要必须携带的，要经领导审批，采取必要的保密措施，并遵照有关部门规定执行。

（6）保管秘密。涉密文件必须放在保密有保障的库房或文件柜内，绝密文件应单独存放，并经常检查保密情况。对平时工作使用的涉密文件，应在用后随手入柜加锁。个人不得保存涉密文件。

（7）交接保密。工作人员在工作调动或离退休时，必须严格履行交接手续；在移交文件时，要造册、核对，签字确认，决不能搞"信任交接"。

（8）归档保密。办理完毕的涉密文件，有查考、保存价值的要及时立卷归档，无查考、保存价值的要立即销毁。

（9）清查保密。定期清查涉密文件。分发和借出的应按时清退。若发现有丢失的，要及时追查处理。

（10）销毁保密。涉密公文应当按照发文机关的要求和有关规定清退或者销毁。销毁涉密公文必须严格按照有关规定履行审批登记手续，确保不丢失、不漏销。个人不得私自销毁、留存涉密公文。

262. 如何做好涉密会议管理

涉及国家秘密的重要活动，主办单位可以制订专项保密方案并组织实施。必要时，有关保密工作部门应会同主办单位工作。

（1）会前保密。严格确定出席、列席人员，选择有安全保障的会场地点。按照会议要求把参会人员手机、智能手表等电子设备放置在会场外，防止会议内容外泄。

（2）会中保密。严格管理会场出入，重视保密教育，搞好安全保卫工作。

（3）会后保密。及时做好会场清查工作，回收涉密材料，统一管理。

263. 如何做好领导言论保密

办公室人员与领导接触很多，能听到领导在非正式或非公开场合的言论，对这些言论同样需要保密。

（1）领导与单位工作人员的谈话，以及领导之间的谈话，不得外传。

（2）领导通过电话向上级反映有关情况的言论，不得外传。

（3）领导与外单位领导商谈工作的谈话内容，不得外传。

264. 如何做好宣传报道保密

根据保密要求，凡属国家秘密和工作秘密的事项，未经批准，均不得公开宣传报道。对外公开报道、发布的信息，应该履行一定的保密审查。

（1）严格遵守保密法和新闻出版保密规定。

（2）开展采编人员保密教育培训。

（3）强化新闻采编过程管理。

（4）严格落实新闻宣传报道保密审查制度。

265. 如何做好微信办公保密 ✎

使用手机处理公务的情形越来越普遍，微信办公确实可以为工作带来一些便利，在一定程度上提高工作效率。然而，微信等即时通信软件是基于移动互联网的应用服务，聊天记录、文件收藏、扫描识别等都会在"云端"传输、处理、存储，一旦涉及国家秘密信息，就等于将涉密信息完全暴露在互联网环境中。微信办公导致泄密违反《中华人民共和国保守国家秘密法》第四十八条第七款"在互联网及其他公共信息网络或者未采取保密措施的有线和无线通信中传递国家秘密"，属于违法行为，情节严重的还将被依法追究刑事责任。

微信办公导致泄密的原因主要还是机关单位保密管理松懈，对干部职工保密教育培训不够，干部职工保密意识淡薄。要重点抓好以下环节管理。

（1）材料起草。避免通过微信收集涉密信息、对涉密材料征求意见等。

（2）传达部署。避免通过微信传达部署涉密工作。

（3）密件阅知。避免对涉密文件拍照，通过微信进行传递。

（4）宣传报道。避免在机关微信公众号发布未经严格审查的涉密信息。

（5）日常交流。严禁含有涉密内容，内部信息也不能涉及。不涉及政治敏感性话题，不"妄议"大政方针。不要与恐怖暴力、邪教有牵连。不透露个人、家庭以及他人隐私等。

266. 如何规范微信群的保密 ✎

（1）审批建群。坚持非必要不建立原则。确需建群时，由各单位负责人提出建群申请，写明用途、准入范围、建立时间及责任人，报经相关领导审批同意后建立。日常要严管控勤检查。一是定期检查。各机关单位要将微信工作群管理情况纳入保密检查重点内容，定期进行微信网络风险隐患排查。对微信工作群情况做到心中有数，定期更新台账，检查群内信息发布情况。二是严控数量。及时解散僵尸群、临时群，对一些必要的工作群进行整合，做到防患于未然。三是按时解散。临时、专项工作群等非日常工作群，工作结束后应立即解散并清除。

（2）规范群名。名称统一为"××部门工作群"。群主需验证成员身份，落实群内实名、注明部门名称，群内成员不得擅自拉人入群或者退群等要求。

（3）建档备案。建立微信办公保密管理台账，注明建群时间、建群目的、群名称、责任人、群主、成员、总人数及解散时间。

（4）压实责任。坚持"谁建群谁负责"原则，建群时明确一名分管领导为责任人，群主默认为群管理员。群责任人与管理员需签订微信办公保密管理责任书。群主需发布群公告，明确保密要求，包括限定群内信息发布范围，如通知公告、制度规定、工作动态等；要求群成员自觉遵守不传密、不转密、发现泄密情况及时报告等行为规范。群主需监督群内信息发布情况，发现群成员发布违规内容及时提醒撤回，并进行批评教育。群内所有成员发现涉及国家秘密或工作秘密内容的，第一时间提醒撤回，并向本单位主要领导报告。

267. 如何管好涉密存储介质 ✎

涉密信息存储介质主要是指笔记本电脑、计算机硬盘、移动硬盘、U盘、光盘、软盘、磁带、录音录像带等，应遵循"谁使用谁负责"的原则。

（1）购买环节。应统一采购、统一登记、统一配发、统一管理。国家有关部门推荐使用的国产保密产品及信息安全产品应作为首选，确因工作需要必须选用境外产品时，应在使用前进行安全保密技术检测，消除泄密隐患。

（2）使用环节。在其外壳或外包装（封、盒、袋）明显易于识别的位置，按照所存储涉密信息的最高密级进行国家秘密标志或涉密标识。应当设置开启密码，可以采用密码连续输入错误所存信息自毁系统。不能设置开启密码的，应当采用电子文档加密存储。建立涉密移动存储介质使用制度，实行专项登记、专人专用，明确责任人及其使用的保密管理责任，建立配发登记台账，标明移动存储介质唯一身份鉴别的序列号码和责任人姓名。因工作需要必须将涉密存储介质携带出工作区的，需经主管领导批准，并报保密领导小组登记备案，返回后要经保密领导小组审查注销。

（3）销毁环节。不再使用的涉密存储介质应由使用者提出报告，由单位领导批准后，交保密领导小组负责销毁。在涉密介质销毁中心，涉密存储介质将被集中销毁。

268. 如何做好涉外接待保密 ✎

涉外接待，主要指境内外事活动，包括接待国（境）外来访、组织或参加涉外活动等。在涉外接待中，应执行各项保密管理规定，既充分发挥对外开放优势，又坚决维护国家安全和利益。

（1）严格审批程序。接待单位应当针对来访目的和访谈内容等事先确定接待方案，报上级业务主管部门审批，并向同级外事主管部门备案。未经上级主管部门审批同意，任何机关、单位不得擅自接待境外组织、机构和人员参观访问；遇有境外人员突然来访，应以礼相待，弄清来意，并向上级主管部门报告。

（2）严控活动内容。在涉外接待中，既要热情友好、以礼相待，又要分清内外、提高警惕，摸清对方意图，防范各种可能的窃密活动。对外方提出的考察或调查项目及其他要求，要认真研究和筛选，确定接待方案，统一洽谈口径。

269. 如何做好电脑网络保密 ✐

做好电脑网络保密，注意以下事项。

（1）涉密电脑应存放在符合保密要求的封闭办公场所，粘贴涉密设备标识和保密提醒标识。

（2）安装"三合一"装置，与互联网和办公内网物理隔离，同时应采取符合国家标准的身份鉴别、病毒查杀等安全保密措施。

（3）涉密电脑不得接入互联网、单位内网或其他非涉密网络。

（4）严禁使用无线鼠标、无线键盘等具有无限互联功能的部件。

（5）不得违规存储国家秘密信息、单位工作秘密信息。

（6）遵循涉密的其他相关要求。

270. 如何做好办公日常保密 ✐

办公室工作涉及大量机密，每一份文件传达到什么范围，决不能马虎。特别是有些事情涉及政治、经济情报，更要有高度的责任心，养成保持沉默的习惯，不得出去乱传乱说。严格遵守如下"十不"要求。

（1）不该说的机密，绝对不说。

（2）不该问的机密，绝对不问。

（3）不该看的机密，绝对不看。

（4）不该记录的机密，绝对不记录。

（5）不在非保密本上记录机密内容。

（6）不在私人通信中涉及机密内容。

（7）不在公共场所和家属、子女、亲友面前谈论机密。

（8）不在不利于保密的地方存放秘密文件、资料。

（9）不在普通电话、明码电报、普通邮局传达涉密事项。

（10）不携带涉密材料游览、参观、探亲、访友和出入公共场所。

第十二章　督查督办

271. 督查督办的基本原则是什么 ✐

《政府督查工作条例》是为了加强和规范政府督查工作，保障政令畅通，提高行政效能，推进廉政建设，健全行政监督制度而制定的条例。经 2020 年 12 月 1 日国务院第 116 次常务会议通过，由国务院于 2020 年 12 月 26 日发布，自 2021 年 2 月 1 日起施行。《政府督查工作条例》为我们开展督查督办工作提供了遵循和指导。

办公室督查督办是一项政策性很强的工作，为确保工作质量，提高工作效率，必须遵循如下原则。

（1）领导授权。督查督办工作体现的是代表单位最高决策层进行的具体管理职能，需要有具体遵循的管理制度和工作程序，负责督查督办的管理部门必须经单位决策层领导授权后方可履行督查督办职能。

（2）围绕中心。事关单位事业发展大局和阶段性重点工作以及群众切身利益的，必须立项督办。同时，要防止督查项目过泛过滥，需要长期坚持抓好，且属于部门经常性工作的，除非主要领导特别指示，一般不予立项。

（3）科学决策。在确立督办事项及实施督查督办过程中，要充分考虑确立的督办事项是否符合党和国家的相关政策法规，是否符合单位改革发展实际，是否符合全年督查督办清单，以促进决策的科学化，增强督查落实的可行性。

（4）务实高效。急事急办，特事特办，讲求效率，防止拖沓延误，确保政令畅通。各单位要积极配合，协同开展督查督办工作，根据职责分工认真落实督查督办事项，确保事事有着落、件件有回音。

272. 督查督办的主要作用有哪些 ✎

习近平总书记指出，"对党中央作出的决策、部署的工作、定下的事情，要雷厉风行、紧抓快办，案无积卷、事不过夜，要扭住不放、一抓到底"[①]。督查督办是办公室管理的一项重要职能，是保证党委和政府决策有效实施的重要手段，是改进工作作风、提高工作效率的有效途径，是提高党委和政府领导执行力的有力措施。

（1）推动作用。通过督查督办，可以让承办单位实施各项决策部署。

（2）反馈作用。通过督查督办，可以让领导知悉各项工作落实情况。

（3）指导作用。通过督查督办，可以帮助承办单位发现问题、解决问题。

273. 督查督办的基本程序有哪些 ✎

习近平总书记强调，"督查工作十分重要，是推动工作落实、保证决策实施的有效形式和重要手段，光有工作部署没有具体落实，等于没有部署，因此必须高度重视督促检查，认真把督查工作抓紧抓好"[②]。督查督办工作体现的是代表党委和行政领导进行的具体管理职能，需要有具体遵循的工作程序。

---

① 习近平.办公厅工作要做到"五个坚持"[J].秘书工作，2014（6）：4-8.
② 中央党校采访实录编辑室.习近平在浙江（下册）[M].北京：中共中央党校出版社，2021：153.

（1）明确立项。一事一立，具体明确承办单位和责任人，并同时明确办理内容和信息反馈时限要求。

（2）及时交办。第一时间及时交办督查督办事项，保证工作的实效性。

（3）认领承办。承办单位在接到督查督办事项后，单位主要领导应亲自审阅，提出明确落实意见，确定具体负责人员。

（4）定期催办。随时掌握督查督办事项的办理进展和落实情况，视反馈时限要求情况，定期对承办单位进行催办、检查。

（5）形成报告。督查督办部门要联合承办单位，将项目办结情况形成单项或综合报告材料。

（6）及时归档。按照档案管理相关规定，督查督办事项办结后，应将交办材料原件、承办部门反馈意见、领导指示、督查报告等有关材料收集齐全，并妥善保管。

274. 督查督办的主要类型有哪些 ✎

一是决策督查。围绕党和国家的大政方针和各级党委、政府重大决策的落实与完善所进行的督促检查活动。

决策督查的主要范围如下。

（1）中央召开的主要会议精神以及中央领导讲话在本地、本部门贯彻落实情况。

（2）中共中央、国务院以正式文件部署的重大方针、政策和重要工作的贯彻落实情况。

（3）上级党委、行政重要会议精神、重要文件、重要工作目标任务落实情况。

（4）本级党委、行政重要会议精神、重要文件、年度工作目标任务落实情况。

二是专项督查。就某一督办事项向某些地方和部门发出指令，它是办公室参与政务服务的重要途径。

专项督查的主要范围如下。

（1）承办中央领导同志批示、上级领导同志批示的查办事项。

（2）承办上级党委、行政督查部门通知的查办事项．

（3）承办本单位领导同志批示的查办事项。

（4）督查部门根据自己实际情况确定的查办事项。

275. 督查督办的常用方法有哪些 ✎

（1）催报督查。根据时限要求，对于需要督查督办的事项，随时通过电话沟通、电子邮件提醒等方式督促承办单位按要求及时落实和反馈承办情况。

（2）跟踪督查。对情况复杂、需要较长时间才能办结的重要事项，在催报督查的基础上，实施动态跟踪，掌握全程进展情况。对重大决策和重要工作部署，必要时组织检查组进行实地跟踪督查。

（3）联合督查。对于涉及单位全局的重大事项，督查督办工作交办部门应与其他相关职能部门组成工作组，对承办单位工作开展情况进行联合督查。

（4）调研督查。交办单位有时还要根据决策实施的进展情况，针对工作落实中的热点、难点问题等进行深入调研，全面掌握工作落实过程中的具体问题，并对存在的问题进行深入剖析，写出有针对性的调研报告，为单位决策层领导提供有价值的参考，促进决策内容有效落实。

276. 如何规范撰写督查督办报告 ✎

督查督办报告是督查部门按照上级要求，对某项决策部署开展督促检查之后，将督查的简要过程、落实的进展成效、发现的主要问题以及下一步加强和改进工作的建议等进行归纳总结提炼，向上级报告的一种上行公文。

（1）开篇应简明扼要。首先，简要说明督查部门是根据党委或领导的什么指示、什么要求开展督查。其次，简要说明是在什么时间段、对哪些地方和部门贯彻落实什么决策部署、采取什么方式开展督查。最后，要点一点在了解决策部署落实情况的同时也发现了问题，并针对问题提出有关工作建议和措施，为接下来的分段详述做出指引。

（2）过程和成效可合写。正文的第一部分主要讲督查的基本情况。这一部分可以把督查的具体过程和所督查的决策部署落实进展或成效合并在一起写。督查的具体过程要讲深、讲全，目的是让领导了解督查实施的全貌和督查人员所做的工作。决策部署落实进展或成效可简要概括。

（3）讲问题应真实客观。正文的第二部分主要讲督查发现的问题。这一部分要把督查过程中发现决策部署执行不到位的地方和未落实的问题串联融合起来，把点滴、零碎的督查记录梳理加工，客观真实地反映出来。

（4）建议要站位高可操作。正文的第三部分主要讲下一步的工作建议和措施，为领导进一步优化决策、加强指导，推动各地各有关部门改进相关工作提供重要参考依据。

277. 如何规范开展挂牌督办工作 ✎

　　根据《现代汉语词典》的释义，"挂牌"原指商铺对外悬挂牌匾，表示正式开门营业，后引申为将事务公之于众，常用于企业、学校、政府等部门向外界展示某种信息或宣布某项决定。"督办"由"督"和"办"两个词语组成，表示对工作、事务进行监督并督促完成，其源头可追溯至古代中国的官僚政治实践，特指为确保政务的顺利推行，上级对下属实施的监督管理行为。而作为一项现代的督查制度，挂牌督办的内涵可以根据《重大事故查处挂牌督办办法》中所规定的具体程序加以界定：所谓挂牌督办，是指中央安全生产主管部门在中央主流媒体、中央政府网站、中国安全生产报、（原）国家安全监管总局网站公布其向省级人民政府下达的包括事故名称、督办事项、办理期限、督办解除方式和程序等内容的督办信息，主动接受社会舆论监督，督促地方政府限时完成重大事故的调查处理、责任追究、事故预防与整改等系列任务的制度安排。

　　下面以《自然资源部挂牌督办和公开通报违法违规案件办法》为例说明挂牌督办的工作流程。

　　一是明确挂牌督办情形。符合下列情形之一的违法违规案件，可以挂牌督办。

　　（1）违反国土空间规划和用途管制，违法突破生态保护红线、永久基本农田、城镇开发边界三条控制线，造成严重后果的。

　　（2）违法违规占用耕地，特别是永久基本农田面积较大、造成种植条件严重毁坏的。

　　（3）违法违规批准征占土地、建设、勘查开采矿产资源，造成严重后果的。

　　（4）严重违反国家土地供应政策、土地市场政策，以及严重违规开发利用土地的。

（5）违法违规勘查开采矿产资源，情节严重或造成生态环境严重损害的。

（6）严重违反测绘地理信息管理法律法规的。

（7）隐瞒不报、压案不查、久查不决、屡查屡犯，造成恶劣社会影响的。

（8）需要挂牌督办的其他情形。

二是挂牌督办案件筛选、呈批和公开。

（1）通过信访、举报、领导批办、媒体曝光、监督检查、地方上报、部门移送等多种渠道，自然资源部相关司局获取案件线索。

（2）依据查处职责分工，自然资源部相关司局对职责范围内认为应当挂牌督办的违法违规案件线索，需核清违法违规的主体和主要事实。符合挂牌督办情形的，提出挂牌督办建议报自然资源部领导审定，同时附挂牌督办违法违规案件通知。

（3）经自然资源部领导同意挂牌督办的，自然资源部相关司局应当在 2 个工作日内以自然资源部办公厅函的形式，向省级自然资源主管部门下达挂牌督办违法违规案件通知，并抄送相关省级人民政府办公厅和国家自然资源总督察办公室、派驻地方的国家自然资源督察局。

挂牌督办违法违规案件通知应当通过自然资源部门户网站、《中国自然资源报》或新闻发布会，及时向社会公开。

（4）挂牌督办违法违规案件通知包括案件名称、违法违规主体和主要违法违规事实、挂牌督办要求、联系人等内容。

三是挂牌督办案件查处。

（1）省级自然资源主管部门收到挂牌督办违法违规案件通知后，应当及时按照挂牌督办要求会同有关部门组织调查处理，并于挂牌督办之日起 45 日内形成调查处理意见。调查处理中遇到重大或复杂情况难以处理的，应当及时向省级人民政府汇报。调查处理意见应当征求自然资源部意见。

（2）自然资源部相关司局依据法律、法规、规章和规范性文件，对挂牌督办案件的调查处理意见进行研究，必要时征求其他司局意见。研究提出的意见经自然资源部领导同意后，及时反馈省级自然资源主管部门。

（3）省级自然资源主管部门正式做出调查处理意见后，应将调查处理意见报自然资源部，由自然资源部相关司局通过门户网站、《中国自然资源报》向社会公开。

四是挂牌督办案件跟踪督导。

（1）自然资源部相关司局应当对挂牌督办案件的调查核实、处罚或处理决定的执行、整改落实等情况进行跟踪督导，必要时可以派员现场督办。

国家自然资源督察机构结合督察工作任务，对挂牌督办案件办理情况进行督察。

（2）省级自然资源主管部门对自然资源部挂牌督办案件推诿、办理不力或者弄虚作假的，自然资源部依法依规将问题线索移送纪检监察机关。

五是挂牌督办案件移送。

（1）需追究违法违规主体刑事责任的，由承办案件的自然资源主管部门依法依规移送司法机关处理。

（2）违法违规主体涉嫌违纪和职务犯罪的，由承办案件的自然资源主管部门依照有关规定将问题线索移送纪检监察机关处理。

（3）符合中共中央办公厅关于移送问题线索工作办法规定情形，需向中央纪委国家监委移送的，经自然资源部领导同意后，自然资源部相关司局按照规定移送。

六是公开通报。

（1）自然资源部相关司局负责对自然资源、国土空间规划、测绘等违法违规案件进行筛选和审核，拟制公开通报案件材料。

（2）公开通报案件应当符合挂牌督办案件情形，在其依法依规处理到位后可以公开通报。必要时，正在查处的案件也可以公开通报。

（3）地方自然资源主管部门查处的违法违规案件拟公开通报的，省级自然资源主管部门负责对违法违规主体、主要事实、处理情况以及行政处罚决定书、执行记录、党纪政务处分决定书等相关文书进行审核，拟制公开通报案件材料报自然资源部。

（4）经自然资源部领导同意后，自然资源部相关司局通过新闻发布会、自然资源部门户网站、《中国自然资源报》等向社会通报案件情况。

（5）地方自然资源主管部门正在查处的公开通报案件，自然资源部相关司局应加强跟踪指导。案件查处到位后，省级自然资源主管部门将情况报自然资源部，由自然资源部相关司局负责通过自然资源部门户网站、《中国自然资源报》向社会公开。

278. 督查督办中如何有效催领导

抓而不紧等于不抓，抓而不实等于白抓。领导手中有很多事情，不可能面面俱到，也需要办公室人员提醒。办公室人员要掌握好催办力度，拿捏好催办分寸。

（1）呈报时，掺背景。办公室人员为了使呈报的事项及时得到批复，在向领导呈报时，可以加上一个"时间"背景，其用意是暗示领导该事项的办理时限，请领导尽快考虑批复。

（2）假请示，真提醒。当办公室人员呈报的事项领导确实忘记了，可以这样说："×× 书记，上面要求我们在 ×× 之前汇报我单位贯彻 ×× 号文件的情况，您看什么时候方便，我们提前对接一下。"表面看来是请示，实际是在催促。

（3）闲聊时，捎一声。办公室人员和领导之间的联系频率较高，发挥强联系的便利，有些催办的事项，在与领导闲聊时很自然地捎问一句，亦能达到较好的效果。

（4）找领导，催领导。当有些事项不好直接催主要领导时，可以通过"请示"副职的方式让他们向主要领导捎话，提高催办的效率。

279. 督查督办中如何有效催同级

同级单位之间没有职位和权力从属关系，办公室在一定程度上代表单位党委和行政统筹协调相关事务，要大胆发挥督查督办重要职能。

（1）单刀直入。本机关各部门工作人员彼此熟悉了解，不需要转弯抹角，可以运用和蔼的语言单刀直入，有什么催什么。

（2）运用清单。制作和运用统一规格的催办清单（表格），设置交办部门（人）、交办时间、要求完成时间、交办事项、承办部门（人）、办理时间、办理结果等栏目，并说明催办要求。

280. 督查督办中如何有效催下级

本着机关为基层服务的原则，上级机关在催办下级机关或基层时，既要督促他们抓紧落实，又要体谅他们的难处，而且要尽力给予帮助。

（1）催办和协办结合。一般讲，催办人员不直接处理、解决工作落实中的问题，大量的工作应由承接单位办理。工作中，往往有些难度较大的问题，需要催办机关协助基层处理。

（2）催办与检查结合。催办人员不能满足于领导交、自己催，交什么、催什么，要学会从被动服从转向主动服务，善于根据领导意图和指示精神，自觉、主动开展督查督办工作，在抓好催办的同时，还要抓好检查，使单纯催办转向既抓催办又抓检查，由被动地完成一般性交办事项转向主动围绕中心工作和重大决策抓落实，从而深化催办效果，切实推动工作。

第十三章　服务保障

281. 如何抓好办公室外围环境管理 ✎

一个清洁、有序的办公环境对组织形象和办公效率会产生一定影响。创造和保持良好的工作环境，是办公室管理的重要内容。

（1）日常维护。安排专人打扫办公大楼、公共区域，建立日清日检机制。个人做好室内清洁卫生。

（2）专项维护。有来访接待、重大活动时，安排专人做好沿途清洁卫生，特别是卫生间清洁工作。

282. 如何优化办公室内部设施布局 ✎

（1）封闭式。这是一种较为传统的办公室布局形式，把组织内部各职能部门独立安排在一个个小房间内，组成一个个小办公室。优点是安全保密、独立安静、保护隐私，缺点是成本高、交流少、监督难。

（2）开放式。将一个大工作间"切分"成多个相对独立的工作单元，把组织内部各职能部门的所有工作人员按照工作程序安排在各工作单元中开展工作。优点是空间利用率高、共享办公设备、工作单元灵活、工作流程通畅、易于监督员工，缺点是不宜开展机要性工作、不利于集中精力、工作中噪声太大、缺乏单独办公点。

（3）混合式。在开放式大办公室内，把组织内部的各职能部门用组合式办公用具或其他材料分隔开来，组成若干工作区域，开放中有封闭，各部门既相对集中，又在一定程度上避免了相互干扰。

283. 如何抓好办公室内部环境管理 ✎

办公室是日常工作的主要场所，其内部环境直接影响办公人员的心情和工作效率。一个舒适的办公环境不仅能使工作者心情愉悦，还能提高工作效率。

（1）座椅布局合理。不管是封闭式、开放式，还是混合式办公，相互之间减少干扰。

（2）物品摆放有序。办公桌的整洁在一定程度上反映一个人的工作状态。公共办公物品在固定位置共享，个人办公物品以实用为主。不常用的办公物品收纳进柜。

284. 如何维护办公场所与设施安全 ✎

（1）树立安全意识。一是高度重视安全，落实安全工作"一把手"负责制，牢固树立"安全第一"的意识。二是掌握安全知识，宣传和普及安全管理基本法律知识。三是加强安全管理，制定完善本单位安全管理规章制度。

（2）识别安全隐患。一是建筑隐患，主要是指地、墙、天花板及门、窗等，如地板缺乏必要的防滑措施，离开办公室前忘记关窗、锁门等。二是家具隐患，如办公家具和设备等摆放不当，阻挡通道；家具和设备有突出的棱角；橱柜等顶端堆放太多东西有倾斜倾向等。三是设备隐患，如电线磨损裸露，拖曳电话线或电线，电脑显示器摆放不当的反光，复印机的辐射等。四是人为隐患，如女士的长头发卷进机器设备，复印后将保密原件遗留在复印机玻璃板上，在办公室里抽烟，有关的安全标识不能识别等。

（3）明确安全要求。比如：办公区地面、墙面、天花板完好整洁；禁止在办公室里吸烟，必要时在工作区外设立吸烟区；办公室内噪声要低，可利用屏障、地毯、隔音罩来减少噪声；办公设备、办公用品和易耗品要满足工作所需并符合健康、安全要求，包括工作台上的电话、计算机、文具及公用设备和物品；室内的装饰、标志等应符合单位要求，适当配备绿色植物等。

285. 如何办理领导临时交代的工作 ✐

办公室人员在领导身边工作，经常会接到领导的临时指令。做好临时工作是展示责任感和个人能力的良好契机，我们既要主动承接，又要避免硬扛，用"解决问题思维"替代抱怨，这样不但维护了领导信任，而且促进了自身成长。

（1）认真倾听，明确任务要求。领导临时交代的工作，往往表述较为简单短促，不一定全面细致。一定要仔细倾听，认真记录。不清楚、不明白的要立即询问，有建议大胆提，务必明确任务的具体内容、目标、范围和期望成果，避免因理解偏差影响工作进度。

（2）立即行动，高效执行任务。临时工作一般时间要求严格。为避免拖延耽误，我们要迅速行动，形成落实方案。注意，迅速行动不是盲目行动，要思虑周全，想清楚关键环节在哪里，合理分解任务，有条不紊开展工作，做到办事效率高、效果好。

（3）主动汇报，及时反馈结果。领导安排工作后，一般都需要了解后续落实情况。办公室应及时、主动汇报任务进展。向领导报告情况要讲究方式方法，最重要的是把结果简明扼要地告知领导。如果领导对实施过程感兴趣，可以一并报告。

286. 如何做好领导出差的沟通协调 ✐

协调和陪同领导出差，重点要把握出差前、出差中、出差后三个阶段，抓好吃、穿、住、行四类事。

（1）出差前，准备要周到。一是行程安排，提前选好座位，确定入住安排等。二是相关信息，包括内情（本单位情况、领导住宿和饮食忌讳事项）、外情（对方风土人文情况、单位情况、相关领导情况、所在地天气情况）、交情（双方合作情况）、讲话稿等。三是相关用品，包括电脑、雨伞、便携式熨斗等，办公室人员不携带拉杆箱，方便为领导服务。四是了解财务制度，切忌超标准开具发票。五是协调接送车辆，提前告知司机确认目的地等。

（2）出差中，办事要提前。提前提醒领导用餐、开会安排，提前查看会场，提前用餐完毕，提前收拾好行李，提前结算费用等。善于观察，时刻关注领导的动向和需求。学会闭嘴，如果领导不想说话，千万别没话找话。

（3）出差后，总结要跟进。发布新闻报道，落实洽谈事项，报销差旅费用，复盘总结等。严守秘密，领导行程和相关活动控制知悉范围。

287. 如何制订领导出差的行程安排 ✎

详细的出差行程可以确保领导在出差过程中有计划地完成任务，避免时间浪费在不必要的等待或转移中，从而提高工作效率。

（1）了解出行情况。包括出差事由、目的地、外出时间、返回时间、随行人员、会见人员、外出期间工作事项等内容。

（2）查询相关信息。包括出行乘坐交通工具及其票务信息，起程、抵达及运行时间，与主办方联系确认有关细节，住宿地点位置及房价，随行人员联系方式，会晤人员基本信息及联系方式等。

（3）制订行程计划。将出差期间的事件、日期、时间、地点、有关人员等内容整合在一张表中，简便直观。领导审批后执行。

288. 如何加强领导的公务用车管理 ✎

规范和加强公务用车管理，是深入贯彻落实全面从严治党要求、落实中央八项规定及其实施细则精神的重要举措，也是党政机关厉行勤俭节约、反对铺张浪费的必然要求。

（1）熟悉相关文件。2017 年中办、国办印发的《党政机关公务用车管理办法》，对公务用车管理原则、总体要求和公务用车编制、标准、配备、经费、使用、处置以及监督检查等作出全面规定。2019 年国家机关事务管理局印发《中央国家机关所属垂直管理机构、派出机构公务用车管理办法（试行）》，2024 年国家机关事务管理局、中共中央直属机关事务管理局联合印发《中央和国家机关所属事业单位公务用车管理办法》。

（2）依法依规保障。严格执行配备标准，将公务用车购置和运行费用纳入"三公"经费实行严格管理，坚持无编制不配备、无预算不采购，不得以特殊用途等理由变相超编制、超标准配备公务用车，不得以任何方式换用、借用、占用下属单位或者其他单位和个人的车辆，特别要防止以借用、租用等名义变相占有使用管理和服务对象的车辆，影响公正执行公务。

（3）优质高效服务。保持车辆安全、干净，车内常备热水、冷水、纸巾，确保提前到位、人不等车。

289. 如何协助领导开展好调查研究 ✎

调查研究是我们党的基本领导方法和工作方法，是领导干部摸清实情、科学决策的前提与先决条件。作为办公室人员，协助领导高效开展调研活动是一项重要日常工作，需要将功夫下足，保障调研活动顺利开展，推动具体任务顺利实施，体现出办公室应有的服务保障作用。

（1）协助选题，紧贴当下。调研活动，有的是领导定下事项，办公室做好服务保障，有的需要办公室提出建议，由领导参考决定。

（2）精心备课，有的放矢。调研活动开展之前，办公室要备足信息课、资料课、行程课，决不能仓促上阵，打没有准备的仗。

（3）深度参与，勤学善思。服务领导调研，办公室人员不能仅满足于"安排好线路""准备好资料"这些基础工作，还需要多看、多问、多记、多思，全程用心参与。

（4）强化调度，推动落实。调研之后，办公室要对工作要求进行落实推进，对工作方法进行思考总结。

290. 如何协助领导处理信件与邮件 ✐

协助领导处理信件与邮件是办公室的一项日常工作，减少不必要的信息干扰领导工作，确保领导及时知悉重要信息。

（1）签收登记。每天上班应第一时间签收、查阅当日所收邮件，并对其基本信息进行登记。邮件登记的主要内容包括收件人（收件部门）、寄件人（寄件单位）、收件日期、邮件类别等。

（2）邮件分类。按邮件的性质，可把邮件分为公务邮件和私人邮件。私人邮件既包括寄给组织中具体某一个人的邮件，也包括那些封皮上标有"亲启""私人""保密"等字样的邮件。对于私人邮件，办公室人员一般都要将其直接交到收件人手里。公务邮件可根据重要程度分为三类，即重要邮件、普通邮件、报刊等。重要邮件是邮件封皮上有"机要""急件""绝密""机密""秘密"等标记或其他带回执邮件或落款是重要人物、重要单位的邮件，要优先送达。

（3）拆封。拆封邮件，应用剪刀、拆信尺或其他专业工具，不能用手撕，以免不小心破坏邮件上的一些重要信息，同时也可以保持邮件封皮（如信封）的美观。在对邮件进行拆封的过程中，还要求办公室人员在邮件右上角加盖或手写收件日期，方便分辨邮件是否已经做过处理。

（4）阅函。办公室人员应及时对所属自己阅览的信函进行阅读处理，必要时登记，可对信件进行加注。如果不小心拆了领导的私人信件，应在确定是私人信件后，停止阅读，马上密封，亲自送给领导，并致歉。

（5）呈送。在呈送过程中，应按照轻重缓急程度对需呈送的邮件再做细分，保证重要信函得到优先处理。阅读顺序基本上按职位高低排列。另外，办公室人员在呈送信函时，也可视情况将自己已处理的信函及处理结果汇总附上。

第十四章 工作方法

291. 什么是办公室工作能力专业化 ✎

办公室工作能力专业化，就是办公室工作人员贯彻落实党的路线方针政策，运用专业理论和专业知识、专业思维和专业方法，履行自身职责，高质量推进"三服务"工作的本领。专业理论和专业知识，是阐释办公室工作特有的范畴、观念，揭示办公室工作的特点、规律，对办公室工作实践有指导作用的理论体系和知识体系。专业思维和专业方法，是开展办公室工作所运用的思维方式、途径方法和技术手段。办公室工作能力专业化，既是办公室整体水平的体现，又是办公室每一位工作人员素质的体现，是个体与整体的有机统一。

（1）常态积累，提升专业素养。有目的、有计划、有针对性地学习和练习，克服自己的弱项，不断提高自身专业素养。

（2）深度研讨，夯实专业知识。每天一读，开展党报日读计划。每周一学，每周集中一小时进行学习研讨。每月一讲，邀请在办公室工作过的资深前辈作辅导报告。

（3）实战练兵，锤炼专业能力。在工作中互学互鉴，比学赶超，不断提升实战能力。

292. 什么是办公室工作项目化管理 ✎

在日常行政管理工作中所说的项目，是为了实现同一目标的任务组合，即任务包。"任务包"里的任务必须是可以执行的，否则就不是"任务包",而可能是"资料包"。办公室牵头的工作很多,有先有后,把要做的事列入议事日程,确定下来,避免眉毛胡子一把抓,就是"项目化管理"。

(1)项目分析,明确任务。项目的实施过程实际就是追求预定目标的过程。在明确任务的时候,我们要关注三个问题。一是使命,也就是为什么干这个事。二是愿景,也就是干到什么程度。三是任务,也就是如何实现,制订行动方案。

(2)组建团队。在项目中要确保人责分明。每项工作不仅要有具体的人去执行,还要有明确的人来负责,尤其是需要多人一起完成某个项目时,就有必要组建一个临时项目团队。

(3)项目分工,定岗定责。通过合理的角色分配和分工,项目团队可以更好地协同工作,提高项目的效率和成功率。在一个项目中,如果一项工作让每个人都参与,而没有明确的责任界定,人人负责就意味着没有人负责。

(4)推进实施,有效管理。在项目进行过程中,由于信息、资源等各方面的限制和不对称,各个层面的人员对项目的了解不一定全面,所以就有必要重点做好以下四个方面的事情:一是关注进度;二是持续沟通;三是纠正偏差;四是制度保障。

(5)评估总结,推广应用。可以采取自我评估、专人评估、总结报告等方式进行。

293. 什么是办公室工作落实清单化 ✎

日常生活中随处可见清单,比如餐馆里的菜单、购物车里的商品列表、超市的购物单、外出旅行安排计划、备忘提醒、心愿清单等。清单是一个简单又好用的工具,可以帮助我们避免遗忘,保持专注,做什么事情都心里有数,方便复盘与回顾,方便整理思路,时刻提醒我们拒绝拖延等。

办公室清单化管理，是针对办公室业务活动，分析流程，建立管理台账，并对流程内容进行细化、量化，形成清单，列出清晰明细的管理内容或控制要点，检查考核按清单执行。

（1）目标清单，让努力方向更明确。办公室工作千头万绪，事务杂、时间紧、任务重、要求高，倘若没有重点、面面俱到，工作必然会陷入"按下葫芦浮起瓢"的忙乱之中。为避免这种现象发生，就要善于运用辩证思维，根据上级有关要求和工作部署，正确把握工作的轻重缓急，分类指导，把目标任务分解到部门、个人，细化到每周、每天，然后根据工作清单跟踪督导，挂账销号，确保各项工作目标任务落实到位。

（2）任务清单，让工作职责更具体。强化工作精准落实意识，明确一级抓一级、层层抓落实的任务清单，推动各级履职尽责。切实加强统筹指导，突出重点，抓住要害，避免眉毛胡子一把抓，以抓铁有痕、踏石留印的作风，以"一竿子插到底"的精神，拧紧责任发条，确保责任落实、工作落地，做到不达目标不罢手、不见成效不收兵，不断提高抓工作落实质效。切实提高执行力与执行能力，把困难想在前头，把工作做在前头，接到任务后立即记录，及时分解任务，落实到具体人员，办完还要第一时间反馈结果，确保各项工作不折不扣落实到位。

（3）检查清单，让工作落实有保障。管理的核心就是检查，而检查又是重要的行政监督形式。没有检查，很容易产生无效管理；没有检查，管理就无从谈起；而若是检查之后不处理，检查就流于形式，失去了意义。检查的形式有很多种，通过自我检查找到自己的问题，通过交叉检查互相探讨，通过专项检查做到精益求精，通过第三方检查进行全面评估。

（4）问题清单，让补短目标更清晰。发现问题是前提，解决问题是根本。梳理问题清单，要坚持以问题为导向，善于牵住解决问题的"牛鼻子"，直奔问题去，追着问题走，根据问题缓急难易程度列出问题解决具体时间表，发扬"迎难而上，敢啃硬骨头"的精神，切实在瓶颈问题上求突破、在弥补弱项上求创新，以问题为导向倒逼每一位同志积极主动更新思想理念、创新管理方法、提升工作质效。在列出问题清单的同时，还可以建立错情台账，举一反三，避免同样的错误再次出现。

294. 什么是办公室工作运行流程化 ✎

流程是"工作流转过程"的简称，工作的推进需要多个部门、多个岗位的参与和配合，这些部门、岗位之间会有工作的承接、流转。流程可以把个人的优秀变成众人的优秀，再把众人的优秀变成组织的优秀，进而提升组织整体能力。办公室流程化管理，就是把常规的、重复的、固定的业务规划成流程图，岗位职责细分到人，精简工作中的烦琐环节，加快工作、业务流转速度，提高效率。

（1）设计流程，简单高效。设计流程图的时候，相关的图标和符号有规范的要求。比如：椭圆表示流程的开始和结束，矩形表示具体的任务和项目，菱形表示需要决策的事项，带箭头的直线表示流程线等。

（2）执行流程，人事衔接。制定流程很重要，执行流程更重要。流程中的个人完成了任务，如果没有有效衔接，整个工作可能就会徒劳无益。

（3）优化流程，减少消耗。流程绝不是僵化的、一成不变的，它需要不断复盘、改进和优化，才能创造更大的绩效。撤销不必要程序，减少不必要环节，优化岗位职能，做事有章可循。完善信息通道，实现信息共享。让流程运转，减少人为干预。

295. 什么是办公室工作要求标准化 ✎

所谓标准，就是为了在一定范围内获得最佳秩序，经协商一致制定并由公认机构批准，共同使用和重复使用的一种规范性文件。这是国际标准化组织（ISO）、国际电工委员会（IEC）、国际电信联盟（ITU）三大国际标准组织共同给标准下的定义。标准化，就是制定标准、实施标准并进行监督管理的过程。

办公室标准化管理，就是让标准成为习惯，让习惯符合标准，让结果达到标准，实现事事有标准、人人讲标准、处处达标准的工作目标。

（1）确立好标准，才能统一方向。确定明确的标准，结果才能到位。就像餐厅盘子泡过消毒液后要用水冲几遍，多一遍少一遍都不行，这就是标准。

（2）按标准做事，让工作更规范。标准决定质量，有什么样的标准就有什么样的质量，有高标准才有高质量。办公室工作抓落实，必须高标准严要求，唯此才能确保工作规范高效。

296. 什么是办公室工作成效数据化 ✎

数据化管理是指运用分析工具，对客观、真实的数据进行科学分析，依靠数据发现问题、分析问题、解决问题、跟踪问题的管理方式。办公室数据化管理就是充分各类数据信息，为管理者提供真实有效的科学决策依据。

（1）目标数据化。当行动有了明确目标，并能把自己的行动与目标不断地加以对照，进而清楚地知道自己的行进速度和与目标之间的距离时，行动的动机就会得到维持和加强，行动者就能够自觉地克服一切困难，努力实现目标。

（2）任务数据化。领导在布置工作的时候，一定要把标准说清楚。我们在接受领导部署任务时，要复述确认重要事项，特别是量化的数据。事前有了标准，事后考核也会容易很多，没有标准就没法判定执行结果到底如何。

（3）结果数据化。没有严谨的数据结果，就难以体现具有显示度的绩效。

（4）习惯数据化。数据化管理的关键并不是数据，而是习惯用数据去思考问题、完成工作。

297. 什么是办公室工作规范文本化

"文本"是文化理论中的术语，文本就是文化环境的生产和消费过程，受众在这个过程中获得并构建起自身的文化意义。办公室文本化管理就是将规章制度、工作规范形成文本的过程。通过这一过程，把各方面规则用条文的形式表现出来，形成可学习、可执行、可推广的范例。

（1）明确文本意图，体现实用性。文本不仅是一看就懂、一学就会的"说明书"，更是办公室工作人员规范工作、履职尽责的"工具书"。

（2）符合最新要求，体现时效性。不能凭经验、靠感觉，必须符合上级最新政策要求，要落实中办、国办 2012 年 4 月 16 日印发的《党政机关公文处理工作条例》，以及国家质量监督检验检疫总局、国家标准化管理委员会 2012 年 6 月 29 日发布的《党政机关公文格式》（GB/T 9704—2012）相关要求。

（3）切合单位实际，体现真实性。"实事求是"是我们党思想路线的核心内容，也是毛泽东思想的精髓之一。依据上级要求、本单位实际和工作需要，可以组织编印《工作手册》《工作指南》《指导手册》等文本。

298. 如何把握办公室工作时间方法 ✎

时间是一个人最稀缺的资源，"有效的管理者并不是一开始就着手工作，他们往往会从时间安排上着手。他们并不以计划为起点，而是认识清楚自己的时间用在什么地方才是起点"①。赢得时间，就是赢得机会、提高效率、争取效益。时间管理是在日常事务中执着并有目标地应用可靠的工作技巧，引导并安排管理自己及个人的生活，合理有效地利用可以支配的时间。办公室人员的时间管理，就是对自己和领导的时间进行有效计划和控制，制订工作计划，合理安排行程，从而在有限的时间内高效率完成所有工作内容。

（1）时间表管理法。时间表是将某一时间段中已经明确的工作任务清晰地记载和标明的表格，它可以提醒使用人和相关人员按照时间表的进程安排去行动，从而按计划完成工作任务。时间表可以分为年度时间表、季度时间安排表、月时间安排表等。

（2）工作日志管理。工作日志即工作日程表，是根据周工作时间表编制的一天内单位领导和自己活动的具体工作安排。工作日志通常准备两本：一本为领导使用，另一本为办公室人员自己使用。办公室人员要科学设计工作日志项目，通常应包括日期、时间、地点、工作内容等。

---

① 彼得·德鲁克.卓有成效的管理者 [M].北京：机械工业出版社，2019：28.

299. 如何把握办公室时间管理艺术 ✎

对于办公室人员来说，有效率意识和没有效率意识，对各项工作开展成效的影响是巨大的。没有提质增效的效率意识，不克服消极的、钻牛角尖的思想方式，工作便会"乱成一团麻"，徒劳无功。

（1）优先等级要分清。人的时间和精力是有限的，不制定一个顺序表，你会对突然涌来的大量事务感到手足无措。史蒂芬·柯维认为"有效的管理指的就是要事第一，先做最重要的事情"[①]。时间"ABCD 四象限法"就是把工作按照重要和紧急两个不同的程度分为四个象限：既紧急又重要，重要但不紧急，紧急但不重要，既不紧急也不重要。

（2）工作顺序要恰当。掌握单位活动规律，了解领导与单位内外各部门的关联，如单位这个阶段的工作重心是什么，将召开什么会议等，这样才能为领导协调好工作的先后次序。及时了解掌握那些临时发生或突然发生的事。办公室成员应把这些突发性事件尽量纳入正常工作之中，不必急于做出反应，尽量把这些事情安排在未来某个有空的时间去做。

（3）时间分配要合理。适当地安排处理每件事所需的时间。如果处理事情所需的时间安排过短，工作无法按时完成，后续的任务都得往后顺延。

300. 什么是办公室工作的交点法则 ✎

各个岗位之间、部门与部门之间、上下级之间的交叉点，称为

[①] 史蒂芬·柯维. 高效能人士的七个习惯（精华版）[M]. 北京：中国青年出版社，2002：98.

管理的交点。管理中的交点很多时候成了管理的盲点。

交点法则强调了办公室各项活动中，不同岗位和部门之间存在的交接点和协作需求，以及解决这些问题的重要性。为了解决这些交点问题，可以采用沟通、责任确立等方式来确保各方的协同合作，避免责任推诿。

（1）双向沟通。在接收领导部署的工作任务时，接受任务的工作人员应口头复述一遍，起到强调和重视的作用。

（2）确立责任。明确各岗位和部门的职责范围，确保每个交点都有明确的责任归属。

（3）合作协同。通过建立跨部门协作机制，可以确保各项工作顺利推进。

301. 什么是办公室工作的漏斗法则 ✎

沟通漏斗是指工作中团队沟通效率下降的一种现象。如果一个人心里想的是 100% 的东西，当你在众人面前、在开会的场合用语言表达心里所想时，可能已经漏掉了 20%，你说出来的只剩下 80%。而当这 80% 的东西进入别人的耳朵时，由于文化水平、知识背景等关系，可能只存活了 60%。实际上，最终真正被理解、消化的东西大概只有 40%。等到这些人遵照领悟的 40% 具体行动时，可能已经变成了 20%。

沟通漏斗在办公室工作中是一种常见现象，也是顽疾，往往会导致执行效果层层衰减。

（1）漏掉第一个 20% 的原因，主要是没记住重点，漏讲部分信息。解决办法：讲话前厘清思路，写下要点，按顺序讲完准备的内容。

（2）漏掉第二个 20% 的原因，主要是表达不够准确，倾听的人没有理解，或者交流的时候没有记录。解决办法：以通俗易懂的方式展开发言，讲话语速不宜过快或过慢，要求倾听者做好笔记。

（3）漏掉第三个 20% 的原因，主要是不懂装懂。解决办法：向倾听者提问，给予一定的答疑解惑，或者问问有没有其他想法。

（4）漏掉第四个 20% 的原因，主要是缺少监督。解决办法：掌握进度，强调标准与要求，项目监督要到位。

302. 什么是办公室工作的一次法则 ✎

办公室承担参谋助手、文稿写作、督办落实、内部管理等服务工作，头绪多、事情杂、责任重。要想把工作做得更好，必须不断认识、总结和把握规律。

（1）工作布置只讲一次。对于领导布置给办公室的工作，原则上只需讲一次，下次再提及时就应当有落实结果了，避免一而再、再而三地被提醒催办，着力防止拖拖拉拉甚至杳无音信。对于领导布置给其他处室的工作，办公室应主动纳入工作任务管理台账并紧盯不放、加强督办，不定期报告落实情况，防止不了了之。

（2）工作要求只提一次。领导向办公室提出的工作要求，办公室要认真领会、牢记在心，不折不扣落实到位。落实过程中，着力克服对待工作要求"上热中温下冷"的温差、质量和成效达不到领导预期的落差、未能完整准确领会领导意图的偏差、效率不够高和进度不够快的时间差，避免领导就同一要求反复提醒。提高悟性，举一反三，触类旁通，处理类似问题和情况时无须领导再提要求。

（3）同类错误只犯一次。办公室工作中犯错误在所难免，也不可怕。但犯错误后要长记性、不贰过，避免同类问题再次出现，这样日积月累出错就会越来越少，水平自然得到提升。挨批评时要有痛感、耻感，知耻而后勇，不能"好了伤疤忘了疼"，更不能"麻木不仁"。不仅要经常反躬自省，还要注意从自己和他人的错误、过失中总结汲取经验教训，见人之失如己之失，以他人之错防自己之过。

（4）办件处理只需一次。树立精品意识、终稿意识，发扬认真较真精神，下足"绣花"功夫，争取一次就能到位、一次就能通过，干脆利落。比如，对于复杂的文稿，按照领导要求和大家事先商定的思路开展，必要时先拟出提纲，防止跑偏、走样，避免"翻烧饼"浪费时间精力。同时，办件过程中要注意加强请示和报告，对于存在的困难和问题应当及时沟通解决，防止"捂"到最后质量不过关甚至出现差错。

303. 什么是办公室工作的第一时间 ✎

1991 年 2 月 20 日，在福州市委工作会议上，习近平同志第一次向全市干部明确提出，"要大力提倡'马上就办'的工作精神，讲求工作时效，提高办事效率，使少讲空话、狠抓落实在全市进一步形成风气、形成习惯、形成规矩"[①]。行动胜于言辞，实干成就事业。办公室工作标准高、要求严、时间紧、内容多、节奏快，要第一时间抓落实，在规范的工作运行中提高效率。

（1）第一时间部署。党委、行政的决策部署、领导的批示指示等，办公室要迅速实现领导意图，协调相关单位抓落实。

（2）第一时间跟进。通过暗访督查、调研督查、回访督查等方式，跟进了解工作推进情况。办公室相关业务工作也要第一时间跟进落实，比如机要用印、文件运转、会议通知等工作，每一件工作都很重要，一刻都不能耽误。

---

① 马上就办 真抓实干——习近平同志在福州倡导和践行的优良作风 [EB/OL]. https://zgjjjc.ccdi.gov.cn/bqml/bqxx/202011/t20201115_230050.html.2020-11-15.

（3）第一时间反馈。工作推进情况、完成情况，存在的困难和取得的阶段性成效等，都要及时报告。办公室每一位同志都承担着不可或缺的工作任务，不能有"坐、等、靠、要"思想，遇事不拖沓，办事不拒绝，不打折扣、不搞变通、不讲条件，树立"事不过夜""立说立行"的工作理念，定下的事要马上办、办得快、办得好。

304. 什么是办公室工作首问首办制 ✎

办公室首问首办制指相关人员到办公室咨询或办理相关事项时，首位接待或受理的工作人员应认真解答、负责办理或引荐到相关部门的制度，首次接待来访的工作人员即为首访首办负责人。

（1）对属于本人承办的事项，应立即接办。凡一次性能办理或告知的事项，不得出现多次告知、多次办理的情况。

（2）对不属于本人承办的事项，应将办事人员引导至承办人，或将有关事项转交承办人；承办人不在岗的，或承办人一时不明确的，首访负责人应当代为接收、转交，负责跟踪办理，并对接待办理事项进行登记，注明办事人姓名或单位名称、住址、联系电话、办理事项、所收材料的名称和数量，以及首访负责人、承办人、联系电话、处理情况等相关信息。

（3）对于政策不允许或条件不具备的事项，应耐心说明理由并解释清楚，不得以任何借口推诿、拒绝和搪塞。

305. 什么是办公室工作限时办结制 ✎

办公室限时办结制指办公室对相关人员提出办理的事项，在符合规定的前提下，遵循及时、规范、高效、负责的原则在承诺时限内办结。

（1）总体要求。对相关人员提出的属于职责范围内的事项，要根据情况急事急办、特事特办；需要领导审批或会议研究的事项，要有时限要求并告知办事者；对不符合政策规定或确实不能办理的，也要耐心说明原因，并在一定时间内给予答复。

（2）具体规定。根据职责范围和工作要求，按照高效务实原则，科学、合理地确定所承办事项的办理时限（上级有规定的按规定执行），编制办理事项时限表，明确办理事项、办理机构、责任岗位、办理流程、办理时限、联系电话和监督电话，并通过适当形式向校内外公开，严格执行。

306. 什么是办公室工作服务承诺制 ✎

办公室服务承诺制是指办公室根据工作职能要求，对服务内容、办事程序、办理时限等相关具体事项做出公开承诺，接受监督，承担违诺责任的制度。

（1）服务承诺的内容。以提高服务水平、效率和办事者满意程度为目标，致力于把各项行政管理和服务工作置于公众监督之下。主要涉及服务规范承诺和服务效率承诺。

（2）服务承诺的要求。工作人员做到即时服务、全程服务、规范服务、廉洁服务。

（3）服务承诺的方式。公开向社会和服务对象，在办公场所醒目位置悬挂或张贴服务承诺的具体内容。

307. 什么是办公室工作请示报告制 ✎

请示报告制度是党的一项重要政治纪律、组织纪律、工作纪律，是执行民主集中制的有效工作机制，有利于提高单位重大事项请示报告工作制度化、规范化、科学化水平。办公室是本单位请示报告的归口管理单位。

一是要明确本单位向上级报送的内容。以高校为例，凡属下列范围之内，且省委教育工委、省教育厅等主管部门要求请示或报告的重要问题，办公室要以公文、简报或其他形式及时请示报告。

（1）党的路线、方针、政策和重大决策的贯彻执行情况。

（2）学校发展规划、年度工作总结、重要规章制度。

（3）教学、学生教育、人事等行政工作中的重大问题。

（4）重大突发事件、严重违法违纪案件的处理。

（5）上级主管部门交办给学校的重要工作和有关事项。

（6）重要外事活动和其他重要事项。

二是要明确基层向本单位报送的内容。以高校为例，校内各单位对超越自己职权范围的重要工作事项，对工作中的问题和建议，必须及时向分管校领导请示，对本部门、本单位的重要工作、重大情况以及上级部门或领导的询问，必须及时予以报告和答复。

（1）关于学习、贯彻、落实党和国家各项方针、政策和学校有关精神、工作部署的情况。

（2）关于本单位发展规划、改革发展的重大举措、年度工作计划和总结、年度财务预算和决算、有关人事安排。

（3）学科、专业方面重大建设项目，举办、承办非本单位独立举行（进行）的各类活动以及外事活动。

（4）预算内（不含下拨经费）超一定金额的支出，以及下拨经费内超出授权权限的支出和预算外支出。

（5）对外信息的发布、宣传，取得的重大成果、典型事迹。

（6）各类突发事件和重大事故苗头、发生及处理情况。

（7）教职工对学校工作的重要意见和建议，教职员工患危重病或去世。

（8）主要负责人出差、出国（境）的请假事宜。

（9）其他需要请示报告的事项。

三是要明确请示报告的基本要求。按程序多请示、多汇报，是杜绝工作人员越权越位的重要手段。办公室要对请示报告的行文规范和办理程序做出明确规定，做好请示报告的落实、协调和督办工作，提高管理服务工作的质量和效率。

办公室内部也要建立请示报告制度，以某高校党政办公室请示报告制度为例。

第一条 为强化工作纪律，改进工作作风，理顺工作程序，提高办事效率，加强和规范请示报告工作，党政办公室（以下简称"办公室"）特制定本制度。

第二条 办公室各科室以及全体成员要认真履行职责，做到各司其职，各负其责，切实将各项工作部署落到实处。

第三条 办公室各科室以及全体成员遇有超越自己职权范围内的问题，必须及时向相关领导请示报告，避免出现事前不请示、事后不汇报的情况，不得自作主张或者先斩后奏。对超越自己职权范围的重要工作事项，对工作中的问题和建议，需相关领导指示审批的，必须及时请示。对本部门的重要工作、重大情况以及对上级部门或领导的询问，必须及时报告。

第四条 必须请示的事项。

1. 干部职工外出。

2. 需报请上级有关部门审批的重要事项。

3. 邀请上级领导或其他人员来本单位参加各种活动。

4. 举办、承办或参加非本单位独立举行（进行）的各类活动。

5. 以本单位、个人对外发布的有关工作信息。

6. 工作中发现的新问题及解决方案。

7. 其他需要请示的事宜。

第五条　必须报告的事项。

1. 执行上级决定及落实领导部署和要求情况。

2. 承担工作推进情况。

3. 各类突发事件和重大事故苗头、发生及处理情况。

4. 对相关工作的重要意见和建议。

5. 个人身体、家庭出现变故情况。

6. 其他需要报告的事项。

第六条　请示报告基本原则。

1. 坚持实事求是原则，如实全面反映情况、不得漏报、瞒报。

2. 坚持分级负责原则，除特殊紧急情况外，不得越级请示报告。

3. 坚持时间第一原则，凡属重大突发事件或事故，必须在第一时间报告相关部门和领导，一般事故要及时报告。情况紧急的可先用电话口头报告，再补报文字报告，来不及报送详细情况的可先进行初报，根据事态进展和处理情况，及时进行续报。

第七条　严格执行重大事项请示报告制度。

按照《中国共产党重大事项请示报告条例》要求，相关干部向上级党组织请示、报告、报备规定事项。

第八条　严格履行外出请假审批手续。

1. 办公室主要负责人离岗外出，要向学校党委书记、校长分别请示，并向办公室班子其他成员通报。办公室其他负责人离校外出，经办公室主要负责人同意后，向分管校领导请示，并向办公室班子其他成员通报。

2. 办公室科级干部离岗外出，经办公室分管负责人同意后，向办公室主要负责人请示。

3. 办公室其他干部职工离岗外出，经办公室科室主要负责人同意后，向办公室分管负责人请示。

4. 干部职工离岗外出，按学校干部、职工请销假制度办理。外出返回后，须由本人书面或口头向准假人汇报并销假。

第九条 严格遵守活动、会议规定要求。

办公室全体干部职工应当坚决服从、服务学校中心工作。列入学校工作计划的，原则上不得随意调整。干部职工参加（列席）学校、办公室安排的有关活动、会议，应当严格落实相关通知要求，准时参加。确因特殊原因无法参加的，应当提出建议参加人选并按规定请示报告，经批准后由相关人员代替参加。活动、会议期间，因临时突发状况无法准时参加或者需要提前离场的，也要按照规定向有关领导请示报告。未经批准，不得缺席学校、办公室安排的活动、会议，不得擅自决定由他人代替参加，不得随意迟报、早退、缺席。

第十条 本制度自印发之日起执行。

308. 什么是办公室工作一次告知制 ✎

办公室一次告知制指承办人对管理和服务对象要求办理的事项，应当场审核其有关手续和材料，按照规定即时办理；对手续、材料不齐全或者不符合法定形式的，应在规定时间内一次性向服务对象告知办事程序和需要提交的全部材料的工作制度。

（1）在本人职责范围内的，经办人应当场审核其有关手续和材料。手续、材料齐全，符合有关规定和法定形式的，工作人员应当即办理。

（2）手续、材料不齐全或不符合要求的，工作人员应口头或书面一次性告知其所需补充的手续和材料；服务对象按照告知要求补充齐全后，经办人应及时予以办理。

（3）不符合有关规定无法办理的，经办人应告知法律、法规或政策要求，并做好耐心细致的解释工作。

309. 如何处理办公室工作辩证关系 ✎

（1）"高"与"低"的关系。"高"即政治站位高，"低"即放低姿态、俯下身子。决策措施落实了没有、落实得好不好、哪些还可以再优化，基层最有发言权。

（2）"大"与"小"的关系。"大"即大局、全局。办公室要紧紧围绕大局、时时聚焦大局、处处服务大局，围绕大局反映情况、报送信息、谋划策划、贡献智慧。"小"就是落细落小、落实到位。坚持凡事从大处着眼、小处着手，努力把每一篇文稿写成精品，把每一件事情办得圆满，把每一项工作做到极致，在小细节中彰显大作为。

（3）"主"与"次"的关系。要善于在纷繁琐细的事务中抓主要矛盾，抓重点工作，做到有主有次。办公室工作千头万绪，需要我们在第一时间分清主次，急事急办，特事特办，小事缓办，错事不办，力争在最短时间内、尽最大努力，充分调动现有资源，高质高效完成任务。

（4）"重"与"轻"的关系。对上，我们更多时候要采取举重若轻、举轻若重的态度，予以足够的重视；对下，我们往往要采取举重若轻、举轻若轻的态度，使用科学的方法，让下面的同志更有节奏地开展工作。

（5）"繁"与"简"的关系。在处理繁杂的政务和事务时，抓住至关重要的一环，问题往往就能迎刃而解，就能达到纲举目张的效果。在工作中要深入调查研究，注重思考总结，保持韧劲钻劲，以日积月累之功，达水到渠成之效。

（6）"上"与"下"的关系。要服务好领导，在决策上当好参谋，在工作上当好助手，让领导腾出更多的精力考虑大事、考虑全局。要服务好基层，对基层和来办事的群众做到一张笑脸相迎，一杯茶水暖心，一颗诚心待人，一流水平办事。

（7）"前"与"后"的关系。要有"成功不必在我，功成必定有我"的境界和品质。工作中做到揽事不揽权、到位不缺位、补位不越位，甘当"幕后英雄"。任劳任怨、坚守付出的干部一定有机会、有舞台。

（8）"苦"与"乐"的关系。办公室人员加班时间多、工作节奏快、心理压力大，既辛苦，也清苦。涵养心态，正确对待名利、得失和苦乐，以苦为荣、以苦为乐、苦中作乐，这样才能成长得更好、进步得更快。

（9）"快"与"慢"的关系。领导明确要求的要快，思路完全清晰的要快，客观形势逼人的要快。没有想好为什么的要慢，不知道怎么办的要慢，客观条件不具备的要慢。"慢"不是"拖"，而是积蓄力量、等待时机。把握好"快"和"慢"的节奏，实现工作持续、科学推进。

310. 如何养成办公室工作良好习惯 ✎

叶圣陶先生说过，"凡是好的态度和好的方法，都要使它化为习惯。只有熟练成了习惯，好的态度才能随时随地表现，好的方法才能随时随地运用。好像出于本能，一辈子受用不尽。"良好的职业习惯，对办公室工作人员尤为重要。

（1）多想一层。办公室服务中心、协调各方，在把"想法"转化成"办法"时，要警惕"以前怎么办就怎么办"的惯性思维。经验是"双刃剑"，用得好时事半功倍、少走弯路，用不好时一叶障目、埋下隐患，因此要借鉴经验，但不能依赖经验。特别是常规性的重要工作，比如全会等大型会议，会议议程、参会范围等固有框架可以借鉴经验，但领导排序等重要且严肃的事项就要克服惯性思维，避免"扫屋漏角"。

（2）多看一次。凡从自己手上出去的材料文件、方案表格，都要在报之前、送之前、发之前再看一次，防止错漏、夹带、前后矛盾，避免犯低级错误。

（3）多试一下。会议活动虽有章可循、有例可依，但也不可墨守成规，形成思维定势。例如，某工地举行开工仪式，会前调试话筒时没有风，音质正常，但仪式举行时刮起了大风，话筒将风声放大，发出刺耳的噪声，影响了整个仪式的效果。如果仪式前多试一下，备好话筒防风罩，就不会出现此类问题。

（4）多问一句。对交办的任务，要听清楚、问明白，不能"不知所以"又"不求甚解"，"揣着糊涂装明白"，似是而非来落实。"多问一句"是对工作极端负责的工作作风，必须精准领会任务要求，精准把握工作重点，精准落实工作任务，确保有序落实、有力落实、有效落实。

（5）多记一笔。好记性不如烂笔头，不善于用笔记录，习惯于用脑记录，难免会出现遗漏和偏差，不利于整体工作的开展。

（6）多迈一步。智者千虑必有一失，没有人能够包打天下、事事精通。办公室是一个整体，没有"一个人的战场"，必须相互兜底、积极配合。

"再迈一步"是一种合作精神、兜底意识，大家都相向而行、各迈一步，则无事不成、无往不胜。

（7）多过一遍。办公室工作只有更好，没有最好，不论事前、事中还是事后，都要有"时时放心不下"的紧张感、"脑子里放电影"的画面感、"开弓没有回头箭"的危机感，及时发现问题、及时调整预案、及时总结提高。

"多过一遍"是一种危机意识和敬业精神，知道害怕才能更好，用对自我工作的"不放心"，换来领导和群众的"放心"。

（8）多支一招。办公室是一级领导决策的参谋部，办公室的同志都是"参谋长"。围绕中心工作，贴近领导思路，积极做好决策服务。贴近领导，与领导"同频共振"。想领导之所想，谋领导之所虑，力争谋在关键处，谋在点子上。超前运作，不做事后"小诸葛"。在决策前要提前介入，先行调研，结合实际提出建议意见，供领导决策参考。敢于进言，善于出谋划策。作为"参谋"就要敢为领导出谋划策、拾遗补缺，既能发现问题，又善于提出解决问题的办法和建议。进言时要注意方法，不可把自己的观点强加于领导，做到"献计不决策"。

参 考 文 献

[1] 毛泽东.毛泽东选集（第 4 卷）（第二版）[M].北京：人民出版社，2009.

[2] 毛泽东.毛泽东文集（第 7 卷）[M].北京：人民出版社，1999.

[3] 中央党校采访实录编辑室.习近平在浙江（下册）[M].北京：中共中央党校出版社，2021.

[4] 习近平.摆脱贫困 [M].福州：福建人民出版社，2014.

[5] 习近平.之江新语 [M].杭州：浙江人民出版社，2007.

[6] 习近平.办公厅工作要做到"五个坚持"[J].秘书工作，2014（6）：4-8.

[7] 谢亦森.大手笔是怎样炼成的（修炼篇）[M].武汉：长江文艺出版社，2016.

[8] 谢煜桐.办公室实务 [M].北京：红旗出版社，2019.

[9] 谢煜桐.办公室学 [M].北京：中共中央党校出版社，2018.

[10] 胡森林.公文高手的修炼之道 [M].北京：人民邮电出版社，2023.

[11] 叶黔达.办公室工作实务规范（第四版）[M].成都：四川人民出版社，2023.

[12] 叶黔达.现代公文写作与处理规范·观念·技巧 [M].成都：四川人民出版社，2021.

[13] 像玉的石头. 秘书工作手记 [M]. 北京：清华大学出版社，2022.

[14] 胡利民，崔美荣. 秘书的秘书——秘书实践一本通 [M]. 北京：中国言实出版社，2018.

[15] 王群. 机关秘书实用必备全书 [M]. 北京：北京联合出版公司，2017.

[16] 王德，李林. 一本书学会机关实务：办会 [M]. 北京：人民日报出版社，2020.

[17] 王德. 一本书学会机关实务：办文 [M]. 北京：人民日报出版社，2020.

[18] 任仲然. 怎样开会 [M]. 北京：党建读物出版社，2019.

[19] 覃吉春，王静萍. 办公室管理实务："理论·案例·实训·拓展"一体化教程 [M]. 北京：石油工业出版社，2023.

[20] 管好用好公务车辆 [J]. 秘书工作，2024（8）：59-61.

[21] 做到五个退回 落实五项机制 做好收文办理 [J]. 秘书工作，2022（7）：25-26.

[22] 周明. 新手采编信息必备"五个一"[J]. 秘书工作，2022（4）：36-37.

[23] 章健. 信息选题应注重"准、新、小"[J]. 秘书工作，2022（11）：26-27.

[24] 刘国维，王文栋，齐力锋. 案析通知与通告 [J]. 秘书工作，2023（10）：19-21.

[25] 请示报告的"两个关键词"和"三组对比关系"[J]. 秘书工作，2023（10）：15-16.

[26] 杨沈阳. 办公室工作"一次法则"[J]. 秘书工作，2021（7）：30-31.

[27] 曾晟. 把握"准"的要求，全力提升党办服务保障质效 [J]. 秘书工作，2023（12）：23-24.

[28] 易志强.办会要有"多此一举"的习惯 [J].秘书工作，2015（10）：53-54.

[29] 李玫.创新"一二三四"工作法，打造"四有"办公室品牌 [J].现代商业银行，2023（21）：66-69.

[30] 曾锐.办公室工作需要把握的十种辩证关系 [J].领导之友，2015（9）：38-39.

ICS 35.240.20

A 13

GB

中 华 人 民 共 和 国 国 家 标 准

GB/T 9704—2012

代替 GB/T 9704—1999

党政机关公文格式

Layout key for official document of Party and government organs

2012-06-29 发布　　　　　　　　　　2012-07-01 实施

前　言

本标准按照 GB/T 1.1—2009 给出的规则起草。

本标准根据中共中央办公厅、国务院办公厅印发的《党政机关公文处理工作条例》的有关规定对 GB/T 9704—1999《国家行政机关公文格式》进行修订。本标准相对 GB/T 9704—1999 主要作了如下修订：

a）标准名称改为《党政机关公文格式》，标准英文名称也作相应修改；

b）适用范围扩展到各级党政机关制发的公文；

c）对标准结构进行适当调整；

d）对公文装订要求进行适当调整；

e）增加发文机关署名和页码两个公文格式要素，删除主题词格式要素，并对公文格式各要素的编排进行较大调整；

f）进一步细化特定格式公文的编排要求；

g）新增联合行文公文首页版式、信函格式首页、命令（令）格式首页版式等式样。

本标准中公文用语与《党政机关公文处理工作条例》中的用语一致。

本标准为第二次修订。

本标准由中共中央办公厅和国务院办公厅提出。

本标准由中国标准化研究院归口。

本标准起草单位：中国标准化研究院、中共中央办公厅秘书局、国务院办公厅秘书局、中国标准出版社。

本标准主要起草人：房庆、杨雯、郭道锋、孙维、马慧、张书杰、徐成华、范一乔、李玲。

本标准代替了 GB/T 9704—1999。

GB/T 9704—1999 的历次版本发布情况为：

——GB/T 9704—1988。

党政机关公文格式

1 范围

本标准规定了党政机关公文通用的纸张要求、排版和印制装订要求、公文格式各要素的编排规则，并给出了公文的式样。

本标准适用于各级党政机关制发的公文。其他机关和单位的公文可以参照执行。

使用少数民族文字印制的公文，其用纸、幅面尺寸及版面、印制等要求按照本标准执行，其余可以参照本标准并按照有关规定执行。

2 规范性引用文件

下列文件对于本标准的应用是必不可少的。凡是注日期的引用文件，仅所注日期的版本适用于本标准。凡是不注日期的引用文件，其最新版本（包括所有的修改单）适用于本标准。

GB/T 148 印刷、书写和绘图纸幅面尺寸

GB 3100 国际单位制及其应用

GB 3101 有关量、单位和符号的一般原则

GB 3102（所有部分） 量和单位

GB/T 15834 标点符号用法

GB/T 15835 出版物上数字用法

3 术语和定义

下列术语和定义适用于本标准。

3.1

字 word

标示公文中横向距离的长度单位。在本标准中，一字指一个汉字宽度的距离。

3.2

行 line

标示公文中纵向距离的长度单位。在本标准中，一行指一个汉字的高度加 3 号汉字高度的 7/8 的距离。

4 公文用纸主要技术指标

公文用纸一般使用纸张定量为 $60 \ g/m^2 \sim 80 \ g/m^2$ 的胶版印刷纸或复印纸。纸张白度 80%～90%，横向耐折度 ≥ 15 次，不透明度 ≥ 85%，pH 值为 7.5 ～ 9.5。

5 公文用纸幅面尺寸及版面要求

5.1 幅面尺寸

公文用纸采用 GB/T 148 中规定的 A4 型纸，其成品幅面尺寸为：210 mm×297 mm。

5.2 版面

5.2.1 页边与版心尺寸

公文用纸天头（上白边）为 37 mm±1 mm，公文用纸订口（左白边）为 28 mm±1 mm，版心尺寸为 156 mm×225 mm。

5.2.2 字体和字号

如无特殊说明，公文格式各要素一般用 3 号仿宋体字。特定情况可以作适当调整。

5.2.3 行数和字数

一般每面排 22 行，每行排 28 个字，并撑满版心。特定情况可以作适当调整。

5.2.4 文字的颜色

如无特殊说明，公文中文字的颜色均为黑色。

6 印制装订要求

6.1 制版要求

版面干净无底灰，字迹清楚无断划，尺寸标准，版心不斜，误差不超过 1 mm。

6.2 印刷要求

双面印刷；页码套正，两面误差不超过 2 mm。黑色油墨应当达到色谱所标 BL100%，红色油墨应当达到色谱所标 Y80%、M80%。印品着墨实、均匀；字面不花、不白、无断划。

6.3 装订要求

公文应当左侧装订，不掉页，两页页码之间误差不超过 4 mm，裁切后的成品尺寸允许误差 ±2 mm，四角成 90°，无毛茬或缺损。

骑马订或平订的公文应当：

a）订位为两钉外订眼距版面上下边缘各 70 mm 处，允许误差 ±4 mm。

b）无坏钉、漏钉、重钉，钉脚平伏牢固。

c）骑马订钉锯均订在折缝线上，平订钉锯与书脊间的距离为 3 mm ～ 5 mm。

包本装订公文的封皮（封面、书脊、封底）与书芯应吻合、包紧、包平、不脱落。

7 公文格式各要素编排规则

7.1 公文格式各要素的划分

本标准将版心内的公文格式各要素划分为版头、主体、版记三部分。公文首页红色分隔线以上的部分称为版头；公文首页红色分隔线（不含）以下、公文末页首条分隔线（不含）以上的部分称为主体；公文末页首条分隔线以下、末条分隔线以上的部分称为版记。

页码位于版心外。

7.2 版头

7.2.1 份号

如需标注份号，一般用 6 位 3 号阿拉伯数字，顶格编排在版心左上角第一行。

7.2.2 密级和保密期限

如需标注密级和保密期限，一般用 3 号黑体字，顶格编排在版心左上角第二行；保密期限中的数字用阿拉伯数字标注。

7.2.3 紧急程度

如需标注紧急程度，一般用 3 号黑体字，顶格编排在版心左上角；如需同时标注份号、密级和保密期限、紧急程度，按照份号、密级和保密期限、紧急程度的顺序自上而下分行排列。

7.2.4 发文机关标志

由发文机关全称或者规范化简称加"文件"二字组成，也可以使用发文机关全称或者规范化简称。

发文机关标志居中排布，上边缘至版心上边缘为 35 mm，推荐使用小标宋体字，颜色为红色，以醒目、美观、庄重为原则。

联合行文时，如需同时标注联署发文机关名称，一般应当将主办机关名称排列在前；如有"文件"二字，应当置于发文机关名称右侧，以联署发文机关名称为准上下居中排布。

7.2.5 发文字号

编排在发文机关标志下空二行位置，居中排布。年份、发文顺序号用阿拉伯数字标注；年份应标全称，用六角括号"〔〕"括入；发文顺序号不加"第"字，不编虚位（即 1 不编为 01），在阿拉伯数字后加"号"字。

上行文的发文字号居左空一字编排，与最后一个签发人姓名处在同一行。

7.2.6 签发人

由"签发人"三字加全角冒号和签发人姓名组成，居右空一字，编排在发文机关标志下空二行位置。"签发人"三字用 3 号仿宋体字，签发人姓名用 3 号楷体字。

如有多个签发人，签发人姓名按照发文机关的排列顺序从左到右、自上而下依次均匀编排，一般每行排两个姓名，回行时与上一行第一个签发人姓名对齐。

7.2.7 版头中的分隔线

发文字号之下 4 mm 处居中印一条与版心等宽的红色分隔线。

7.3 主体

7.3.1 标题

一般用 2 号小标宋体字，编排于红色分隔线下空二行位置，分一行或多行居中排布；回行时，要做到词意完整，排列对称，长短适宜，间距恰当，标题排列应当使用梯形或菱形。

7.3.2 主送机关

编排于标题下空一行位置，居左顶格，回行时仍顶格，最后一个机关名称后标全角冒号。如主送机关名称过多导致公文首页不能显示正文时，应当将主送机关名称移至版记，标注方法见 7.4.2。

7.3.3 正文

公文首页必须显示正文。一般用 3 号仿宋体字，编排于主送机关名称下一行，每个自然段左空二字，回行顶格。文中结构层次序数依次可以用"一、""（一）""1.""（1）"标注；一般第一层用黑体字、第二层用楷体字、第三层和第四层用仿宋体字标注。

7.3.4　附件说明

如有附件，在正文下空一行左空二字编排"附件"二字，后标全角冒号和附件名称。如有多个附件，使用阿拉伯数字标注附件顺序号（如"附件：1.×××××"）；附件名称后不加标点符号。附件名称较长需回行时，应当与上一行附件名称的首字对齐。

7.3.5　发文机关署名、成文日期和印章

7.3.5.1　加盖印章的公文

成文日期一般右空四字编排，印章用红色，不得出现空白印章。

单一机关行文时，一般在成文日期之上、以成文日期为准居中编排发文机关署名，印章端正、居中下压发文机关署名和成文日期，使发文机关署名和成文日期居印章中心偏下位置，印章顶端应当上距正文（或附件说明）一行之内。

联合行文时，一般将各发文机关署名按照发文机关顺序整齐排列在相应位置，并将印章一一对应、端正、居中下压发文机关署名，最后一个印章端正、居中下压发文机关署名和成文日期，印章之间排列整齐、互不相交或相切，每排印章两端不得超出版心，首排印章顶端应当上距正文（或附件说明）一行之内。

7.3.5.2　不加盖印章的公文

单一机关行文时，在正文（或附件说明）下空一行右空二字编排发文机关署名，在发文机关署名下一行编排成文日期，首字比发文机关署名首字右移二字，如成文日期长于发文机关署名，应当使成文日期右空二字编排，并相应增加发文机关署名右空字数。

联合行文时，应当先编排主办机关署名，其余发文机关署名依次向下编排。

7.3.5.3　加盖签发人签名章的公文

单一机关制发的公文加盖签发人签名章时，在正文（或附件说明）下空二行右空四字加盖签发人签名章，签名章左空二字标注签发人职务，以签名章为准上下居中排布。在签发人签名章下空一行右空四字编排成文日期。

联合行文时，应当先编排主办机关签发人职务、签名章，其余机关签发人职务、签名章依次向下编排，与主办机关签发人职务、签名章上下对齐；每行只编排一个机关的签发人职务、签名章；签发人职务应当标注全称。签名章一般用红色。

7.3.5.4　成文日期中的数字

用阿拉伯数字将年、月、日标全，年份应标全称，月、日不编虚位（即 1 不编为 01）。

7.3.5.5　特殊情况说明

当公文排版后所剩空白处不能容下印章或签发人签名章、成文日期时，可以采取调整行距、字距的措施解决。

7.3.6　附注

如有附注，居左空两字加圆括号编排在成文日期下一行。

7.3.7　附件

附件应当另面编排，并在版记之前，与公文正文一起装订。"附件"二字及附件顺序号用 3 号黑体字顶格编排在版心左上角第一行。附件标题居中编排在版心第三行。附件顺序号和附件标题应当与附件说明的表述一致。附件格式要求同正文。

如附件与正文不能一起装订，应当在附件左上角第一行顶格编排公文的发文字号并在其后标注"附件"二字及附件顺序号。

7.4　版记

7.4.1　版记中的分隔线

版记中的分隔线与版心等宽，首条分隔线和末条分隔线用粗线（推荐高度为 0.35 mm），中间的分隔线用细线（推荐高度为 0.25 mm）。首条分隔线位于版记中第一个要素之上，末条分隔线与公文最后一面的版心下边缘重合。

7.4.2　抄送机关

如有抄送机关，一般用 4 号仿宋体字，在印发机关和印发日期之上一行、左右各空一字编排。"抄送"二字后加全角冒号和抄送机关名称，回行时与冒号后的首字对齐，最后一个抄送机关名称后标句号。

如需把主送机关移至版记，除将"抄送"二字改为"主送"外，编排方法同抄送机关。既有主送机关又有抄送机关时，应当将主送机关置于抄送机关之上一行，之间不加分隔线。

7.4.3　印发机关和印发日期

印发机关和印发日期一般用 4 号仿宋体字，编排在末条分隔线之上，印发机关左空一字，印发日期右空一字，用阿拉伯数字将年、月、日标全，年份应标全称，月、日不编虚位（即 1 不编为 01），后加"印发"二字。

版记中如有其他要素，应当将其与印发机关和印发日期用一条细分隔线隔开。

7.5　页码

一般用 4 号半角宋体阿拉伯数字，编排在公文版心下边缘之下，数字左右各放一条一字线；一字线上距版心下边缘 7 mm。单页码居右空一字，双页码居左空一字。公文的版记页前有空白页的，空白页和版记页均不编排页码。公文的附件与正文一起装订时，页码应当连续编排。

8　公文中的横排表格

A4 纸型的表格横排时，页码位置与公文其他页码保持一致，单页码表头在订口一边，双页码表头在切口一边。

9 公文中计量单位、标点符号和数字的用法

公文中计量单位的用法应当符合 GB 3100、GB 3101 和 GB 3102（所有部分），标点符号的用法应当符合 GB/T 15834，数字用法应当符合 GB/T 15835。

10 公文的特定格式

10.1 信函格式

发文机关标志使用发文机关全称或者规范化简称，居中排布，上边缘至上页边为 30 mm，推荐使用红色小标宋体字。联合行文时，使用主办机关标志。

发文机关标志下 4 mm 处印一条红色双线（上粗下细），距下页边 20 mm 处印一条红色双线（上细下粗），线长均为 170 mm，居中排布。

如需标注份号、密级和保密期限、紧急程度，应当顶格居版心左边缘编排在第一条红色双线下，按照份号、密级和保密期限、紧急程度的顺序自上而下分行排列，第一个要素与该线的距离为 3 号汉字高度的 7/8。

发文字号顶格居版心右边缘编排在第一条红色双线下，与该线的距离为 3 号汉字高度的 7/8。

标题居中编排，与其上最后一个要素相距二行。

第二条红色双线上一行如有文字，与该线的距离为 3 号汉字高度的 7/8。

首页不显示页码。

版记不加印发机关和印发日期、分隔线，位于公文最后一面版心内最下方。

10.2 命令（令）格式

发文机关标志由发文机关全称加"命令"或"令"字组成，居中排布，上边缘至版心上边缘为 20 mm，推荐使用红色小标宋体字。

发文机关标志下空二行居中编排令号，令号下空二行编排正文。

签发人职务、签名章和成文日期的编排见 7.3.5.3。

10.3 纪要格式

纪要标志由"×××××纪要"组成，居中排布，上边缘至版心上边缘为 35 mm，推荐使用红色小标宋体字。

标注出席人员名单，一般用 3 号黑体字，在正文或附件说明下空一行左空二字编排"出席"二字，后标全角冒号，冒号后用 3 号仿宋体字标注出席人单位、姓名，回行时与冒号后的首字对齐。

标注请假和列席人员名单，除依次另起一行并将"出席"二字改为"请假"或"列席"外，编排方法同出席人员名单。

纪要格式可以根据实际制定。

11 式样

A4 型公文用纸页边及版心尺寸见图 1；公文首页版式见图 2；联合行文公文首页版式 1 见图 3；联合行文公文首页版式 2 见图 4；公文末页版式 1 见图 5；公文末页版式 2 见图 6；联合行文公文末页版式 1 见图 7；联合行文公文末页版式 2 见图 8；附件说明页版式见图 9；带附件公文末页版式见图 10；信函格式首页版式见图 11；命令（令）格式首页版式见图 12。

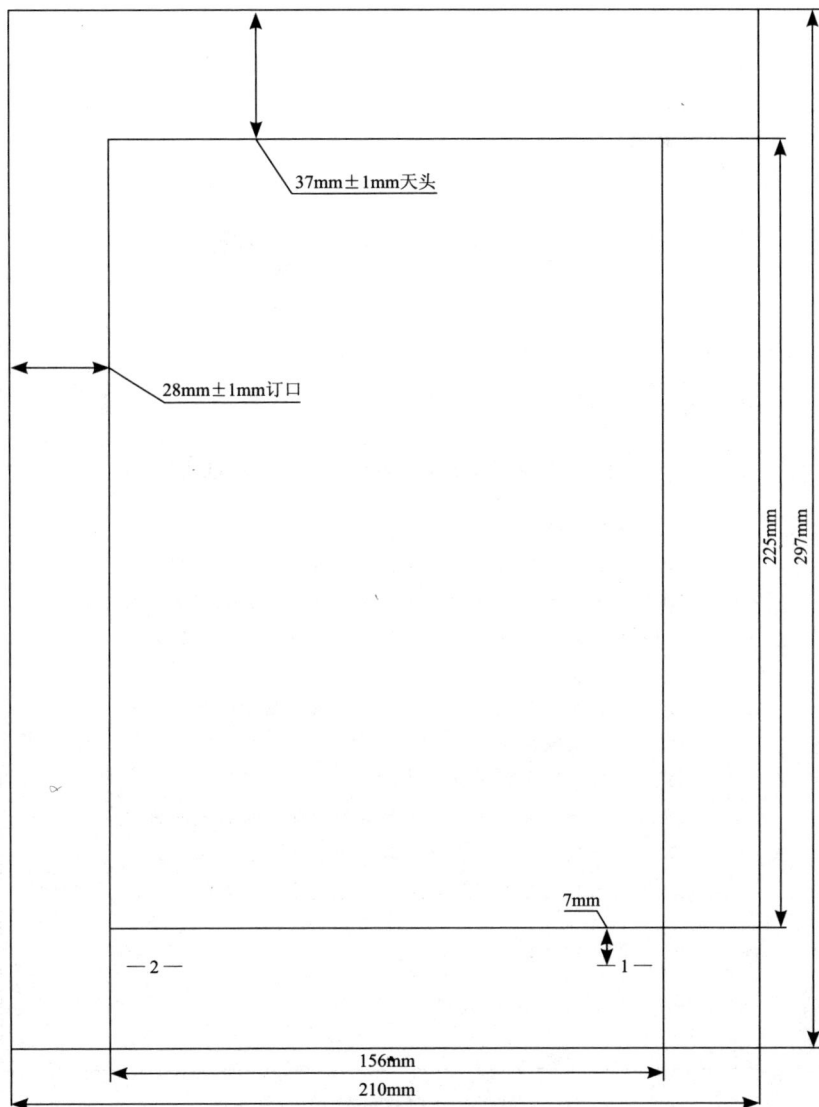

37mm±1mm天头

28mm±1mm订口

225mm

297mm

7mm

— 2 —

— 1 —

156mm

210mm

图1 A4 型公文用纸页边及版心尺寸

000001
机密★1年
特急

×××××文件

×××〔2012〕10号

×××××关于××××××的通知

×××××××××：

　　××××××××××××××××××××××××××××××
××××××××××××××××××××××××××××××
××××××××××××××××××××××××××××××
××××。

　　××××××××××××××××××××××××××××××
××××××××××。

　　×××××××××××。

　　×××××××。

××××××××××××××××××××××××××××××

××××××××××××××××××××××××××××××

图2　公文首页版式

注：版心实线框仅为示意，在印制公文时并不印出。

000001
机密★1年
特急

××××××

× × × 文件

××××××

×××〔2012〕10号

××××关于××××××的通知

×××××××:

　　×××××××××××××××××××××
×××××××××××××××××××××××
×××××××××××××××××××××××
××××。
　　×××××××××××××××××××××××

— 1 —

图3　联合行文公文首页版式1

注：版心实线框仅为示意，在印制公文时并不印出。

```
000001
机  密
特  急


      ×  ×  ×  ×  ×  ×

      ×      ×      ×

      ×  ×  ×  ×  ×


                    签发人：×××  ×××
×××〔2012〕10号              ×××


      × × × × × 关于 × × × × × × 的请示

×××××××××：
      ×××××××××××××××××××××××××
××××××××××××××××××××××××××××
××××××××××××××××××××××××××××
××××。
      ××××××××××××××××××××××××
```

图4 联合行文公文首页版式2

注：版心实线框仅为示意，在印制公文时并不印出。

××××××××××××。

　　×××××××××××××××××××××××
××××××××××××××××××××××××
×××××××××。

2012年7月1日

(××××××)

抄送：××××，××××，××××，××××，
××××。

××××××××× 　　　　2012年7月1日印发

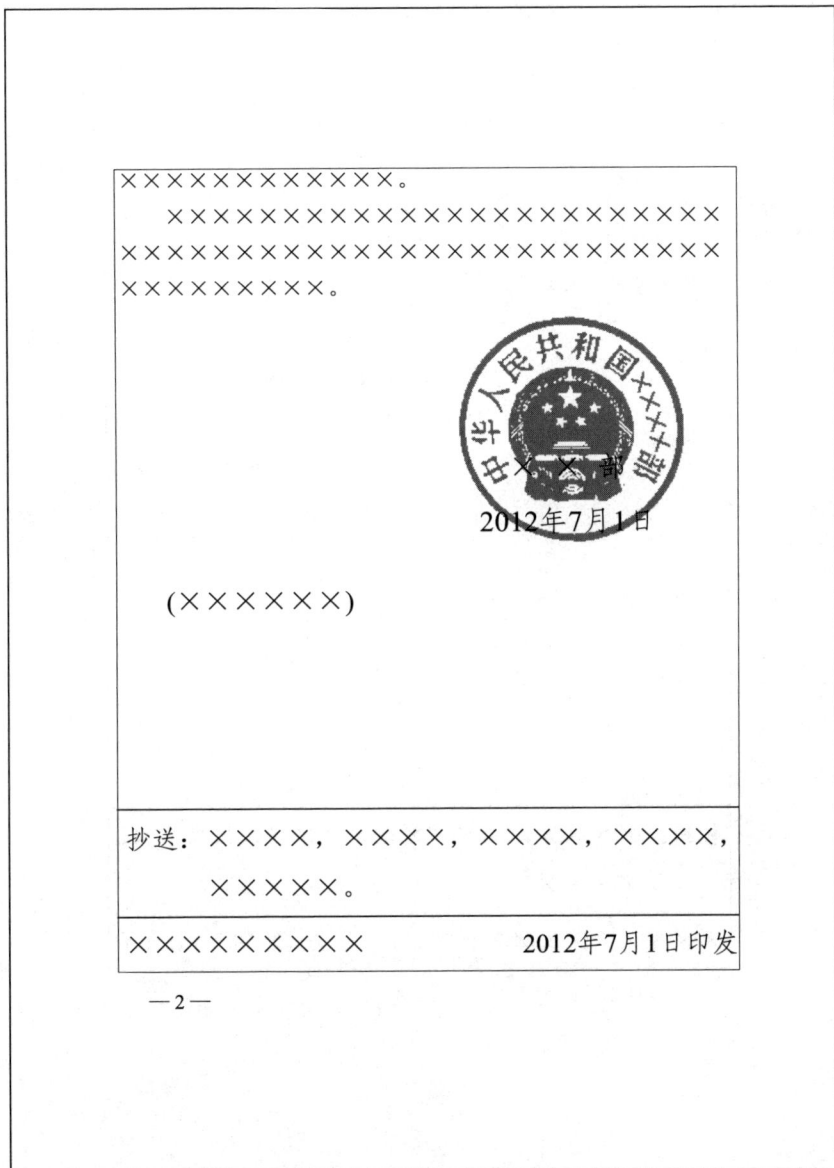

图 5　公文末页版式 1

注：版心实线框仅为示意，在印制公文时并不印出。

×××××××××××。
　×××××××××××××××××××
×××××××××××××××××××××
×××××××××。

　　　　　　　　×××××××××××
　　　　　　　　　2012年7月1日

(×××××)

抄送：××××，××××，××××，××××，
×××××。

×××××××××　　　　　2012年7月1日印发

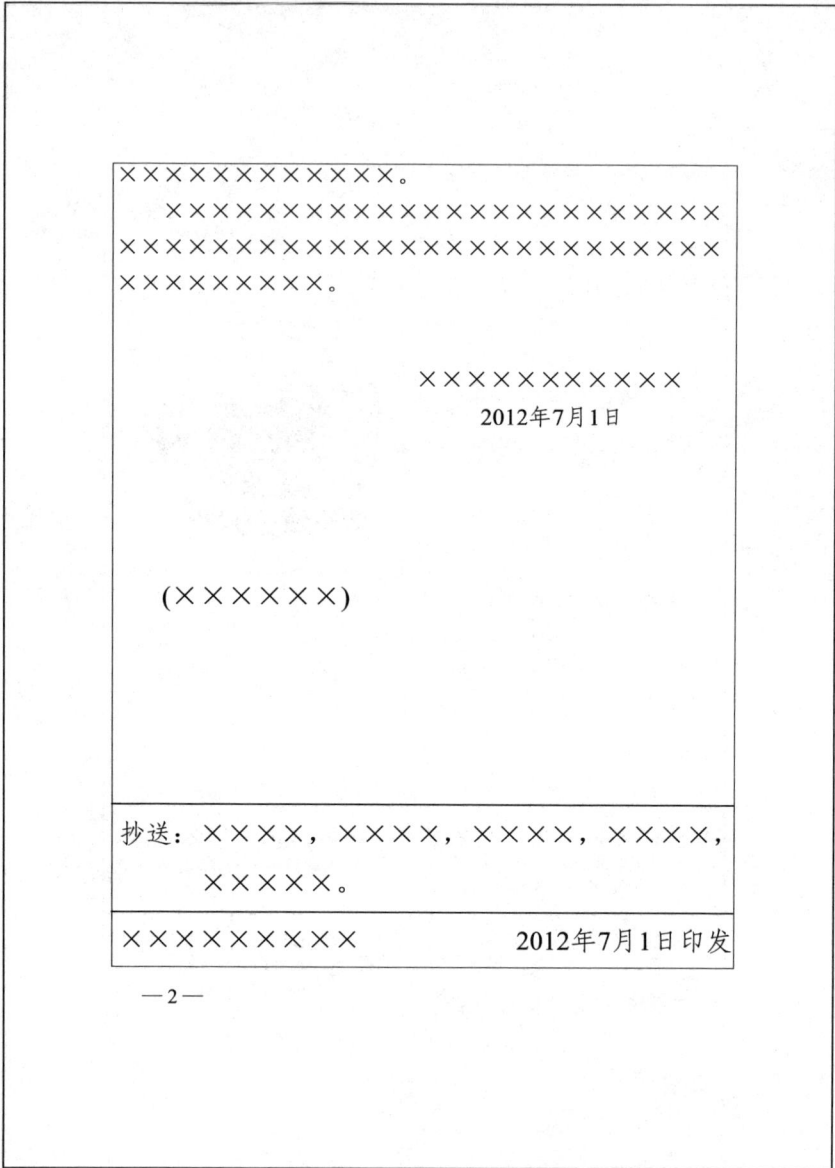

图6　公文末页版式2

注：版心实线框仅为示意，在印制公文时并不印出。

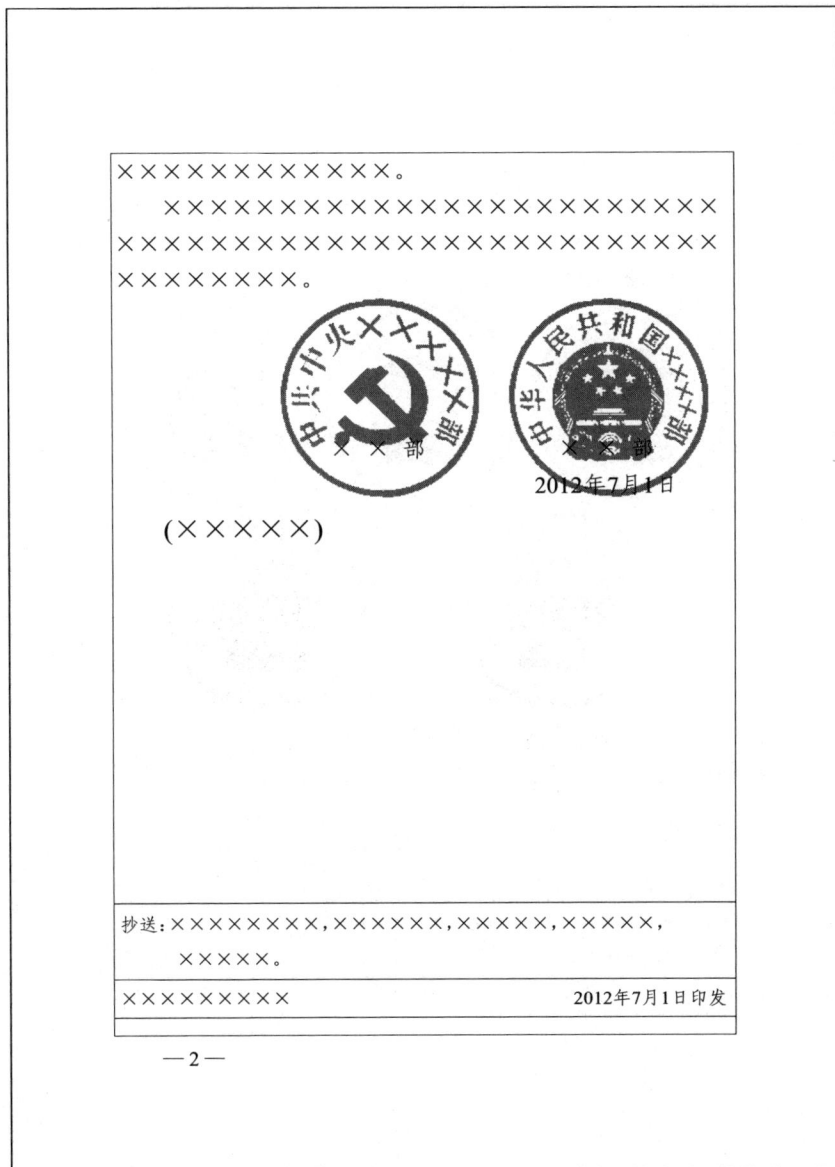

×××××××××××。

　　×××××××××××××××××××××××

×××××××××××××××××××××××××

×××××××。

中共中央××××
××部
中华人民共和国××××
××部
2012年7月1日

(×××××)

抄送:×××××××,×××××,×××××,×××××,
××××。

×××××××× 　　　　　　　　　　2012年7月1日印发

— 2 —

图 7　联合行文公文末页版式 1

注:版心实线框仅为示意,在印制公文时并不印出。

××××××××××××。
　××××××××××××××××××××
×××××××××××××××××××××××××
××××××。

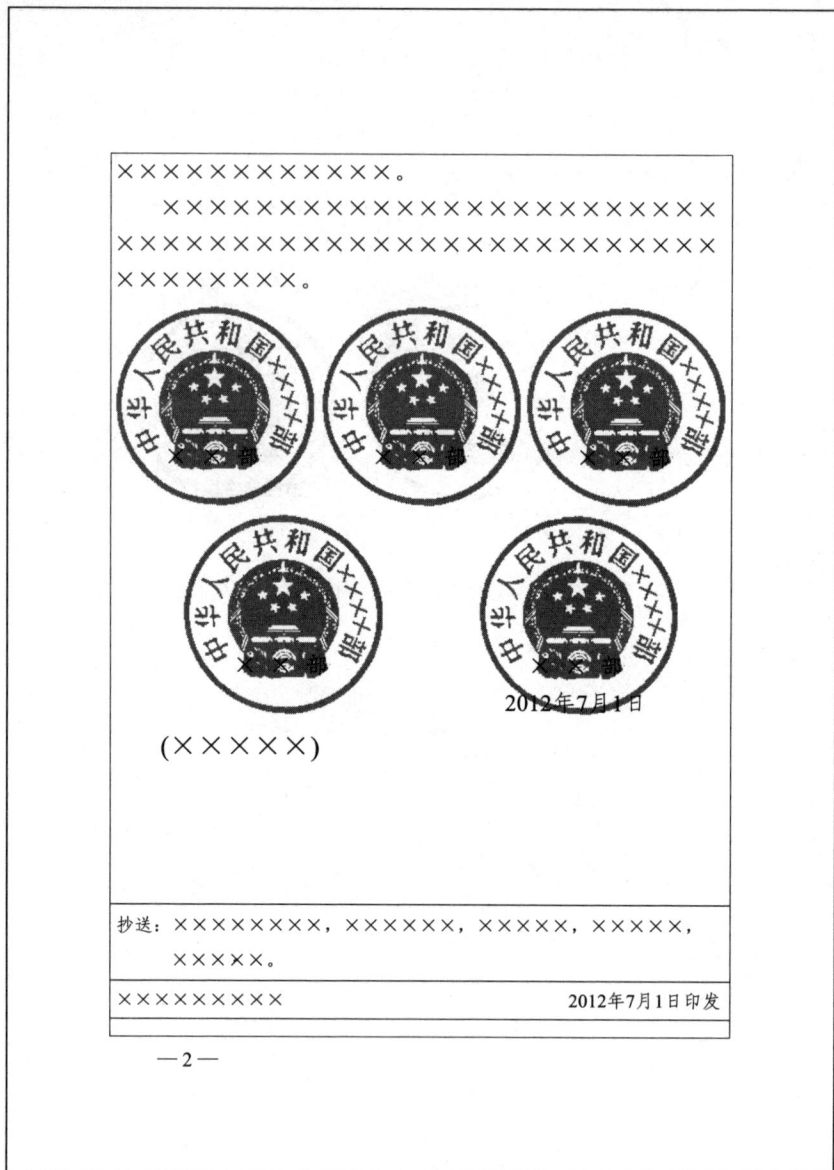

2012年7月1日

(×××××)

抄送：×××××××，×××××，×××××，×××××，
×××××。

×××××××× 　　　　　　　　　　　2012年7月1日印发

图 8　联合行文公文末页版式 2

注：版心实线框仅为示意，在印制公文时并不印出。

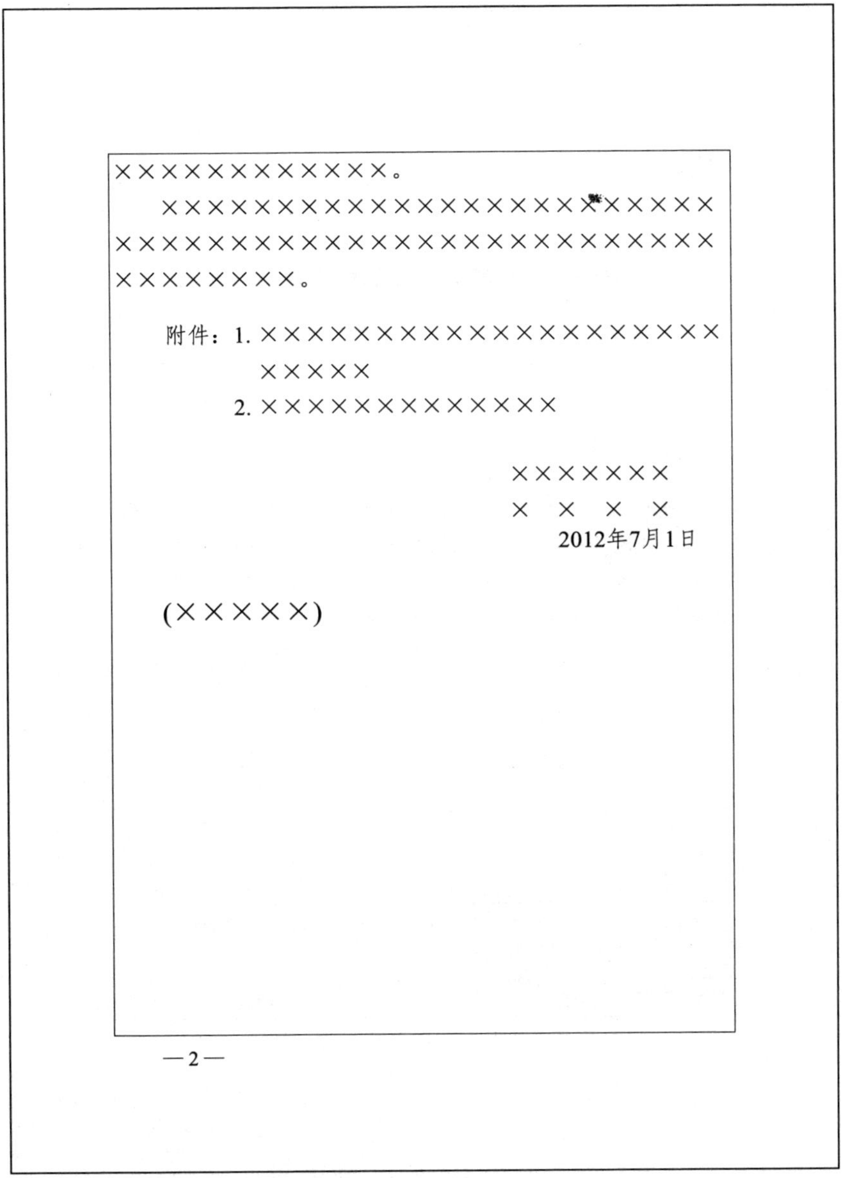

××××××××××××。
　　××××××××××××××××××××××
××××××××××××××××××××××××
××××××××。

　　附件：1.×××××××××××××××××
　　　　　　×××××
　　　　　2.××××××××××××

　　　　　　　　　　　　　　×××××××
　　　　　　　　　　　　　　×　×　×　×
　　　　　　　　　　　　　　2012年7月1日

(×××××)

图9　附件说明页版式

注：版心实线框仅为示意，在印制公文时并不印出。

附件2

××××××××××××

　　××××××××××××××××××××
×××××××××××××××××××××××
×××。
　　××××××××××××××××××××
×××××××××××××××××××××××
××××××××××××××××××××××
×××××××××××××××××××××××
××××××××××××××××××××××
××××××××××××××。

抄送：×××××××，×××××，×××××，×××××，
　　××××。

××××××××　　　　　　　　2012年7月1日印发

图10　带附件公文末页版式

注：版心实线框仅为示意，在印制公文时并不印出。

中华人民共和国×××××部

000001
机　密
特　急

×××〔2012〕10号

×××××关于×××××××的通知

×××××××××：

　　×××××××××××××××××××××××
×××××××××××××××××××××××××
×××××××××××××××××××××××××
××××××××××××××××××××××××。
　　×××××××××××××××××××××××
×××××××××××××××××××××××××
×××××××××××××××××××××××××
××××××××××××××××××××××××。
　　×××××××××××××××××××××××
×××××××××××××××××××××××××
×××××××××××××××××××××××××
×××××××××××××××××××××××××
×××××××××××××××××××××××××
××××××××××××××××××××××××。

图 11　信函格式首页版式

注：版心实线框仅为示意，在印制公文时并不印出。

×××××令

第×××号

×××××××××××××××××××××××××
×××××××××××××××××××××××××
×××××××××××××××××××××××××
×××××××××××××××××××××××××
×××××××××××××××××××××××××
×××××××××××××××。

部　长×××

2012年7月1日

—1—

图 12　命令（令）格式首页版式

注：版心实线框仅为示意，在印制公文时并不印出。

中共中央办公厅文件

中办发〔2012〕14 号

★

中共中央办公厅　国务院办公厅
关于印发《党政机关公文处理
工作条例》的通知

各省、自治区、直辖市党委和人民政府，中央和国家机关各部委，解放军各总部、各大单位，各人民团体：

《党政机关公文处理工作条例》已经党中央、国务院同意，现印发给你们，请遵照执行。

中共中央办公厅
国务院办公厅
2012 年 4 月 16 日

党政机关公文处理工作条例

第一章 总 则

第一条 为了适应中国共产党机关和国家行政机关（以下简称党政机关）工作需要，推进党政机关公文处理工作科学化、制度化、规范化，制定本条例。

第二条 本条例适用于各级党政机关公文处理工作。

第三条 党政机关公文是党政机关实施领导、履行职能、处理公务的具有特定效力和规范体式的文书，是传达贯彻党和国家的方针政策，公布法规和规章，指导、布置和商洽工作，请示和答复问题，报告、通报和交流情况等的重要工具。

第四条 公文处理工作是指公文拟制、办理、管理等一系列相互关联、衔接有序的工作。

第五条 公文处理工作应当坚持实事求是、准确规范、精简高效、安全保密的原则。

第六条 各级党政机关应当高度重视公文处理工作，加强组织领导，强化队伍建设，设立文秘部门或者由专人负责公文处理工作。

第七条 各级党政机关办公厅（室）主管本机关的公文处理工作，并对下级机关的公文处理工作进行业务指导和督促检查。

第二章 公 文 种 类

第八条 公文种类主要有：

（一）决议。适用于会议讨论通过的重大决策事项。

（二）决定。适用于对重要事项作出决策和部署、奖惩有关单位和人员、变更或者撤销下级机关不适当的决定事项。

（三）命令（令）。适用于公布行政法规和规章、宣布施行重大强制性措施、批准授予和晋升衔级、嘉奖有关单位和人员。

（四）公报。适用于公布重要决定或者重大事项。

（五）公告。适用于向国内外宣布重要事项或者法定事项。

（六）通告。适用于在一定范围内公布应当遵守或者周知的事项。

（七）意见。适用于对重要问题提出见解和处理办法。

（八）通知。适用于发布、传达要求下级机关执行和有关单位周知或者执行的事项，批转、转发公文。

（九）通报。适用于表彰先进、批评错误、传达重要精神和告知重要情况。

（十）报告。适用于向上级机关汇报工作、反映情况，回复上级机关的询问。

（十一）请示。适用于向上级机关请求指示、批准。

（十二）批复。适用于答复下级机关请示事项。

（十三）议案。适用于各级人民政府按照法律程序向同级人民代表大会或者人民代表大会常务委员会提请审议事项。

（十四）函。适用于不相隶属机关之间商洽工作、询问和答复问题、请求批准和答复审批事项。

（十五）纪要。适用于记载会议主要情况和议定事项。

第三章　公　文　格　式

第九条　公文一般由份号、密级和保密期限、紧急程度、发文机关标志、发文字号、签发人、标题、主送机关、正文、附件说明、发文机关署名、成文日期、印章、附注、附件、抄送机关、印发机关和印发日期、页码等组成。

（一）份号。公文印制份数的顺序号。涉密公文应当标注份号。

（二）密级和保密期限。公文的秘密等级和保密的期限。涉密公文应当根据涉密程度分别标注"绝密""机密""秘密"和保密期限。

（三）紧急程度。公文送达和办理的时限要求。根据紧急程度，紧急公文应当分别标注"特急""加急"，电报应当分别标注"特提""特急""加急""平急"。

（四）发文机关标志。由发文机关全称或者规范化简称加"文件"二字组成，也可以使用发文机关全称或者规范化简称。联合行文时，发文机关标志可以并用联合发文机关名称，也可以单独用主办机关名称。

（五）发文字号。由发文机关代字、年份、发文顺序号组成。联合行文时，使用主办机关的发文字号。

（六）签发人。上行文应当标注签发人姓名。

（七）标题。由发文机关名称、事由和文种组成。

（八）主送机关。公文的主要受理机关，应当使用机关全称、规范化简称或者同类型机关统称。

（九）正文。公文的主体，用来表述公文的内容。

（十）附件说明。公文附件的顺序号和名称。

（十一）发文机关署名。署发文机关全称或者规范化简称。

（十二）成文日期。署会议通过或者发文机关负责人签发的日期。联合行文时，署最后签发机关负责人签发的日期。

（十三）印章。公文中有发文机关署名的，应当加盖发文机关印章，并与署名机关相符。有特定发文机关标志的普发性公文和电报可以不加盖印章。

（十四）附注。公文印发传达范围等需要说明的事项。

（十五）附件。公文正文的说明、补充或者参考资料。

（十六）抄送机关。除主送机关外需要执行或者知晓公文内容的其他机关，应当使用机关全称、规范化简称或者同类型机关统称。

（十七）印发机关和印发日期。公文的送印机关和送印日期。

（十八）页码。公文页数顺序号。

第十条 公文的版式按照《党政机关公文格式》国家标准执行。

第十一条 公文使用的汉字、数字、外文字符、计量单位和标点符号等，按照有关国家标准和规定执行。民族自治地方的公文，可以并用汉字和当地通用的少数民族文字。

第十二条 公文用纸幅面采用国际标准 A4 型。特殊形式的公文用纸幅面，根据实际需要确定。

第四章 行 文 规 则

第十三条 行文应当确有必要，讲求实效，注重针对性和可操作性。

第十四条 行文关系根据隶属关系和职权范围确定。一般不得越级行文，特殊情况需要越级行文的，应当同时抄送被越过的机关。

第十五条 向上级机关行文，应当遵循以下规则：

（一）原则上主送一个上级机关，根据需要同时抄送相关上级机关和同级机关，不抄送下级机关。

（二）党委、政府的部门向上级主管部门请示、报告重大事项，应当经本级党委、政府同意或者授权；属于部门职权范围内的事项应当直接报送上级主管部门。

（三）下级机关的请示事项，如需以本机关名义向上级机关请示，应当提出倾向性意见后上报，不得原文转报上级机关。

（四）请示应当一文一事。不得在报告等非请示性公文中夹带请示事项。

（五）除上级机关负责人直接交办事项外，不得以本机关名义向上级机关负责人报送公文，不得以本机关负责人名义向上级机关报送公文。

（六）受双重领导的机关向一个上级机关行文，必要时抄送另一个上级机关。

第十六条 向下级机关行文，应当遵循以下规则：

（一）主送受理机关，根据需要抄送相关机关。重要行文应当同时抄送发文机关的直接上级机关。

（二）党委、政府的办公厅（室）根据本级党委、政府授权，可以向下级党委、政府行文，其他部门和单位不得向下级党委、政府发布指令性公文或者在公文中向下级党委、政府提出指令性要求。需经政府审批的具体事项，经政府同意后可以由政府职能部门行文，文中须注明已经政府同意。

（三）党委、政府的部门在各自职权范围内可以向下级党委、政府的相关部门行文。

（四）涉及多个部门职权范围内的事务，部门之间未协商一致的，不得向下行文；擅自行文的，上级机关应当责令其纠正或者撤销。

（五）上级机关向受双重领导的下级机关行文，必要时抄送该下级机关的另一个上级机关。

第十七条 同级党政机关、党政机关与其他同级机关必要时可以联合行文。属于党委、政府各自职权范围内的工作，不得联合行文。

党委、政府的部门依据职权可以相互行文。

部门内设机构除办公厅（室）外不得对外正式行文。

第五章 公 文 拟 制

第十八条 公文拟制包括公文的起草、审核、签发等程序。

第十九条 公文起草应当做到:

(一)符合党的理论路线方针政策和国家法律法规,完整准确体现发文机关意图,并同现行有关公文相衔接。

(二)一切从实际出发,分析问题实事求是,所提政策措施和办法切实可行。

(三)内容简洁,主题突出,观点鲜明,结构严谨,表述准确,文字精练。

(四)文种正确,格式规范。

(五)深入调查研究,充分进行论证,广泛听取意见。

(六)公文涉及其他地区或者部门职权范围内的事项,起草单位必须征求相关地区或者部门意见,力求达成一致。

(七)机关负责人应当主持、指导重要公文起草工作。

第二十条 公文文稿签发前,应当由发文机关办公厅(室)进行审核。审核的重点是:

(一)行文理由是否充分,行文依据是否准确。

(二)内容是否符合党的理论路线方针政策和国家法律法规;是否完整准确体现发文机关意图;是否同现行有关公文相衔接;所提政策措施和办法是否切实可行。

(三)涉及有关地区或者部门职权范围内的事项是否经过充分协商并达成一致意见。

(四)文种是否正确,格式是否规范;人名、地名、时间、数字、段落顺序、引文等是否准确;文字、数字、计量单位和标点符号等用法是否规范。

(五)其他内容是否符合公文起草的有关要求。

需要发文机关审议的重要公文文稿，审议前由发文机关办公厅（室）进行初核。

第二十一条 经审核不宜发文的公文文稿，应当退回起草单位并说明理由；符合发文条件但内容需作进一步研究和修改的，由起草单位修改后重新报送。

第二十二条 公文应当经本机关负责人审批签发。重要公文和上行文由机关主要负责人签发。党委、政府的办公厅（室）根据党委、政府授权制发的公文，由受权机关主要负责人签发或者按照有关规定签发。签发人签发公文，应当签署意见、姓名和完整日期；圈阅或者签名的，视为同意。联合发文由所有联署机关的负责人会签。

第六章 公 文 办 理

第二十三条 公文办理包括收文办理、发文办理和整理归档。

第二十四条 收文办理主要程序是：

（一）签收。对收到的公文应当逐件清点，核对无误后签字或者盖章，并注明签收时间。

（二）登记。对公文的主要信息和办理情况应当详细记载。

（三）初审。对收到的公文应当进行初审。初审的重点是：是否应当由本机关办理，是否符合行文规则，文种、格式是否符合要求，涉及其他地区或者部门职权范围内的事项是否已经协商、会签，是否符合公文起草的其他要求。经初审不符合规定的公文，应当及时退回来文单位并说明理由。

（四）承办。阅知性公文应当根据公文内容、要求和工作需要确定范围后分送。批办性公文应当提出拟办意见报本机关负责人批示或者转有关部门办理；需要两个以上部门办理的，应当明确主办部门。紧急公文应当明确办理时限。承办部门对交办的公文应当及时办理，有明确办理时限要求的应当在规定时限内办理完毕。

（五）传阅。根据领导批示和工作需要将公文及时送传阅对象阅知或者批示。办理公文传阅应当随时掌握公文去向，不得漏传、误传、延误。

（六）催办。及时了解掌握公文的办理进展情况，督促承办部门按期办结。紧急公文或者重要公文应当由专人负责催办。

（七）答复。公文的办理结果应当及时答复来文单位，并根据需要告知相关单位。

第二十五条 发文办理主要程序是：

（一）复核。已经发文机关负责人签批的公文，印发前应当对公文的审批手续、内容、文种、格式等进行复核；需作实质性修改的，应当报原签批人复审。

（二）登记。对复核后的公文，应当确定发文字号、分送范围和印制份数并详细记载。

（三）印制。公文印制必须确保质量和时效。涉密公文应当在符合保密要求的场所印制。

（四）核发。公文印制完毕，应当对公文的文字、格式和印刷质量进行检查后分发。

第二十六条 涉密公文应当通过机要交通、邮政机要通信、城市机要文件交换站或者收发件机关机要收发人员进行传递，通过密码电报或者符合国家保密规定的计算机信息系统进行传输。

第二十七条 需要归档的公文及有关材料，应当根据有关档案法律法规以及机关档案管理规定，及时收集齐全、整理归档。两个以上机关联合办理的公文，原件由主办机关归档，相关机关保存复制件。机关负责人兼任其他机关职务的，在履行所兼职务过程中形成的公文，由其兼职机关归档。

第七章 公 文 管 理

第二十八条 各级党政机关应当建立健全本机关公文管理制度，确保管理严格规范，充分发挥公文效用。

第二十九条 党政机关公文由文秘部门或者专人统一管理。设立党委（党组）的县级以上单位应当建立机要保密室和机要阅文室，并按照有关保密规定配备工作人员和必要的安全保密设施设备。

第三十条 公文确定密级前，应当按照拟定的密级先行采取保密措施。确定密级后，应当按照所定密级严格管理。绝密级公文应当由专人管理。

公文的密级需要变更或者解除的，由原确定密级的机关或者其上级机关决定。

第三十一条 公文的印发传达范围应当按照发文机关的要求执行；需要变更的，应当经发文机关批准。

涉密公文公开发布前应当履行解密程序。公开发布的时间、形式和渠道，由发文机关确定。

经批准公开发布的公文，同发文机关正式印发的公文具有同等效力。

第三十二条 复制、汇编机密级、秘密级公文，应当符合有关规定并经本机关负责人批准。绝密级公文一般不得复制、汇编，确有工作需要的，应当经发文机关或者其上级机关批准。复制、汇编的公文视同原件管理。

复制件应当加盖复制机关戳记。翻印件应当注明翻印的机关名称、日期。汇编本的密级按照编入公文的最高密级标注。

第三十三条 公文的撤销和废止，由发文机关、上级机关或者权力机关根据职权范围和有关法律法规决定。公文被撤销的，视为自始无效；公文被废止的，视为自废止之日起失效。

第三十四条 涉密公文应当按照发文机关的要求和有关规定进行清退或者销毁。

第三十五条 不具备归档和保存价值的公文，经批准后可以销毁。销毁涉密公文必须严格按照有关规定履行审批登记手续，确保不丢失、不漏销。个人不得私自销毁、留存涉密公文。

第三十六条 机关合并时，全部公文应当随之合并管理；机关撤销时，需要归档的公文经整理后按照有关规定移交档案管理部门。

工作人员离岗离职时，所在机关应当督促其将暂存、借用的公文按照有关规定移交、清退。

第三十七条 新设立的机关应当向本级党委、政府的办公厅（室）提出发文立户申请。经审查符合条件的，列为发文单位，机关合并或者撤销时，相应进行调整。

第八章　附　则

第三十八条 党政机关公文含电子公文。电子公文处理工作的具体办法另行制定。

第三十九条 法规、规章方面的公文，依照有关规定处理。外事方面的公文，依照外事主管部门的有关规定处理。

第四十条 其他机关和单位的公文处理工作，可以参照本条例执行。

第四十一条 本条例由中共中央办公厅、国务院办公厅负责解释。

第四十二条 本条例自 2012 年 7 月 1 日起施行。1996 年 5 月 3 日中共中央办公厅发布的《中国共产党机关公文处理条例》和 2000 年 8 月 24 日国务院发布的《国家行政机关公文处理办法》停止执行。

后　记

　　随着社会的不断发展和进步，办公室工作日益成为各级各类组织运转的重要枢纽。办公室工作人员不仅需要具备扎实的专业素养和专业能力，还需要具备良好的沟通协调能力和组织应变能力。作为一本旨在提升办公室工作水平的著作，我力求将本书打造成一本既具有理论深度，又具备实践操作指导价值的工具书，为读者提供全面、实用、易懂的帮助。通过系统阐述办公室工作的基本规范、操作流程和注意事项，帮助读者建立起一套科学、高效的工作体系，从而提升工作效率，确保工作质量。

　　在内容构思上，我注重从办公室工作的实际需求出发，结合多年的工作经验和研究成果，对办公室工作进行了全面而深入的剖析。本书的结构安排清晰明了，涵盖了办公室工作的理念认知、团队建设、公文格式、公文处理、文稿写作、信息工作、会议组织、沟通协调、公务接待、信访值班、机要保密、督查督办、服务保障、工作方法等14个方面的内容，形成了一个完整的知识体系，有助于读者更好地理解和掌握办公室工作规范的核心要点。

　　本书获西南石油大学研究生教材建设项目资助。在撰写过程中，我深入研究和汲取了相关人士的研究成果，与同行进行了广泛交流和探讨，从而得以不断完善和丰富本书的内容。清华大学出版社编辑对本书的出版付出了辛苦工作。在此一并表示感谢。

　　同时，我也期望本书能够成为办公室工作人员的案头必备读物，为其提供实用的工作指导和帮助。我相信，通过不断学习、实践、研究、总结，大家一定能够在办公室工作中取得更加优异的成绩。我也希望广大读者能够积极反馈使用心得和建议，共同推动办公室工作规范的不断发展和完善。由于作者水平有限，难免有疏漏之处，敬请广大读者给予意见建议，不胜感激。

作者